豊臣家臣団の系図

菊地浩之

JN230770

角川新書

はじめに

どこまでを豊臣家臣団とするか

本書は、豊臣秀吉《とよとみひでよし》の主要家臣の系図を紐解《ひもと》き、そこから浮かび上がった人間関係によって、豊臣家臣団を考察してみようというものである。

ただし、一口に「豊臣家臣団」といっても、「五大老《ごたいろう》」の徳川家康《とくがわいえやす》・前田利家《まえだとしいえ》・毛利輝元《もうりてるもと》から子飼いの加藤清正《かとうきよまさ》・福嶋正則《ふくしままさのり》・石田三成《いしだみつなり》まで幅広い。

そこで本書では、天正《てんしょう》一〇（一五八二）年六月二日の本能寺の変まで、秀吉に仕えていた者（具体的にいうと、尾張《おわり》・美濃《みの》・近江《おうみ》・播磨《はりま》出身者＋α）を「豊臣家臣団」と総称して述べていきたい。

地域特性はない

前著『織田家臣団の系図』では、信長が大名に登用した家臣のほとんどが、尾張三郡（愛知《あいち》郡・海東《かいとう》郡・春日井《かすがい》郡）の出身者、もしくは永禄《えいろく》元（一五五八）年頃までに仕えた者に限定されていると指摘した。

豊臣家臣団にはそのような地域特性はない。

たとえば、天正一一（一五八三）年四月の賤ヶ岳《しずがたけ》の合戦で活躍した「賤ヶ岳の七本槍《しちほんやり》」の多くはのちに大名に出世したが、その内訳は以下の通り。

・尾張三名　福嶋正則、加藤清正、平野長泰《ひらのながやす》
・近江二名　片桐且元《かたぎりかつもと》、脇坂安治《わきさかやすはる》
・三河《みかわ》一名　加藤嘉明《よしあき》
・播磨一名　糟屋武則《かすやたけのり》

かれらの出身地は特定の地域に偏っていない。あえていうなら、豊臣家臣団でも三河出身は加藤嘉明くらいで、皆無に等しく、代わりに美濃出身者が入るくらいだ。

『松平記《まつだいらき》』では天正元（一五七三）年くらいの織田・徳川家臣団の「武辺場数これ有る衆」を掲げ、秀吉の与力として八人をあげている（一部推定を含む）。

・美濃四名　竹中半兵衛《たけなかはんべえ》重治《しげはる》、谷大膳衛好《たにのだいぜんもりよし》、谷兵助《たにのひょうすけ》、加藤作内光泰《さくないみつやす》
・尾張二名　蜂須賀《はちすか》彦右衛門《ひこえもん》正勝《まさかつ》、佐久間弥太郎《さくまやたろう》
・不明二名　宮田《みやた》喜八《きはち》光次《みつぐ》、伊藤与三右衛門《いとうよそうえもん》

当時、北近江の浅井《あざい》家が滅ぼされ、秀吉は長浜《ながはま》城主に抜擢《ばってき》された頃である。不明の二名も尾張・美濃のいずれかの出身と考えられるので、創業期の豊臣家臣団は美濃出身者が多く、尾張出身者がこれに次ぎ、近江出身者が組み込まれつつあるといったところだったのではないか。

キーワードは「年齢」

では、豊臣家臣団には、織田《おだ》家臣団における「出身地」のような、人事特性を紐解くキーワードはないのだろうか。

実はそれが「年齢」なのである。［表0－1］「賤ケ岳の七本槍」の年齢分布は天文《てんぶん》二三（一五五四）年生まれ（脇坂安治）から永禄六（一五六三）年生まれ（加藤嘉明）で、ずば抜けて若い。

たとえば、織田家臣団は、一五二〇年代生まれ（柴田《しばた》勝家《かついえ》、佐久間《さくま》信盛《のぶもり》、瀧川一益《たきがわいちます》）のシニア層と、信長《のぶなが》（一五三四年生まれ）とほぼ同世代の一五三〇年代後半生まれ（丹羽《にわ》長秀《ながひで》、池田《いけだ》恒興《つねおき》、羽柴《はしば》秀吉、前田利家）が中核を構成している。「七本槍世代」は堀秀政《ほりひでまさ》、佐久間盛政《もりまさ》、森長可《もりながよし》・蘭丸《らんまる》兄弟くらいで、いわゆる二世枠といってよい（以下、生年は一部推定を含む）。

徳川家臣団になると、もっとシニア偏重で、一五二〇年代生まれ（酒井《さかい》忠次《ただつぐ》、本多《ほんだ》広孝《ひろたか》、大須《おおす》賀《か》康高《やすたか》）のシニア層と、一五三〇年代生まれの準シニア層の（石川数正《いしかわかずまさ》、石川家成《いえなり》、大久《おおく》保《ぼ》忠《ただ》世《よ》・忠佐《ただすけ》、天野《あまの》康景《やすかげ》、本多《ほんだ》正信《まさのぶ》、鳥居《とりい》元忠《もとただ》）、家康（一五四二年生まれ）よりやや下の一五四〇年代生まれ（平岩親吉《ひらいわちかよし》、内藤家長《ないとういえなが》、本多《ほんだ》忠勝《ただかつ》、榊原康政《さかきばらやすまさ》）が中核を成している。「七本槍世代」の部将は井伊《いい》直政《なおまさ》、深溝松平 家忠《ふこうずまつだいらいえただ》くらいしかいない。大久保忠隣《ただちか》、本多正純《まさずみ》など、次代（江戸時代）の主要人物になってしまう。

本書の構成

本書ではまず、第1章と第2章で、豊臣一族および親族衆について述べ、第3章以降の家臣を年齢で区切って掲載しようとした。

ところが、さすがは「武断派《ぶだん》」と「文治派《ぶんち》」の内部抗争で関ヶ原の合戦を起こしたと揶揄《やゆ》される豊臣家臣団だけあって一緒にすると却《かえ》ってわかりづらいと考え直し、「文治派」吏僚の系譜を別立てすることにした。また、秀次《ひでつぐ》、秀頼《ひでより》側近も別立てした方がわかりやすいと思い、以下のようにした次第である。

すなわち、第3章から第5章は「武断派」を三世代に分けて掲載し、それぞれ代表的な人物を冠して「小六《ころく》世代」「二兵衛《にへえ》世代」「七本槍世代」と名付けた。そして、「武断派」に近い「秀次家臣団」を第6章に掲げた。一方、「文治派」の本流を第7章にまとめ、その流れを汲《く》む「秀頼家臣団」を第8章とし、「五大老」を補章とした。

豊臣家臣団の新たな人間関係を垣間《かいま》見ていただければ幸いである。

表0－1：織田・豊臣・徳川家臣団の年齢構成

生 年	織田家臣団	豊臣家臣団	徳川家臣団
1511			松平清康
1512	織田信秀		
1515	稲葉一鉄		
1516	明智光秀		
1521			酒井正親
1522	柴田勝家		
1523	森　可成		
1524	金森長近		
1525	瀧川一益	寺沢広政	
1526		蜂須賀正勝、生駒親正	松平広忠
1527	佐久間信盛、河尻秀隆		酒井忠次、本多広孝、大須賀康高
1528		前野長康	
1530		谷　衛好	
1532			大久保忠世
1533		伊東長久	石川数正
1534	織田信長		石川家成
1535	丹羽長秀		
1536	池田恒興		
1537	羽柴秀吉	豊臣秀吉、加藤光泰	天野康景、大久保忠佐
1538	前田利家		本多正信
1539		前田玄以	鳥居元忠
1540		豊臣秀長、小出秀政	
1542			徳川家康、平岩親吉
1543		堀尾可晴、木下家定	
1544		竹中半兵衛	
1545		増田長盛	
1546	稲葉貞通	黒田官兵衛、山内一豊、一柳直末	
1547		浅野長政	
1548		田中吉政	本多忠勝、榊原康政
1551			
1552		仙石秀久	
1553	堀　秀政		大久保忠隣
1554	佐久間盛政	脇坂安治	
1556	佐久間信栄	片桐且元、藤堂高虎	
1557	織田信忠		
1558	森　長可、織田信雄、信孝	蜂須賀家政	
1559	池田元助	平野長泰	岡崎信康
1560		石田三成	
1561		福嶋正則	井伊直政
1562		加藤清正、糟屋武則	
1563		加藤嘉明、細川忠興	
1564	池田輝政		酒井家次
1565	森　蘭丸	大谷吉継、小出吉政	本多正純
1568		羽柴於次秀勝、黒田長政	

※一部推定を含む。

目次

はじめに　3

第3章　小六世代　87

第4章　二兵衛世代　113

第5章　七本槍世代　143

第6章　秀次家臣団　195

図版作成　村松明夫

第1章　豊臣一族

第1節　豊臣秀吉とその兄弟

下層民から天下人へ

豊臣秀吉（旧姓・木下《きのした》、羽柴《はしば》。一五三七～九八）の前半生は全くわかっていない。天文二〇（一五五一）年頃に実家を出奔して針売り・草履《ぞうり》売りなどで食いつないだ後、今川家臣・遠江《とおとうみ》の松下加兵衛之綱《まつしたかへえゆきつな》（一五三七～九八）に仕え、天文二四（一五五五）年頃に信長の家臣になったという（『織田信長家臣人名辞典』）。一人の武士としては非力であったが、外交・経営手腕に長《た》け、美濃攻略で諸将の調略に功があった。

永禄一一（一五六八）年に信長が上洛《じょうらく》する頃には部将に登用され、京都に駐在して政務に携わった。信長が毛利との交渉をはじめると、秀吉は取次を命じられる。

元亀元（一五七〇）年に北近江・浅井《あざい》攻めの主将に抜擢《ばってき》され、天正元（一五七三）年に浅井家が滅亡するとその遺領を与えられた。信長の諱《いみな》にあやかって今浜《いまはま》（滋賀県長浜《ながはま》市）を長浜と改称して居城を築き、その頃、「羽柴」姓を名乗った。

天正五（一五七七）年一〇月、黒田《くろだ》官兵衛孝高《かんびょうえよしたか》の居城・播磨姫路《ひめじ》城（兵庫県姫路市）に入り、播磨平定に着手したが、翌天正六年二月に播磨最大の国人領主・三木《みき》（兵庫県三木市）城主の別所長治《べっしょながはる》が叛旗《はんき》を翻し、三木城攻略中の同年一〇月に摂津《せっつ》有岡《ありおか》（兵庫県伊丹《いたみ》市）城主の荒木《あらき》村《むら》重《しげ》も離反し、信長と敵対する本願寺《ほんがんじ》に寝返った。

天正七（一五七九）年に備前《びぜん》の宇喜多直家《うきたなおいえ》を内応させ、天正七年一一月に有岡城は開城。翌天正八年一月に三木城は干殺《ひごろ》し（兵粮《ひょうろう》攻め）により落城した。秀吉は播磨一国を統一し、山陰の但馬《たじま》・因幡《いなば》を攻略した。因幡鳥取《とっとり》（鳥取県鳥取市）城が毛利方に寝返るが、天正九（一五八一）年五月から兵粮攻めをはじめ、一〇月に落城。山陰方面は伯耆《ほうき》まで兵を進め、山陽方面は備中高松《びっちゅうたかまつ》（岡山県岡山市北区高松）城を水攻めで陥落寸前とした。

天正一〇（一五八二）年六月、本能寺の変を知り、毛利家と急遽《きゅうきょ》講和を結んで「中国の大返し」で帰洛。山崎《やまざき》の合戦で明智光秀《あけちみつひで》を破り、六月二七日、信長死後の織田政権の行く末を決める清須《きよす》会議で主導権を握り、信長の後継者へと躍り出た。

天正一一（一五八三）年四月、清須会議で対立した柴田勝家を賤ケ《しずが》岳《たけ》の合戦で破った。この時、活躍した近臣がいわゆる「賤ケ岳の七本槍《しちほんやり》」脇坂安治《わきさかやすはる》、片桐且元《かたぎりかつもと》、平野《ひらの》長泰《ながやす》、福島正則《ふくしままさのり》、加藤清正《かとうきよまさ》、糟屋武則《かすやたけのり》、加藤嘉明《かとうよしあき》の七人である（記載は年齢順）。「賤ケ岳の七本槍」と命名したのは、『甫庵《ほあん》太閤記』を書いた小瀬《おぜ》甫庵で、かつて織田信秀《のぶひで》（信長の父）が岡崎《おかざき》松平家を攻撃した際の「小豆坂《あずきざか》七本槍」になぞらえて名付けたらしい。実際には石川一光《いしかわかずみつ》、桜井家一《さくらいいえかず》も含めた九人が一番槍だったのだが、石川が討ち死にし、桜井がほどなくして病死したこともあって七人にした。

天正一一年九月、秀吉は大坂城を築城し、旧織田家臣、および織田信雄《のぶお》らに上洛出仕を求めたが、信長の遺児・織田信雄は上洛せず、徳川家康と同盟を組むことで対抗。天正一二（一五八四）年四月、小牧・長久手の合戦が起き、局地戦で家康が勝利するも膠着《こうちゃく》状態に陥り、結局、同年一一月、信雄が秀吉と講和。一二月に家康も秀吉と和議を結び、実質的には秀吉に家康が屈した形となった。

天正一三年六月に異父弟・秀長《ひでなが》を総大将、甥《おい》・秀次を副将として派遣して四国征伐を敢行。八月には長曾我部《ちょうそがべ》元親《もとちか》と和議が結ばれ、長曾我部家は土佐《とさ》一国の支配にとどまり、阿波《あわ》を蜂須《はちす》賀家政《かいえまさ》（小六正勝の子）、讃岐《さぬき》の一部を仙石秀久《せんごくひでひさ》、伊予《いよ》の一部を小早川隆景《こばやかわたかかげ》に分配した。

この間の天正一三年七月に秀吉は従一位関白に叙任され、九月に豊臣姓を下賜された。

天正一三年一〇月、九州制覇を目論《もくろ》む島津義久《しまづよしひさ》に対して、秀吉は大友《おおとも》家との停戦を命じ、肥《ひ》後《ご》半国・豊前《ぶぜん》半国・筑後《ちくご》を大友家に返還するように命じる九州国分《くにわけ》を定めた（肥前《ひぜん》は毛利輝元、筑前《ちくぜん》は秀吉直轄領にする）。島津義久がこれに従わなかったため、翌天正一四年七月に秀吉は九州征伐を決定。天正一五（一五八七）年三月に秀吉は総勢一八万六三八〇の大軍を率いた。さしもの島津家も大軍の前には為《な》す術《すべ》なく、四月に降伏を申し入れた。合戦後の論功行賞で、筑前を小早川隆景、筑後をその養子・小早川秀包《ひでかね》、豊前六郡を黒田官兵衛、肥後を佐々成政《さっさなりまさ》に分与。豊後は大友義統《よしむね》、肥前は龍造寺政家《りゅうぞうじまさいえ》（隆信《たかのぶ》の嫡子）、薩摩《さつま》は島津義久、大隅《おおすみ》・日向《ひゅうが》は島津義弘《よしひろ》に本領安堵《あんど》した。

九州征伐が終結し、秀吉の天下統一で残る地域は関東・東北のみとなった。

天正一七（一五八九）年一〇月に北条《ほうじょう》家臣・猪俣邦憲《いのまたくにのり》が真田昌幸《さなだまさゆき》の支城・名胡桃《なぐるみ》城を襲撃。同年一二月、秀吉は北条家に対して宣戦布告し、翌天正一八（一五九〇）年三月に小田原《おだわら》征伐を開始。秀吉軍は北条家の支城を次々と攻略し、四月には小田原城を包囲。七月には北条氏直《ほうじょううじなお》が降伏し、北条氏政《うじまさ》・氏照《うじてる》兄弟に切腹を申し付け、北条氏直、氏規《うじのり》、氏房《うじふさ》らを高野山《こうやさん》に追放した。合戦後の論功行賞で、北条家の旧領・関八州は徳川家康に与えられた。また、七月には「奥州仕置《おうしゅうしお》き」を発表。伊達《だて》、南部《なんぶ》、津軽《つがる》、岩城《いわき》、最上《もがみ》、秋田《あきた》家などが所領を安堵され、陸奥《むつ》会津《あいづ》に蒲生氏郷《がもううじさと》が置かれた。

九州征伐を終えると、秀吉は対馬《つしま》の宗《そう》氏を介して朝鮮から使節を招聘《しょうへい》。天正一八年一一月に朝鮮使節と接見し、朝鮮が服属したと誤認してしまう。そして、朝鮮の先にある明国《みんこく》（中国）への出兵を視野に入れた。

なお、天正一九（一五九一）年一月に異父弟・豊臣秀長が死去。同年二月に千利休《せんのりきゅう》を切腹させ、秀吉に諫言《かんげん》できる人物を相次いで喪《うしな》った。また、同年八月には長男・鶴松《つるまつ》がわずか三歳で死去している。

天正一九年一〇月、秀吉は朝鮮出兵の拠点として肥前名護屋《ひぜんなごや》に築城を開始した。

同年一二月、甥《おい》・豊臣秀次に関白職を譲って国内政治を任せ、秀吉は太閤《たいこう》（前関白の意）と呼ばれ、「唐入り」に専念する体制を整える。

天正二〇（文禄《ぶんろく》元。一五九二）年四月に朝鮮に出兵（文禄の役）。日本軍はあっという間に釜《プ》山《サン》城を陥落させ、朝鮮軍を撃破。首都・漢城《ハンソン》（ソウル）の国王一族は平壌《ピョンヤン》に向かって脱出したが、五月に日本軍は漢城、六月には平壌に無血入城した。

ここに至って、明国《みんこく》（中国）は危機感を強め、朝鮮王朝の救援を決定。六月に明軍が朝鮮に進軍。七月に明軍は日本軍に撃退されるものの、朝鮮政府軍や義兵の反抗が次第に拡大。南沿岸では李舜臣《イスンシン》が率いる朝鮮水軍が日本水軍を撃破した。

文禄二（一五九三）年になると平壌は明国・朝鮮軍に奪回され、漢城の日本軍は退却を余儀なくされる。朝鮮の義兵によるゲリラ活動で、日本軍は漢城郊外で燃料資材や兵粮を調達することが難しくなり、過酷な寒さから徐々に厭戦《えんせん》気分が漂《ただよ》いはじめる。

小西行長《こにしゆきなが》が明国の使節・沈惟敬《チエンウエイジン》と講和交渉を開始。五月に明国からの使節が小西行長に伴われて名護屋の秀吉に謁見。講和が成立し、朝鮮での戦闘は休止した（ところが、沈惟敬はこの講和交渉を明国に報告しておらず、日本に派遣した使節も偽物だったらしい）。

一方、大坂では同年八月に秀吉の次男・お拾《ひろい》（豊臣秀頼）が生まれ、文禄四（一五九五）年七月、豊臣秀次が自刃する。

この間も明国との講和交渉は継続されていたが、文禄五（慶長《けいちょう》元。一五九六）年に交渉が決裂。翌慶長二（一五九七）年夏、朝鮮へ再出兵した（慶長の役）。

慶長二年秋、日本軍は越冬に向けて沿岸部に南下し、城塞《じょうさい》の普請にかかった。そのことを知った明国・朝鮮軍は慶長二年一二月に五万余の兵で蔚山《ウルサン》城の日本軍に総攻撃をかけた。日本軍は籠城《ろうじょう》を余儀なくされたが、普請中だったこともあり、城内は兵粮や水が圧倒的に不足しており、極寒と飢餓で「地獄」の様相を呈していく。朝鮮各地に在番していた日本軍の部将は、蔚山城攻防の報《しら》せを聞き、救援に向かい、明国・朝鮮軍を背後から牽制《けんせい》した。翌慶長三年一月、蔚山城の日本軍はついに明国・朝鮮軍の撃退に成功する。

こうした危機を乗り越え、朝鮮出兵した部将たちには、当然のように強い盟友意識が芽生えていき、秀吉の意向に反すると知りながら、あえて戦線縮小の方針を合議決定する。これが目付の福原長堯《ふくはらながたか》（石田《いしだ》三成《みつなり》の義兄弟）から秀吉に伝えられ、主導的立場にあった蜂須《はちす》賀《か》家政《いえまさ》・黒《くろ》田《だ》長政《ながまさ》が謹慎処分、同調した加《か》藤清正《とうきよまさ》・藤堂高虎《とうどうたかとら》らが譴責《けんせき》処分を蒙《こうむ》った（『関ヶ原合戦と大坂の陣』）。

一方、日本国内では慶長三年七月、「五大老」に徳川家康《とくがわいえやす》、前田《まえだ》利家《としいえ》、宇喜多《うきた》秀家《ひでいえ》、毛利《もうり》輝《てる》元《もと》、上杉景勝《うえすぎかげかつ》を任じ、「五奉行」に浅野《あさの》長政《ながまさ》、石田三成、増田《ました》長盛《ながもり》、長束《なつか》正家《まさいえ》、前田《まえだ》玄以《げんい》とする体制が整えられた。

同年八月一八日、秀吉が死去。享年六二だった。

羽柴姓の由来

秀吉は木下、羽柴、豊臣を名乗っているが、なぜ秀吉が木下を名乗っていたのかは判然としない。①父親が木下だったから、②正室・寧《ねい》の祖先が木下だったから、③旧主・松下にあやかって木下を名乗ったなど諸説紛々だが、いずれも決定的ではない。

一方、羽柴の由来は比較的はっきりしている。当時、織田家臣団の有力者だった柴田勝家・丹羽長秀にあやかって「羽柴《はしば》」を創設したという。

井沢元彦《いざわもとひこ》氏は「豊臣改姓以後も秀吉は羽柴姓を温存し、功績のあった部下にこれを与えているのである。もし『羽柴』が『半分柴田』なら、自分の敵の名を『褒賞』として与えたことになる。おかしいではないか？」と問題提起し、「『羽柴』が『丹羽＋柴田』ではない」と結論づけ、羽柴は「端柴」、柴の端《は》、つまり「取るにたらない」半端《はんぱ》を意味し、「『羽柴』という苗字が示す意味は『私はハンパな男でございます』ということだ」。「『皆様方よりずっと卑しい身分の出でございます』という、秀吉の保身術なのである」と論じている（『逆説の日本史11　戦国乱世編』）。

しかし、羽柴姓が「取るにたらない」という意であれば、それを「『褒賞』として与えたことになる。おかしいではないか」。やはり、羽柴は「丹羽＋柴田」に由来する苗字《みようじ》なのだろう。

また、井沢氏は「柴田と丹羽では序列が違う。柴田は確かに改姓当時の『筆頭重役』だが、丹羽長秀はそれほどでもない。河尻秀隆、佐久間信盛といった、後に失脚してしまったが有力な武将は他にも相当数いたのである」(『逆説の日本史11　戦国乱世編』)とも指摘している。

筆者は、織田家臣団の二大派閥を象徴していたのが、柴田と丹羽だったと考えている。すなわち、柴田勝家・佐久間信盛らは末盛《すえもり》城近辺の国人領主層で、かれらは必ずしも信長に対して従順ではなかったが、動員能力が高く、青年期の信長はかれらを重用せざるをえなかった。その一方、信長は小領主の次男・三男をカネで傭《やと》い、旗本として登用していった。かれらは信長に対して従順で、智略や武功で頭角を現した。その代表選手が丹羽長秀である。

織田家臣団の二大派閥である国人領主層(柴田)と傭兵《ようへい》上がりの旗本(丹羽)、現代にたとえるなら、ボンボンの慶大卒と奨学生の東大卒のような感じだろう(柴田勝家はボンボンには見えないが)。秀吉は、その領袖《りょうしゅう》である柴田勝家と丹羽長秀から一字ずつ取って、羽柴を名乗ったのだ。部将の序列ではなく、派閥に目配りしたから、佐久間を冠した「佐柴」や「間柴」ではなく、丹羽を冠して「羽柴」としたのだろう。

また、豊臣姓は、おそらく藤原《ふじわら》氏以外で摂政(・関白)になった厩戸豊聡耳皇子《うまやどのとよとみみのおうじ》(聖徳太子《しょうとくたいし》)から創った姓ではないか。

羽柴か豊臣か

ちなみに、井沢元彦氏は「豊臣改姓以後も秀吉は羽柴姓を温存」していたと記しているが、実際は違う。

黒田《くろだ》基樹《もとき》氏は「『豊臣』は『氏（あるいは姓）』であり、名字である『羽柴』とは性格が異なっている。（中略）秀吉の『改姓』は、『藤原』姓から『豊臣』姓へのものであり、名字である『羽柴』からのものではないのである。そしてその後も、秀吉が『羽柴』の名字を改めたというような事柄はみられていないので、彼の名字は死ぬまで『羽柴』であったのであり、その後継者である秀次や秀頼も、同様であった、と考えるべきなのである」（『羽柴を名乗った人々』）と指摘している。従って、黒田氏は「豊臣政権」とは呼ばず、「羽柴政権」と呼び、通常ならば『豊臣家崩壊』とすべき著作を『羽柴家崩壊』と名付けている。

こうした最新の研究を踏まえ、二〇一六年のNHK大河ドラマ『真田丸』では秀吉の嫡男・秀頼が元服したシーンで、秀吉はわが子を「羽柴《はしば》藤吉郎《とうきちろう》豊臣《とよとみの》秀頼《ひでより》」と紹介している。

黒田氏の提唱に対し、福田《ふくだ》千鶴《ちづる》氏は「傾聴すべきご指摘だと思い、筆者も久しく検討を重ねてきたが、これまで二十年近く史料を集めてきて、同時代史料はもちろんのこと、江戸期以降の史料においてすら、秀頼のことを『羽柴秀頼』と記したものをみたことがない」と指摘し、「源氏の嫡流たる源頼朝に名字がないのと同様に、豊臣氏の嫡流たる豊臣秀頼には名字がなかったのではないか。今後、『羽柴秀頼』と記した史料が発見されれば、その際に右の考えを改めることにしたい」（『豊臣秀頼』）と論じている。

本書では福田氏のスタンスに従い、書名も『羽柴家臣団の系図』ではなく、『豊臣家臣団の系図』とする。

秀吉に父はいない？

秀吉は尾張国愛知郡中村《なかむら》（名古屋市中村区中村町）の百姓・木下弥《や》右《え》衛門《もん》（？〜一五四三）の子に生まれたといわれるが定かでない。弟・秀長《ひでなが》、妹・あさひは異父弟妹で、母の再婚相手である織田家の同朋衆《どうぼうしゅう》・筑阿弥《ちくあみ》の子だという。

かつては秀吉が木下弥右衛門の子であることを大前提として、弥右衛門の身分（鉄砲足軽なのか、水呑《みずのみ》百姓なのか）を論じていたが、近年では母親（一般には「なか」、のちの大政所《おおまんどころ》。一五一七？〜九二）が野合《やごう》（婚姻関係にない男女の性交渉）によって秀吉を産んだため、実父は不明。「弥右衛門は秀吉にはほとんど無関係な人物だった。後世になってつくられた人物なのかもしれない。秀吉に父はいない」との説が浮上してきている（『河原ノ者・非人・秀吉』）。

その根拠として、秀吉が成功した後「父の菩提寺を建立しなかったこと、増官の追福もしなかったこと」を挙げている（ちなみに家康は亡父・松平広忠《ひろただ》に従二位大納言を追贈している）。

一方、秀吉の曾祖《そうそ》父《ふ》から繋《つな》げる系図も存在する。

『尾張群書系図部集』掲載の豊臣系図では以下のような説を載せている。すなわち、秀吉の曾祖父は比叡山《ひえいざん》の僧侶《そうりょ》・昌盛法師で、尾張国愛知郡中村で還俗《げんぞく》して、中村弥助《やすけ》（左《さ》馬允《まのじょう》）国吉《くによし》を名乗ったのだという。以下、「国吉―弥助（弥《や》右《え》衛門尉《もんのじょう》）吉高《よしたか》―弥助（弥右衛門尉）昌吉《まさよし》―秀吉」と続く。

しかし、「秀吉」という諱は「日《ひ》吉《よし》」をもじったものと想定されるので、先祖代々「吉」の字を通字としていたというのは信用ならない（秀吉の幼名が「日吉丸」だったという説は怪しいところであるが、日吉《ひえ》大社か何かにあやかったのだろう）。

四人兄弟ではなかった

秀吉の兄弟には、姉・とも、弟・秀長（後述）、妹・あさひがいた。［図1-1］

秀吉の姉・**とも**（一五三四～一六二五）は尾張国海東《かいとう》郡乙之子《おとのこ》村（愛知県あま市乙之子）の弥助に嫁いで三人の男子（秀次、秀勝、秀保）を産んだ。弥助はのちに木下姓、また長尾《ながお》姓を名乗り、長男が三好《みよし》家の養子になるに及んで**三好武蔵守吉房**《むさしのかみよしふさ》（一五三四～一六一二）と称した。あるいは法号の一路《いちろ》とも呼ばれる。

妹の**あさひ**（一五四三～九〇）は**副田甚兵衛**《そえだじんべえ》（**与左衛門**《よざえもん》）**吉成**《よしなり》と結婚したが、秀吉が徳川家康と講和するため、天正一四（一五八六）年に離縁され、家康と再婚させられた。

秀吉は四人兄弟のはずであるが、実際にはもっと兄弟がいたらしい。

「秀吉が十五歳で家を飛び出してのち、大政所《おおまんどころ》（秀吉の母）は不特定の男性と関係を持ったのは確実で、当時は特段珍しいことでなかったかもしれない。（中略）母の大政所は貧苦にあえぐ中で、複数の男性と関係を持ち、子を生んだ可能性が高い」（『秀吉の出自と出世伝説』）。

フロイスの『日本史』によれば、天正一五（一五八七）年一月、秀吉のもとに伊勢から弟だという若者が華美な格好をして訪ねてきたが、「母はその男を息子として認めることがとても恥ずかしかった」ので、親子関係を否定し、男は処刑された。また、その数ヶ月後に、秀吉は尾張に「他に（自分の）姉妹がいて、貧しい農民（耕作者）であることを耳にした」ため、その娘を上洛させ、殺してしまったという。

出色の人材／異母弟・豊臣秀長

秀吉の異母弟・豊臣大納言秀長（一五四〇〜九一）は、はじめ木下、のちに羽柴を名乗り、通称は小一郎、美濃守。諱ははじめ「長秀」を名乗った。いうまでもなく、信長から偏諱《へんき》「長」の字をいただき、秀吉の「秀」の字をつけたものであろう。当時、同名の丹羽長秀が健在であったが、秀吉には関係なかったようだ。天正一二年に秀長と改名。秀吉の指示であろう（本書では「秀長」で表記を統一）。

秀吉の中国経略では、その右腕として主に山陰方面を担当。まず但馬に入って竹田《たけだ》（兵庫県朝来《あさご》市）城に置かれ、天正八（一五八〇）年に但馬を平定。秀吉とともに因幡に侵攻し、翌天正九年一〇月に鳥取城を落とした。

賤ヶ岳の合戦の後、播磨支配を任され、前野長康《まえのながやす》・蜂須賀正勝・神子田正治《みこだまさはる》・桑山重晴《くわやましげはる》などの播磨・但馬の支城に置かれた豊臣家臣を与力としたらしい。天正一二（一五八四）年の小牧《こまき》・長久手《ながくて》の合戦に参陣し、和泉《いずみ》・紀伊《きい》の二ヶ国を加増され、翌天正一三年の四国征伐の功で大和《やまと》一国を与えられ、郡山《こおりやま》（奈良県大和郡山市）城を本拠とした。

図1－1：豊臣家系図①

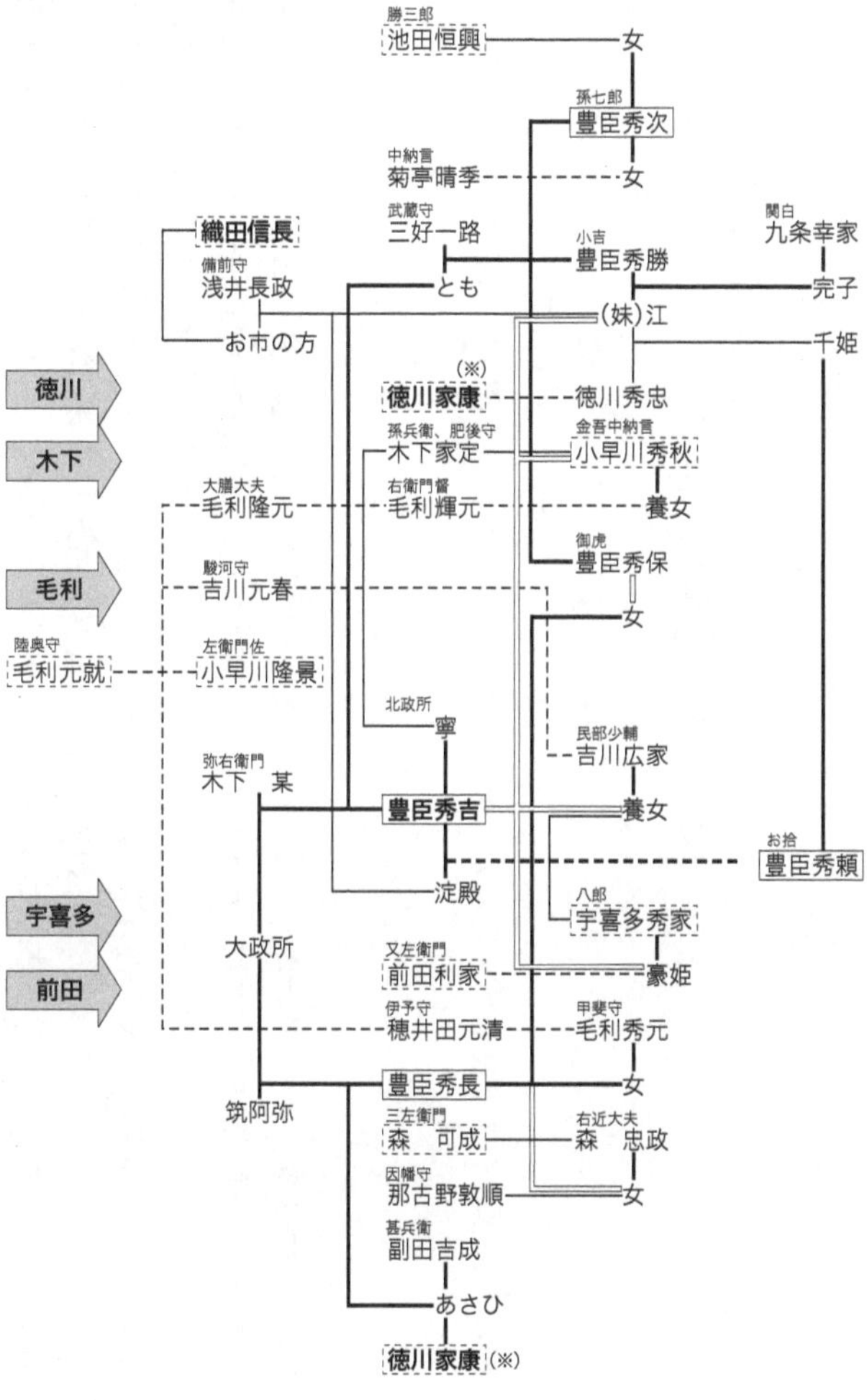

勝三郎
池田恒興
女
孫七郎
豊臣秀次
中納言
菊亭晴季
女
武蔵守
三好一路
関白
九条幸家
織田信長
小吉
豊臣秀勝
備前守
浅井長政
とも
完子
(妹)江
お市の方
千姫
徳川
(※)
徳川家康
徳川秀忠
木下
孫兵衛、肥後守
木下家定
金吾中納言
小早川秀秋
大膳大夫
毛利隆元
右衛門督
毛利輝元
養女
御虎
豊臣秀保
毛利
駿河守
吉川元春
女
陸奥守
毛利元就
左衛門佐
小早川隆景
北政所
寧
民部少輔
吉川広家
弥右衛門
木下　某
豊臣秀吉
養女
お拾
豊臣秀頼
淀殿
宇喜多
八郎
宇喜多秀家
大政所
前田
又左衛門
前田利家
豪姫
伊予守
穂井田元清
甲斐守
毛利秀元
豊臣秀長
女
筑阿弥
三左衛門
森　可成
右近大夫
森　忠政
因幡守
那古野敦順
女
甚兵衛
副田吉成
あさひ
徳川家康(※)

同天正一三年一〇月に従三位《じゅさんみ》参議《さんぎ》に叙任。天正一四年一〇月に権中納言《ごんちゅうなごん》、天正一五年八月に従二位《じゅにい》権大納言に叙任され、俗に「大和大納言」と称される。

しかし、大納言に叙任された頃から闘病生活に入り、天正一六年に甥・秀保《ひでやす》を養子として、天正一九年一月に死去した。享年五二。

和田《わだ》裕弘《やすひろ》氏は「秀吉の一族にはめぼしい人材がいなかったとされる。（中略）唯一の人材は、出色の出来だった弟の小一郎長秀（のち秀長）だけである」と評している（『織田信長の家臣団』）。

秀長の子女

秀長の妻は大和出身の秋篠《あきしの》氏と伝えられ、決して名家ではない。秀長が大和を所領とした天正一三（一五八五）年頃に結婚したと考えられる。

秀長には少なくとも一男二女がいた。［図1－2］

・長男　小一郎

・長女　秀吉の養女。毛利甲斐守《かいのかみ》秀元《ひでもと》（はじめ毛利輝元の養子）の妻

・次女　豊臣中納言秀保の妻

図1－2：豊臣家系図②

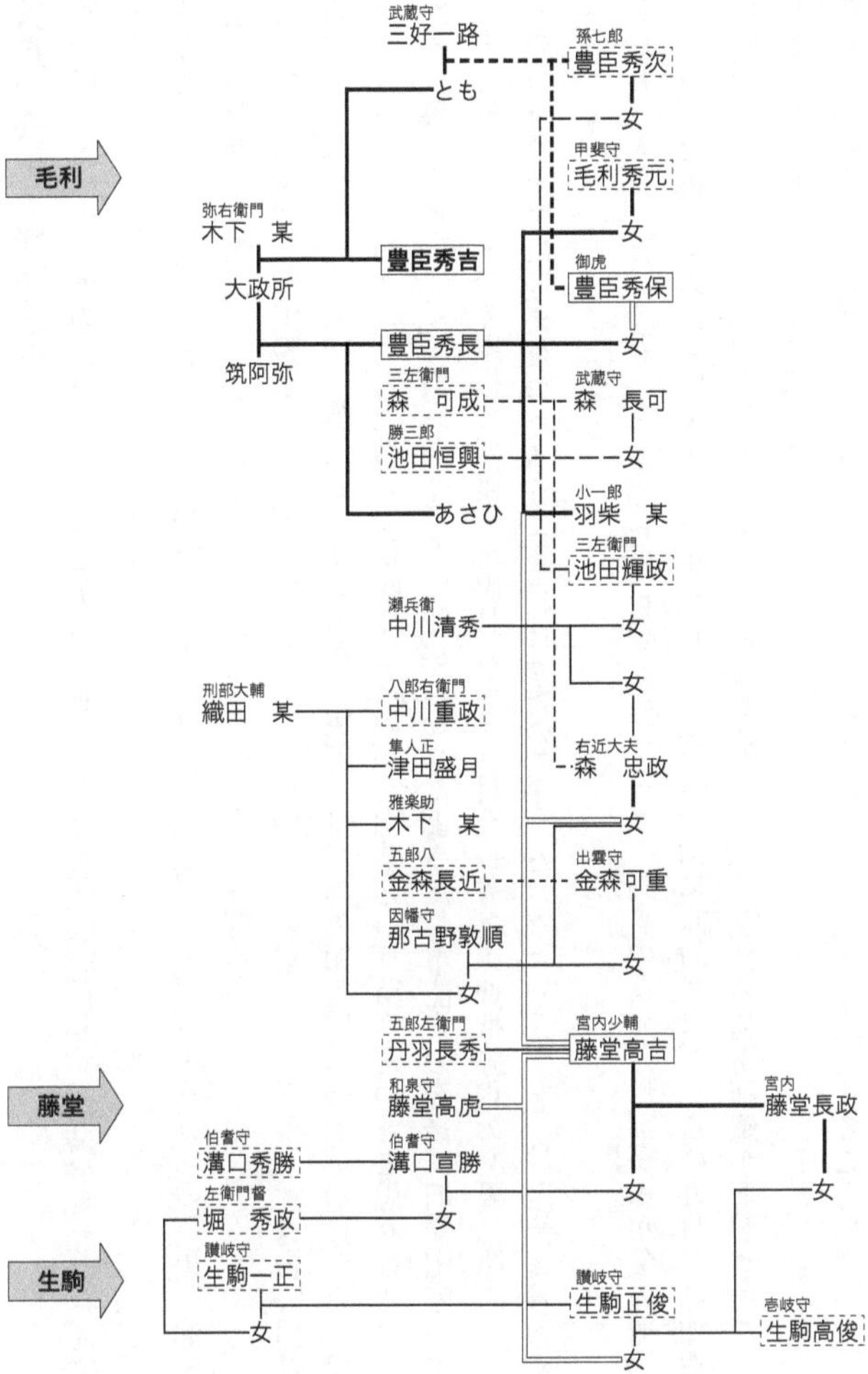
毛利
藤堂
生駒
武蔵守
三好一路
とも
孫七郎
豊臣秀次
女
甲斐守
毛利秀元
女
弥右衛門
木下　某
大政所
豊臣秀吉
御虎
豊臣秀保
豊臣秀長
女
筑阿弥
三左衛門
森　可成
武蔵守
森　長可
勝三郎
池田恒興
女
あさひ
小一郎
羽柴　某
三左衛門
池田輝政
瀬兵衛
中川清秀
女
女
刑部大輔
織田　某
八郎右衛門
中川重政
隼人正
津田盛月
右近大夫
森　忠政
雅楽助
木下　某
女
五郎八
金森長近
出雲守
金森可重
因幡守
那古野敦順
女
女
五郎左衛門
丹羽長秀
宮内少輔
藤堂高吉
和泉守
藤堂高虎
宮内
藤堂長政
伯耆守
溝口秀勝
伯耆守
溝口宣勝
女
女
左衛門督
堀　秀政
女
讃岐守
生駒一正
讃岐守
生駒正俊
壱岐守
生駒高俊
女
女

秀長の養子・藤堂高吉

唯一の男子・小一郎の生没年は不詳だが、本能寺の変以前に早世したとの説がある（秀長はその未亡人を養女とした）。

そこで、天正一〇（一五八二）年の秋頃、秀吉は丹羽長秀（一五三五～八五）の三男・仙丸（のちの藤堂宮内少輔《くないのしょうゆう》高吉《たかよし》。一五七九～一六七〇）を秀長の養子に迎えた。

秀吉が丹羽長秀・柴田勝家から一字ずつをとって「羽柴」と名乗ったことから、秀吉VS.旧勢力の丹羽・柴田という構図に誤認されているが、実際には、国人領主層の柴田、信長がカネで傭った旗本衆の丹羽という二大勢力に目配りしたのが、羽柴という苗字だったと思われる。後者に属する秀吉は、丹羽長秀と意外に仲がよかったようだ。本能寺の変後に旧織田家臣の中で主導権を取っていく過程で、旗本衆出身のボス・丹羽長秀との連携強化の必要に駆られ、長秀の子を羽柴家に迎えたのだろう（「当初は秀吉の養子」だったという説もある『豊臣秀長のすべて』）。

しかし、天正一三（一五八五）年四月に長秀が没すると、高吉の長兄・丹羽長重《ながしげ》が父の遺領一二〇万石を継ぐものの、同天正一三年閏《うるう》八月に若狭《わかさ》一国に減封され、さらに九月には加賀《かが》松任《まっとう》四万三〇〇〇石に減封されてしまう。シビアな秀吉は、丹羽家の利用価値が下がったことを石高で明示しているように思える。

当然、高吉の利用価値も低くなり、秀吉は秀長の後継者を一族から選定することに変心。天正一六（一五八八）年に甥の秀保を秀長の婿養子とした。居場所を失った高吉は、当時、秀長の家臣であった藤堂和泉守高虎《とうどういずみのかみたかとら》（一五五六～一六三〇）の養子となった。

秀長は高吉の才能を愛して一万石を与え、高虎から与えられた一万石と合わせて紀伊粉河《こかわ》二万石を領した。文禄の役では一四歳で初陣を果たし、その勇猛果敢さから「小藤堂」と呼ばれた。

妻は越後新発田《えちごしばた》藩主・溝口伯耆守宣勝《みぞぐちほうきのかみのぶかつ》（一五八二～一六二八）の娘。宣勝の父・溝口伯耆守秀勝《ひでかつ》（一五四八～一六一〇）がもともと丹羽長秀の家臣だったことに由来するのだろう。

高吉は、関ヶ原合戦後も本家・藤堂家から独立した大名として遇されていたが、高虎の子・藤堂大学頭《だいがくのかみ》高次《たかつぐ》（一六〇一～七六）が本家の家督を継ぐと、本家の家臣に組み込まれた。子孫は一万五〇〇〇石を領した。

秀長の養女・那古野氏

小一郎の妻だった那古野《なごや》因幡守《いなばのかみ》敦順の娘は、秀長の養女となって、森右近大夫《うこんだいふ》忠政《ただまさ》（一五七〇～一六三四）に嫁いだ。

那古野家は那古野今川家の旧臣で、織田信秀《のぶひで》によって当主の今川左馬助氏豊《さまのすけうじとよ》が放逐された後、信秀の主家にあたる清須織田家に属したらしい。尾張守護・斯波義達《しばよしみち》はのちに義敦《よしあつ》と改名したとされ、敦順はその偏諱を受けた可能性が高い。

那古野今川家というのは、駿河《するが》守護の今川家の支流で、鎌倉時代以来、尾張国愛知郡那古野(名古屋市)の地頭となった。その子孫が戦国時代まで存続し、本家の今川義元《よしもと》の弟・氏豊を養子に迎えたが、信秀によって滅ぼされたのだ。

『群書系図部集』所収の「織田系図」によると、敦順の妻は信長の一族・津田《つだ》家の出身で、中《なか》川《がわ》八郎《はちろう》右衛門《えもん》重政《しげまさ》、津田《つだ》隼人正《はやとのかみ》盛月《もりつき》、木下雅楽助《うたのすけ》の姉妹にあたる。『三百藩家臣人名事典6』によれば、「敦順は信長の従弟《いとこ》」との記述があるが、重政らを信長の従兄弟の子とする説があるからだろう。敦順の子女は以下の通り。

・長男　那古野内膳《ないぜん》
・次男　那古野山三郎《さんざぶろう》(一五七二〜一六〇三)
・長女　金森出雲守《かなもりいずものかみ》(可重《ありしげ》。長近《ながちか》の養子)の妻
・次女　森右近大夫忠政の妻(?〜一六〇七)
・三女　小沢彦八郎(森家に仕える)の妻

次男の那古野山三郎(のち九右衛門《きゅうえもん》、蔵人《くろうど》)は「無双の美少年」「美麗の器量」と称され、歌舞伎の創設者・出雲の阿国《おくに》を妻にしたとの俗説がある。妹が忠政に嫁いだことにより、その家臣となり、五〇〇〇石もの高禄を得たが、森家の家臣・井戸宇右衛門に討たれた。ちなみに、妹婿の小沢彦八郎も一〇〇〇石で忠政に仕えたが、同じく森家の家老・各務《かがみ》四郎兵衛《しろうべえ》元峯《もとみね》に討たれている。

第2節　三人の甥

殺生関白・秀次

豊臣秀次《ひでつぐ》（一五六八～九五）は、秀吉の姉・ともの長男として生まれた。

天正元（一五七三）年に秀次は浅井《あざい》長政《ながまさ》の家臣・宮部《みやべ》継潤《けいじゅん》の養子となる。

当時、秀吉は浅井攻めの最前線に配置され、浅井家の重臣・宮部を懐柔して離反させるために、甥・秀次を養子（実質的な人質）に遣わしたのだろう。浅井家滅亡後も宮部は厚遇され、天正五（一五七七）年には但馬豊岡《とよおか》（兵庫県豊岡市）城を与えられ、天正九（一五八一）年に因幡鳥取城代に登用されている。この頃にもなると、さすがに人質も不要となったのか、秀次との養子関係を解消したらしい。

同天正九年頃、秀次は三好山城守《みよしやましろのかみ》康長《やすなが》（長慶《ながよし》の叔父《おじ》）の養子となり、三好孫七郎《まごしちろう》信吉《のぶよし》と名乗る。孫七郎は康長の通称であり、「信」の字は信長から偏諱をもらったのだろう。信長が偏諱を与える場合、多くは「長」の字を与え、通字の「信」の字を家臣に与える例は少ない。秀吉が相当がんばって、甥っ子に箔《はく》を付けたのだろう。

三好康長は信長による四国征伐の引導役で、秀吉は「阿波の国情を知った三好康長を取り込むため」（『人物叢書　豊臣秀次』）、甥・秀次を養子に遣わしたといわれている。

天正一二（一五八四）年の小牧・長久手の合戦で秀次は、池田《いけだ》恒興《つねおき》・森長可《もりながよし》が家康方の岡崎城を奇襲する部隊二万四五〇〇を率いる大将にわずか一七歳で任ぜられるが、その動きは家康軍の知るところとなり、逆に急襲を喰《く》らって大敗を喫した。秀吉から譴責を受けている。

同天正一二年秋頃に三好康長との養子縁組みを解消し、羽柴孫七郎秀次と名乗る。

翌天正一三年閏八月、近江八幡《はちまん》四三万石を与えられ、近衛《このえ》権少将《ごんのしょうしょう》に任ぜられる。天正一四（一五八六）年頃に中将に昇進。天正一五年には権中納言へとスピード出世している。

天正一八（一五九〇）年の小田原征伐で、徳川家康（三河・遠江・駿河・信濃《しなの》・甲斐）が関東に転封され、家康の旧領には織田信雄《のぶお》（尾張・北伊勢）が入る予定だったが、信雄がこれを拒んだため、代わって秀次が尾張清須五七万石余に加増される。

　この頃から秀吉の近親が相次いで死去する。

天正一八年一月に異母妹・あさひ姫が死去。天正一九年一月に異母弟・豊臣大納言秀長が死去。同年八月に実子・鶴松が死去。翌天正二〇年七月に実母・大政所が死去。同年九月に甥・羽柴小吉秀勝《こきちひでかつ》が死去。

天正一九（一五九一）年一二月に秀次は権大納言、同年一二月四日に内大臣に任ぜられる。

同天正一九年一二月二八日に関白に任官。豊臣家の家督を秀吉から譲られた。

　しかし、文禄二（一五九三）年八月に秀吉に実子・お拾《ひろい》（のちの豊臣秀頼）が生まれ、秀次の立場は危うくなっていく。翌九月に秀吉は日本を五分割して、うち四つを秀次に、一つを秀頼が統治してはどうかと提案。一〇月には秀次の娘と秀頼の婚約を決める。

そして、文禄四（一五九五）年七月上旬、秀吉は秀次の官位（正二位関白左大臣）を剥奪《はくだつ》して高野山に追放。七月一五日に秀次は自害した。享年二八。

同年八月二日、秀次の妻子は三条河原《さんじょうがわら》で虐殺された。

秀次には正室が二人おり、一人が池田恒興の娘、もう一人が中納言菊亭《きくてい》晴季《はるすえ》（一五三九～一六一七）の娘である。恒興の娘は、兄・池田三左衛門《さんざえもん》輝政《てるまさ》のもとに戻されたが、菊亭の娘は殺害された。

また、秀次には三〇人もの側室がおり、みな殺害された（『人物叢書　豊臣秀次』）。

・おちやう　美濃・日比野《ひびの》下野守《しもつけのかみ》の娘（または竹中貞右衛門尉《さだうえもんのじょう》の娘）
・おたつ　尾張・山口半左衛門《はんざえもん》重勝《しげかつ》の娘
・おいま　出羽・最上《もがみ》義光《よしあき》の娘
・おまん　近江・多羅尾《たらお》左京進《さきょうのしん》光太《みつもと》の娘
・おさな　美濃・武蔵長門守の娘
・おきく　摂津・伊丹《いたみ》兵庫頭《ひょうごのかみ》正親《まさちか》の娘
・おつま　公家・四条《しじょう》隆昌《たかまさ》の娘
・おあい　近衛家家臣・古川《ふるかわ》主膳《しゅぜん》の娘
・おさこ　北野天満宮の祀官・松梅院《しょうばいいん》禅昌《ぜんしょう》の娘

・中納言　摂津・毫摂寺《ごうじょうじ》住職善助《ぜんじょ》の娘
『美濃雑事記』では日比野下野守の娘（おあこ廿二歳）と竹中貞右衛門尉の娘（お長十八歳）を別人としており、右記以外に坪内三《つぼうちさん》右衛門《えもんのじょう》尉の娘（おなあ十九歳）がいたという。

豊臣小吉《こきち》秀勝

豊臣小吉秀勝（一五六九〜九二）は、秀吉の姉・ともの次男として生まれた。

幼名は小吉。『羽柴を名乗った人々』によれば、天正一三（一五八五）年九月、秀吉の養子・羽柴於次秀勝が存命中であるにもかかわらず、「羽柴小吉秀勝」を名乗っていたという。

秀吉は諱が重複することを厭《いと》わない人物だったのだろう。秀吉には初めての子に石松丸秀勝《いしまつまるひでかつ》なる人物がおり、早世したわが子を追慕するために、養子に次々と「秀勝」を名乗らせたという説があるが、信用できない。

小吉秀勝は天正一三年に近江勢田《せた》（滋賀県大津市）城を与えられ、同年一二月に羽柴於次秀勝が死去すると、遺領の丹波《たんば》国を継承し、亀山《かめやま》（京都府亀岡《かめおか》市）城を本拠とした。

黒田基樹氏は、小吉秀勝が「これまで同じ実名を名乗っていることから、於次秀勝の家督も継承していたとみられがちであったが、すでに小吉秀勝は、その実名を名乗っていたことからすると、実際はどうであったのか、くわしく検証し直す必要があるように思われる」と指摘し、さらに「一般的には秀吉の養子となっていたとみられることが多いが、これについてもそのことを直接に示す史料は存在していない。（中略）秀吉養子説については、再検討が必要であろう」と述べている（『羽柴を名乗った人々』）。

天正一五（一五八七）年頃に右近衛《うこのえ》権少将《ごんのしょうしょう》に叙任され、天正一七（一五八九）年に蜂屋《はちや》頼《より》隆《たか》の遺領・越前敦賀《えちぜんつるが》五万石に転封する内示を受けたが、石高が少ないと不満を訴えたため、秀吉の怒りを買った（『羽柴を名乗った人々』）。

その後、美濃大垣《おおがき》、甲斐躑躅ヶ崎《つつじがさき》を経て、天正一八（一五九〇）年に美濃岐阜一三万三〇〇〇石に転封。文禄元（一五九二）年一月に参議に昇進。同年六月に朝鮮に出兵し、九月に陣中で戦病死した。享年二四。

妻は、浅井長政・お市の方夫妻の三女で、のちに徳川秀忠《ひでただ》の正妻となる江《ごう》（小督《おごう》ともいう。一五七三～一六二六）。

一人娘の完子《さだこ》（一五九二～一六五八）がおり、慶長九（一六〇四）年にのちの関白・九条権大《ごんだい》納言《なごん》幸家《ゆきいえ》（一五八六～一六六五）に嫁ぐ。

小吉秀勝の遺領は、織田信忠《のぶただ》の嫡男・**織田中納言秀信《ひでのぶ》**（幼名・三法師《さんほうし》。一五八〇～一六〇五）が継承した。秀勝の婿養子となったというが、その娘が完子なのかは定かでない。

秀長の養子・秀保

豊臣秀保（一五七九～九五）は、秀吉の姉・ともの三男として生まれた。幼名は辰千代、御《お》虎《とら》。

天正一六（一五八八）年一月に叔父・豊臣大納言秀長の婿養子となる。天正一九（一五九一）年に秀長が死去すると、その遺領を継いで、正四位下《しょうしいげ》・参議に叙任され、翌天正二〇年一月に従三位・権中納言に叙任される。文禄四（一五九五）年四月に死去。享年一七。一説には、性格が悪く残虐で、滝壺《たきつぼ》に身を投げてみよと命じられた小姓に抱きつかれてともに落ち、死去したという。

なお、秀保についてはとも（秀吉の姉）の養子説がある。すなわち、「年齢が事実とすれば、秀勝はともが三十六歳、秀保は四十六歳のときに出産したことになり、秀保は、ともの実子と考えるのは難しく、養子と考えるのが妥当」という。しかし、丹羽家から迎えた養子・高吉を外してまで、秀長の養子とされた背景には秀吉との血縁しか考えられない。実子とみた方が妥当だろう（『人物叢書　豊臣秀次』）。

第3節　秀吉の妻子

正室／北政所《きたのまんどころ》・寧

秀吉の正室は北政所・寧《ねい》（於寧《おね》、寧々《ねね》。一五四八？〜一六二四）である。

杉原助左衛門《すけざえもん》（入道道松《どうしょう》。定利《さだとし》。？〜一五九三）の娘として生まれ、母方の伯父《おじ》で織田家臣の弓衆・浅野又右衛門長勝《またえもんながかつ》（？〜一五七五）の養女となった。

永禄四（一五六一）年頃に秀吉と結婚。秀吉が関白になると北政所と呼ばれた。秀吉の死後、京都に隠棲《いんせい》して慶長八（一六〇三）年に出家し、高台院《こうだいいん》と称した。

秀吉との間に子はできなかったが、加藤清正や福嶋正則など若き豊臣家臣の母親代わりとなって、秀吉の死後も政局に大きな影響力を持った。しかし、その立場は必ずしも秀吉の遺児・秀頼を擁護するものではなかったようだ。

秀吉の妻子／数多くの側室

秀吉には、名門揃いの側室が多数いたことが知られている。

「『伊達世臣家譜《だてせしんかふ》』には、秀吉の側室は16人とあり、（中略）身分の高い武家女性ばかり。しかも織田氏関係の女性が三人も。これはまた、何とも分かり易い。秀吉は信長の一族を憧憬を以て仰ぎ見ていたんだろうなあ。かっての自分には、とても手が届かなかった、縁のなかった『お姫さま』。彼女たちを側に侍らせて悦に入っていたのでしょう」と一般には評価されている（『戦国武将の明暗』）。名前、父親がわかっているのは以下の一〇人である。［図1－3］

○淀《よど》殿、茶々《ちゃちゃ》（一五六七?〜一六一五）浅井長政《あざいながまさ》、お市（信長の妹）の長女

○松の丸殿、龍子（?　〜一六三四）近江守護・京極高吉《きょうごくたかよし》の娘、前夫は武田元明《たけだもとあき》

○三の丸殿　（？　～一六〇三）織田信長の娘、前夫は柴田《しばた》勝家《かついえ》の養子
○加賀殿、麻阿　（一五七二～一六〇五）織田家臣・前田利家の三女
○三条殿、お虎　（生没年不詳）織田家臣・蒲生賢秀《がもうかたひで》の娘、氏郷《うじさと》の姉妹
○姫路殿　（？　～一六四一）織田信包《のぶかね》（信長の弟）の長女
○甲斐姫　（生没年不詳）北条家臣・成田氏長《なりたうじなが》の娘
○山名氏《やまな》　（生没年不詳）但馬守護・山名豊国《とよくに》の娘
○お種殿　（生没年不詳）伏見の侍・高田次郎右衛門《たかだじろうえもん》の娘
○嶋姫　（一五六八～一六五五）小弓公方《おゆみくぼう》・足利頼純《あしかがよりずみ》の娘

系図を書いてみると、「織田氏関係の女性が三人」どころではないことがわかる。秀吉は、信長の娘が嫁いでいる蒲生氏郷、前田利長《としなが》の義姉妹も側室にしている。すなわち、蒲生賢秀の娘・三条殿、前田利家の三女・加賀殿である。信長の娘の代わりに側室にされたといっては失礼だろうか。

従来、秀吉の名門女性好きは、出自からくるコンプレックスに由来するものといわれている。それを端《はな》から否定するものではないが、秀吉が側室に期待していたのは、単なる性欲の処理というだけではなく、嗣子の出産が念頭にあったのだろう。生まれてくる嗣子は、天下人の跡継ぎになるので、その母は名門女性であることが望ましい。

秀吉の死後、大坂城に信包・長益《ながます》ら織田一族が入り、淀殿を守り立てていたのは、淀殿が織

図１－３：秀吉の側室

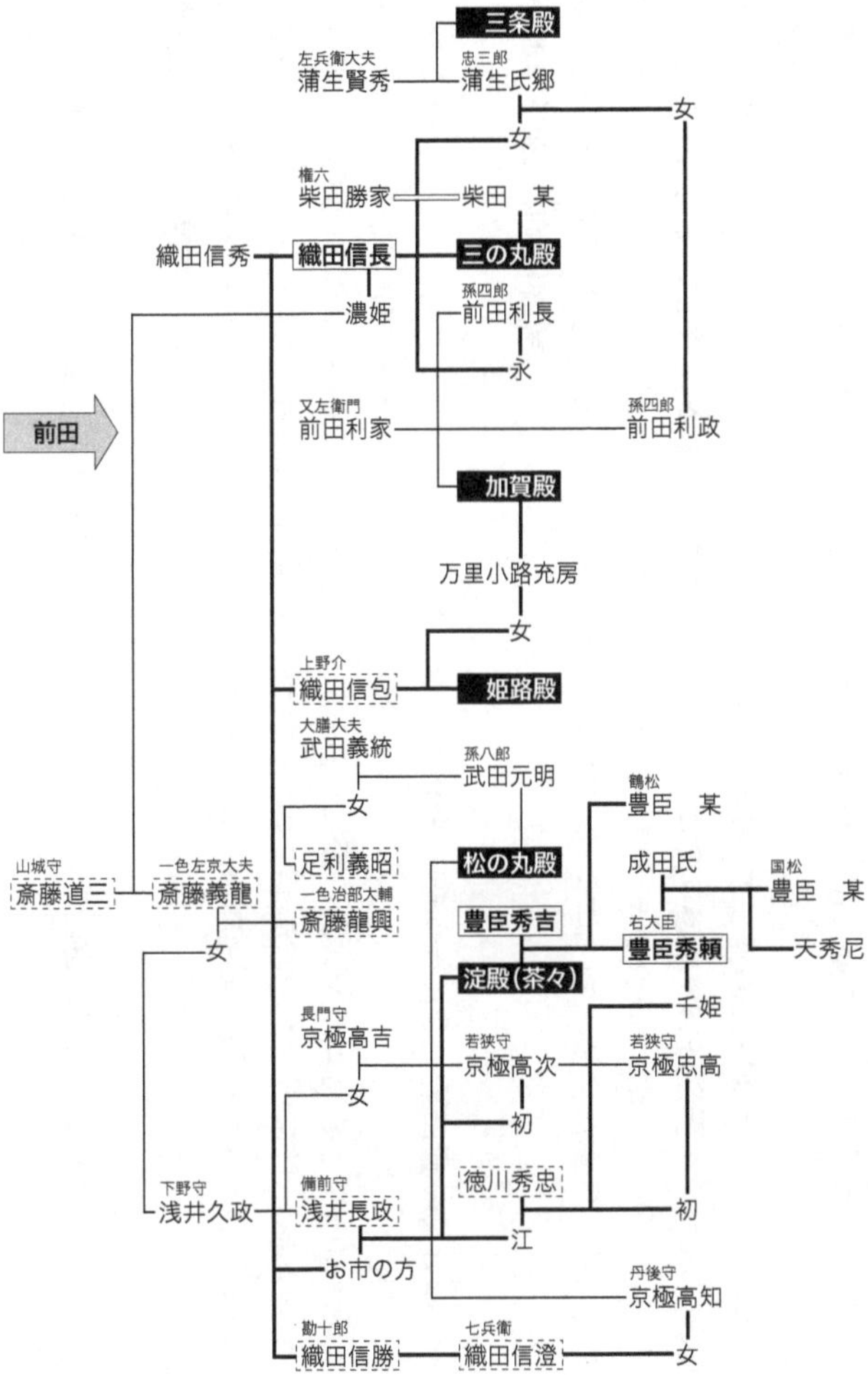
三条殿
左兵衛大夫
蒲生賢秀
忠三郎
蒲生氏郷
女
女
権六
柴田勝家
柴田　某
織田信秀
織田信長
三の丸殿
濃姫
孫四郎
前田利長
永
前田
又左衛門
前田利家
孫四郎
前田利政
加賀殿
万里小路充房
女
上野介
織田信包
姫路殿
大膳大夫
武田義統
孫八郎
武田元明
女
鶴松
豊臣　某
山城守
斎藤道三
一色左京大夫
斎藤義龍
足利義昭
松の丸殿
成田氏
国松
豊臣　某
一色治部大輔
斎藤龍興
豊臣秀吉
右大臣
豊臣秀頼
天秀尼
女
淀殿（茶々）
千姫
長門守
京極高吉
若狭守
京極高次
若狭守
京極忠高
女
初
徳川秀忠
下野守
浅井久政
備前守
浅井長政
初
江
お市の方
丹後守
京極高知
勘十郎
織田信勝
七兵衛
織田信澄
女

田一族に連なる系譜を持っていたからだろう。

そう考えると、秀吉が名門女性を側室に選んでいたのは、合理的な選択といえないだろうか。

秀吉の長男・鶴松

秀吉の長男・鶴松（一五八九〜九一）は天正一七年五月、秀吉が五三歳にして、淀殿を母として生まれた。捨て子を拾って育てると丈夫に育つという民間信仰から、「お捨《すて》」と命名され、のちに鶴松と改名された。生来、虚弱で天正一九年閏一月頃に病気となり、いったん持ち直したが、同年八月に再び病気となり、死去した。享年三。

鶴松の死去により、同年一二月に秀吉は甥・豊臣秀次を後継者と定め、関白職を譲った。

秀吉の次男・豊臣秀頼

秀吉の次男・豊臣秀頼（一五九三〜一六一五）は文禄二年八月、秀吉が五七歳にして、淀殿を母として生まれた。鶴松（お捨）の時の反省からか「お拾《ひろい》」と命名された。

秀頼の誕生で、秀吉の後継者構想は揺らぎ、同年一一月には秀頼を秀次の嗣子として、秀次の娘と婚約させたが、結局、文禄四（一五九五）年七月に豊臣秀次を自刃させている。同時に前田利家を秀頼の傅役《もりやく》にあてた。

翌慶長元（一五九六）年閏七月頃に元服して秀頼と改名した。慶長二（一五九七）年九月、六歳にして左近衛中将に叙任され、急拵《ごしら》えで秀吉の後継者へと整えられつつあったが、翌慶長三年八月に秀吉は病死した。

慶長五（一六〇〇）年九月の関ヶ原の合戦後、豊臣家直轄地に関する実務を徳川家臣が担いはじめ、豊臣家の実質的な所領は摂津・河内・和泉三ヶ国六五万七四〇〇余石に減封されたともいわれている。同年一二月には家康が九条兼孝《くじょうかねたか》を関白に再任させ、摂関職を五摂家に返還した。

慶長八（一六〇三）年二月に家康は征夷《せいい》大将軍に任ぜられ、秀頼は内大臣に叙任された。同年七月に孫の千《せん》姫（秀忠の長女。一五九七～一六六六）を秀頼に輿入《こしい》れさせた。慶長一〇（一六〇五）年四月に家康は秀忠に将軍職を譲り、秀頼は右大臣に叙任された。九条兼孝は関白を辞任したが、秀頼は後任とされなかった。

慶長一六（一六一一）年三月に二条《にじょう》城で家康と秀頼は会見を果たしたが、秀頼の上洛を迎えた豊臣系大名は加藤清正・浅野幸長《よしなが》・池田輝政・藤堂高虎のみであった。

慶長一九（一六一四）年に豊臣家が建立した方広寺《ほうこうじ》の梵鐘《ぼんしょう》に刻まれた銘文《めいぶん》「国家安康《こっかあんこう》　君臣《くんしん》豊楽《ほうらく》　子孫殷昌《しそんいんしょう》」を徳川家が問題にする方広寺鐘銘《しょうめい》事件が起こった。交渉はこじれ（徳川家は交渉をこじらせ）、遂に同年一〇月に大坂冬の陣が勃発《ぼっぱつ》。同年一二月に和議を結んだが、翌元和元（一六一五）年五月に大坂夏の陣が起きた。豊臣方は敗れ、秀頼は母・淀殿とともに自刃。享年二四。

秀吉の孫

秀頼には、側室・成田氏（成田吾兵衛助直《ごへえすけなお》の娘）との間に二子があった。

・長男　国松《くにまつ》（一六〇八〜一五）
・長女　天秀尼《てんしゅうに》（一六〇九〜四五）

長男・国松は大坂夏の陣後に京都六条河原《ろくじょうがわら》で処刑された。長女は千姫の養女となり、元和二（一六一六）年に鎌倉東慶寺《とうけいじ》に入って尼となった。かくして、秀吉の直系の血筋は絶えることとなった（豊臣家の血筋で現代まで続いているのは、豊臣小吉秀勝《こきちひでかつ》［秀吉の甥］の娘・完子《さだこ》が、関白・九条幸家《ゆきいえ》との間にもうけた子どもたちの末裔《まつえい》である）。

江戸時代には、徳川政権に反発する気風から、豊臣家の末裔が生き延びたとする説があり、秀頼もしくは国松が薩摩などに逃げ落ちたとする伝説が残っている（が、紹介はしない）。

第4節　秀吉の養子・養女

たくみな養子戦略

秀吉は晩年まで嗣子に恵まれなかった（鶴松、秀頼も実の子かどうかは怪しいところだが）。それが天下人・秀吉の最大の弱点だったのだが、秀吉が織田家臣団の部将である間は、それが最大の長所にもなった。

秀吉は天正五（一五七七）年頃に織田信長の子・羽柴於次秀勝《おつぎひでかつ》（一五六八？〜八五）を養子に迎えた。ちょうど播磨に派遣された頃だ。

次いで、天正九（一五八一）年に池田勝三郎《しょうざぶろう》恒興の三男・池田藤三郎長吉《とうざぶろうながよし》（一五七〇〜一六一四）一二歳を養子にもらっている。また、秀吉は恒興との婚姻関係を重視して、恒興の娘を甥（のちの豊臣秀次《ひでつぐ》）の正室に迎えている。天正一〇（一五八二）年の清須《きよす》会議のメンバーは、羽柴秀吉、柴田勝家、丹羽長秀、池田恒興なので、恒興と事前に姻戚関係を結んだことがどれだけ有利に働いたか想像に難くない。

しかも、秀吉は、いま一人の宿老・丹羽長秀の三男（仙丸。のちの藤堂宮内少輔高吉《とうどうくないのしょうたかよし》。一五七九〜一六七〇）を弟・秀長の養子に迎えている。

天下人になった後も、義甥の小早川秀秋《こばやかわひであき》、宇喜多秀家《うきたひでいえ》、徳川家康の次男・結城秀康《ゆうきひでやす》を猶子《ゆうし》（財産相続をともなわない養子）としている。関白職と豊臣家の家督を譲った甥の豊臣秀次も養子に相当するだろう。

一五七三年頃／石松丸

石松丸《いしまつまる》（?〜一五七六）は天正四（一五七六）年一〇月に早世した幼児で、法名は朝覚《ちょうがく》。長浜城時代の秀吉が側室に生ませた子という説がある。

古くは渡辺世祐《よすけ》著『豊太閤の私的生活』で「実子か養子か定かではないが、秀吉の最初の子である」とその存在を指摘し、秀吉シンパの桑田忠親《くわたただちか》氏が『太閤豊臣秀吉』で石松丸秀勝《ひでかつ》が秀吉の側室・南殿との間に生まれた実子説を展開した。

これに対し、太田浩司《おおたひろし》氏が「確かに『石松丸』は、この（秀吉が竹生島《ちくぶしま》に奉納した）奉加帳の中で、秀吉の家族と思われる位置に記されており、その実子であったとしても不自然ではない。しかし、『南殿』がその生母というのは、まったくのツジツマ合わせで、秀吉研究の第一人者たる桑田氏に失礼であるが、歴史学の論証としては成立しない」（『近世への扉を開いた羽柴秀吉』。カッコ内は引用者註）と記している。

なお、「『朝覚（石松丸）』＝『秀勝』とする伝承は、江戸時代後期には定着していたと考えられよう。しかし、『朝覚』＝『秀勝』の事実は、秀吉の同時代史料からは、まったく確認できない。そもそも、（朝覚を描いた）画像のような元服前の童子に、『秀勝』という元服後の実名があったのかは、大いに疑問の残るところである」（『近世への扉を開いた羽柴秀吉』。カッコ内は引用者註）という。

秀吉が養子の羽柴於次《おつぎ》秀勝、豊臣小吉《こきち》秀勝に相次いで「秀勝」と名乗らせたのは、石松丸に相当な愛着があったからだというが、秀吉には複数の親族や家臣に同じ諱を命名する事例が多い。たとえば、異母弟・小一郎長秀（のちの秀長）には丹羽長秀と同じ諱を付け、養子の（池田）藤三郎長吉《ながよし》に義兄・浅野弥兵衛《あさのやへえ》長吉《ながよし》（のちの長政《ながまさ》）と同じ諱を付けている。「秀勝」という名前に追慕の念があったのではなく、単に名前に無頓着《むとんちゃく》だったのだろう。

和田裕弘氏によれば、「朝倉家の重鎮の朝倉景鏡《かげあきら》（土橋信鏡）の子、石松丸を養子に迎えている（『埜頓《のむら》氏由緒』）。秀吉の第一子といわれる子だが、養子だったと思われる。景鏡は土壇場で裏切ったため、信長は景鏡を処断しようとしたが、秀吉の執り成しで本領を安堵されたという（『古今類従越前国誌《ここんるいじゆうえちぜんこくし》』『平泉寺再興縁起』）。こうした関係から、人質の意味も含めて景鏡の子を養子に迎えたのだろう」（『織田信長の家臣団』）と指摘している。本書ではこちらの説を支持したい。

一五七五年頃／豪姫

豪姫《ごうひめ》（一五七四〜一六三四）は、前田利家の四女で、母親は正室・まつ。生後間もなく（一説には二歳の時）秀吉の養女となった。仮に二歳で養女になったのであれば、天正三（一五七五）年のことになる。

天正一〇（一五八二）年頃に宇喜多秀家と婚約し、天正一六（一五八八）年頃に結婚したらしい（『宇喜多秀家と豊臣政権』『前田利家のすべて』）。秀吉は豪姫を溺愛《できあい》しており、「豪姫が男であったならば、関白に就任させたい」とまで語っていたらしい。

一五七七年頃／於次秀勝

羽柴於次秀勝《はしばおつぎひでかつ》（一五六八？〜八五）は信長の子で、天正五（一五七七）年頃に秀吉の養子になった（詳細は後述する）。

一五七八年頃／菊姫

菊姫（一五七八〜八四）は前田利家の六女で、生後間もなく秀吉の養女となったが、早世した。

一五八一年／池田長吉

池田藤三郎長吉（備中守。一五七〇〜一六一四）は池田恒興の三男として生まれ、天正九（一五八一）年に秀吉の養子となった（詳細は後述）。

一五八二年頃／宇喜多秀家

宇喜多秀家（一五七二〜一六五五）は備前国人の宇喜多直家《うきたなおいえ》（一五二九〜八一）の嫡子に生まれた。通称は八郎。

天正九年一月に父・直家が死去すると、秀吉の庇護《ひご》を受け、猶子となったらしい。しかし、「秀家が秀吉の養子であったことを示す確実な史料は存在していない。けれども秀家が養子に準じるような待遇を得ていたことは間違いなく。それは秀吉の養女豪姫の婿であったことによると考えられる」(『羽柴を名乗った人々』)。

備前・美作《みまさか》二ヶ国四七万四〇〇〇石を領し、岡山城を居城とした。近衛権少将、参議を経て文禄三(一五九四)年一〇月に権中納言に任ぜられる。秀吉の四国征伐、九州征伐、小田原征伐に従い、文禄の役では大将として朝鮮に出兵。慶長の役でも軍監として参陣した。

慶長三(一五九八)年に「五大老」の一人に選ばれ、慶長五(一六〇〇)年九月の関ヶ原の合戦では、毛利・石田方の総大将として参陣。敗れて逃走し、薩摩《さつま》の島津《しまづ》家を頼った。慶長八(一六〇三)年に島津家が秀家を家康へ引き渡したが、夫人の実家・前田家の助命嘆願により死罪を免れ、慶長一一(一六〇六)年に伊豆《いず》八丈島《はちじょうじま》に流罪となった。

一五八四年頃／小早川秀秋

小早川中納言秀秋《ひであき》(一五八二？〜一六〇二)は木下家定《いえさだ》の五男、北政所の甥として生まれた。幼名・辰之助《たつのすけ》、金吾《きんご》。初名は秀俊《ひでとし》。のち秀秋、秀詮《ひであき》と改名。天正一二年頃に秀吉の養子となった。病弱だった於次秀勝に代わる秀吉の継嗣として養子に迎えられたらしい。事実、天正一三年一二月に秀勝が死去すると、秀吉の唯一の養子となる。

天正一六(一五八八)年四月に元服して金吾侍従《じじゅう》秀俊を名乗るとともに、侍従に任ぜられる。「翌四月十五日には、諸大名から秀吉に対して連署起請文が提出されるが、その宛名は『金吾殿』とされていて、秀俊（小早川秀秋）に宛てたものとなっている。（中略）この時点において、秀俊は秀吉後継者の地位にあったとみてよいであろう」（『羽柴を名乗った人々』。カッコ内は引用者）。

翌天正一七年に羽柴小吉秀勝が秀吉から勘当されると、秀秋はその所領・丹波亀山を与えられた。天正一九（一五九一）年一〇月に正四位下《しょうしいげ》・参議に叙任され、順調に昇進していくのだが、その年の一二月二八日、秀吉は甥の秀次を関白に任官し、豊臣家の家督を譲る。秀秋が秀吉の後継者になる目はなくなったが、翌天正二〇年一月に従三位・権中納言に昇進している。文禄二（一五九三）年三月、秀吉はなおも秀秋を寵愛《ちょうあい》し、「秀秋の覚悟がよければ、自身の隠居分を与えるとまで言っている」（『小早川秀秋』。傍点は引用者）。「覚悟がよければ」というのは、秀秋の素行が悪かったから、それをたしなめてのことらしい。

ところが、その年八月に秀吉に実子・お拾《ひろい》（のちの秀頼）が生まれると、やはりというか、豊臣家の中で秀秋は無用の存在と化していく。

これに先立つ天正一九年春、黒田官兵衛が毛利《もうり》輝元《てるもと》に嗣子がないことをみて、秀秋を養子に迎えてはどうかと持ちかけたらしい。これに驚いた毛利一族の小早川隆景《たかかげ》（輝元の叔父）は、すぐさま一族から輝元に養子をあてがって、この話を阻止した。

隆景はそのことを気に留めていたらしく、自らの養子を廃して、秀秋を養子に望んだようだ。かくして、文禄三（一五九四）年、秀秋は小早川隆景の養子となり、毛利輝元の養女と結婚。

翌文禄四年に隆景から筑前名島《ちくぜんなじま》三三万石を譲られた。

慶長二（一五九七）年、秀秋は慶長の役で朝鮮に出兵し、わずか一六歳の初陣で総大将を務めた。しかし、早々と帰国を命じられ、翌慶長三年四月に越前北ノ庄《きたのしょう》一二万石に減封されるが、同年八月に秀吉が死去すると、その遺命により筑前に再封される。

慶長五（一六〇〇）年九月の関ヶ原の合戦では、当初、毛利・石田方として参陣していたが、裏切って徳川方の勝利に貢献した。合戦後は備前・美作二ヶ国四〇万七〇〇〇石に転封され、岡山城に入城したが、慶長七（一六〇二）年一〇月に急死した。享年二一。

一五八四年／結城秀康

結城秀康（一五七四〜一六〇七）は徳川家康の次男として、浜松《はままつ》城下の家臣宅で生まれた。幼名・於義伊《おぎい》、または於義丸《おぎまる》。ギギという魚に顔が似ていたからだという。この名前が示す通り、秀康は家康に疎まれていた。その理由として、自分の子ではないと疑ったという説や当時忌み嫌われていた双子だったからという説があるが、母親の出自が低かったからのようだ。

天正一二（一五八四）年の小牧・長久手の合戦を終え、家康が秀吉に秀康を人質として差し出し、秀吉は猶子として遇したのだという。

天正一三年に元服し、侍従に任ぜられる。天正一五（一五八七）年の九州征伐で初陣を果たし、天正一六年に左近権少将に昇進。さらに慶長二（一五九七）年に参議に叙任された。

天正一八（一五九〇）年七月の小田原征伐の後、下総《しもうさ》結城の結城《ゆうき》六郎左衛門尉《ろくろうさえもんのじょう》晴朝《はるとも》が秀康を養子に望み、養子縁組みが成立。これを機に結城家は一〇万一〇〇〇石に加増されたという。結城家は俵藤太秀郷《たわらのとうたひでさと》の末裔で、関東屈指の名門である。

慶長五（一六〇〇）年九月の関ヶ原の合戦では、小山《おやま》に留《とど》まって奥羽の諸大名を牽制。合戦後に越前北ノ庄（福井に改名）六八万石に加増された。秀康は越前松平家の祖となり、子孫は松平姓を名乗った。五男・直基《なおもと》が結城姓を継いだが、結局松平姓に復姓している。夫人は晴朝の姪《めい》で江戸《えど》但馬守重通《たじまのかみしげみち》の娘。夫婦仲が悪かったといわれる。

一五八四年頃／小姫（秀忠の婚約者）

小姫《おひめ》（一五八五？～九一）は織田信雄の長女（一説に六女）で、天正一二年頃、秀吉の養女となった。天正一八年一〇月に徳川家康の嫡子・秀忠《ひでただ》が上洛した際に婚約したが、早世したという。

一五八五年頃／江

江《ごう》（小督《おごう》、お江与の方とも。一五七三～一六二六）は浅井長政・お市の方（信長の妹）の三女として生まれ、秀吉の側室・淀殿の妹にあたる。

江は天正年間に尾張知多《ちた》半島の有力者である佐治与九郎一成《さじよくろうかずなり》（為継《ためつぐ》、信時《のぶとき》。？～一六三四）と結婚したが、天正一二（一五八四）年頃に一成が改易されたため離縁されたという。ただし、当時、江は数え年の一二歳であり、実際に結婚生活をおくっていたかは不明である（婚約だけだったという説もある）。

その後、秀吉の養女となって、秀吉の甥・羽柴小吉秀勝（一五六九〜九二）と再縁した。小吉秀勝は天正一三（一五八五）年一〇月に祝言を挙げており、「『江』との婚姻のことかもしれない」（『羽柴を名乗った人々』）という。ちなみに、二人の間には一人娘の完子《さだこ》が文禄元（一五九二）年に生まれたが、同年九月、小吉秀勝は朝鮮で戦病死してしまう。前年に秀忠の婚約者・小姫が早世したため、江が秀吉の養女のまま、秀忠のもとに輿入れしたようだ（『徳川諸家系譜』）。

一五八六年／前子（後陽成《ごようぜい》天皇女御《にょうご》）

『戦国大名閨閥事典　第二巻』によれば、「秀吉は天正十三年七月、近衛前久《このえさきひさ》の猶子となり、関白任官に成功した。翌年養女前子《さきこ》を入内《じゅだい》させ、秀吉は太政大臣に任ぜられ豊臣の姓を賜った」という。

一五八八年／宇喜多秀家の姉（吉川広家の妻）

吉川広家《きっかわひろいえ》の「室は豊臣太閤秀吉の養女。実は宇喜多秀家が姉」という（『寛政重修諸家譜』）。

「長年抗争を続けた宇喜多・毛利両氏の関係は、『中国国分《くにわけ》』を経て徐々に好転に向かった。その融和策の一つが、秀家の同母姉容光院《ようこういん》と吉川広家（元春の子。毛利輝元の従兄弟）との婚姻であった（天正十六年十月）。秀吉はこの縁組みを『京芸・備芸なるみかため』、すなわち京都（秀吉）と安芸（毛利）、備前（宇喜多）と安芸がうちとけて、かたい友好を結ぶために命じたのである」（『宇喜多秀家』）。

一五九一年／豊臣秀次

豊臣秀次《ひでつぐ》（一五六八〜九五）は、秀吉の甥として生まれ、天正一九（一五九一）年八月に秀吉の実子・鶴松が死去したため、同天正一九年一二月二八日に関白に任官。豊臣家の家督を秀吉から譲られた（既述しているので詳細は割愛する）。

一五九三年／秀長の娘（毛利秀元の妻）

毛利輝元の養子・秀元《ひでもと》の「室は豊臣太閤秀吉の養女」という（『寛政重修諸家譜』）。『戦国大名閨閥事典　第二巻』によれば、天正一六（一五八八）年生まれで「秀長没後の文禄元年（一五九二）、秀吉の養女として毛利輝元の養子秀元と婚約。同三年九月に嫁した。慶長十四年（一六〇九）二十二歳で死去」という。

第5節　養子・羽柴於次秀勝

長浜城の留守番

秀吉の数多くの養子・猶子の中から、特に政治的に重要な二人の養子について、詳述していきたい。

羽柴於次秀勝《はしばおつぎひでかつ》（一五六八？〜八五）は信長の子で、天正五（一五七七）年頃に秀吉の養子になった。当時、秀吉は姫路城に入って中国経略を進めていたが、秀勝は近江長浜城にしばらく留まっていたらしい。

天正九（一五八一）年八月、秀吉が鳥取城攻めの最中、秀勝は単独で長浜八幡宮《はちまんぐう》に制札を発給している。「以後、秀勝の文書は、天正十年（一五八二）三月一日付、舎那院《しやなんいん》宛ての文書から、翌十一年三月十五日付山本甚兵衛宛の文書まで、その内、無年号の文書も含めて八通が確認されており、秀吉の留守を預かり、長浜支配を行っていたことを物語っている」（『織田家の人びと』）。

つまり、信長は、近江長浜城主の秀吉を播磨に移し、秀勝を秀吉の養子として長浜城主に据えたのであろう。遠方に派遣する有力部将に、信長の子どもを養子に送り込んで、居城の留守をさせる。実はこの構図には先例がある。

信長の子で、甲斐武田家の人質になっていた信房《のぶふさ》（一般には武田《たけだ》勝長《かつなが》と呼ばれる）が天正八（一五八〇）年に織田家に還《かえ》されると、信長は信房を犬山《いぬやま》城主・池田恒興の養子として、犬山城主に据えた。ちょうど恒興は摂津で荒木残党の掃討作戦を主導し、鎮圧後に摂津を与えられていた。信長は恒興を摂津に移し、信房を恒興の婿養子として犬山城主に据えたのだ。

留守番から解放

しかし、秀勝は天正一一年までずっと長浜に在城していたわけではなかった。

天正一〇年「三月八日秀勝は、織田信長の命令によって、中国経略軍に合流することとなる。そして一七日には『具足《ぐそく》初め』に、備前児島（現岡山県倉敷市児島）の某城を攻撃、戦功をあげたという」（傍点引用者。『織田氏一門』）。さらに、初陣以降、養父・秀吉の軍に加わり、備中高松城の水攻め、山崎の合戦にも参加している。

なぜ、信長は、長浜城の留守番・秀勝を中国に差し向けたのか。

実はその前年に長浜城が「売却済み」になっていたのだ。

堀秀政が「『寛政重修諸家譜』に、天正九年九月八日、近江長浜城主になった。という記載がある。（中略）天正九年九月の段階で堀に下したのはまだ約束にすぎず、翌年あたりに長浜城と近江の知行を渡す、という形である」（『信長の親衛隊』）。

つまり、堀秀政に長浜城を与えるので、秀勝が留守番をしている必要がなくなった。だから、中国に派兵されたのだろう。そして、秀勝が留守番をしていたのは、堀に長浜城を与えるための布石だったと思うのだ。

谷口克広《たにぐちかつひろ》氏は「信長の最晩年、近江を中心とした近国を直接掌握するという計画があったのではないかと思う。『近国掌握構想』とでも呼ぼうか」と述べている（『信長の親衛隊』）。

そのためには、有力部将に与えていた尾張・近江の居城を然《しか》るべき時期に取り上げなければならない。信長は自らの子をかれらの養子にして居城に置き、一定期間、かれらの影響力を取り除いた後に、取り上げようとしたのではないか。

秀勝が秀吉の養子になった経緯には、「おそらく、秀吉は石松丸秀勝を失った直後くらいから、信長に対し、『お子のうち一人を養子にいただきたい』と申し出ていたのであろう」（『織田家の人びと』）とする秀吉要請説と、「信長が、実子のない秀吉の跡継ぎとして送り込んだ」（『尾張・織田一族』）とする信長下命説がある。前者の方が有力だと思われるが、池田恒興―信房の事例を考えると、後者の方が正しいと思われる。

本能寺の変後の秀勝／秀吉の便利な手駒

秀吉が三法師（信忠の嫡子・秀信）を推したため、すっかり忘れ去られているが、清須会議で柴田勝家が一番警戒したのは、秀勝を信長の後継者に推すことだったのではないか。

一方、秀吉は織田信孝《のぶたか》家臣に「御次（秀勝）も、ご存じのように、十五、六歳におなりになって、初陣も果たしたので、主君に仰いだとしても人に笑われることはないでしょうが、私の養子にしているので、八幡大菩薩《はちまんだいぼさつ》、愛宕明神《あたごみようじん》に誓って、誰が薦めたとしても主君にはしないと、きっぱりと思い切りました」（『信長の血脈』）と語っている。

公平無私を装ってはいるが、むしろ秀勝を主君の遺児と遇していないように思える。

事実、秀吉は秀勝を将棋の駒のように使っている。

清須会議の後、柴田勝家が長浜を通って北ノ庄城に戻る際に、秀吉は秀勝を勝家に人質として差し出している（長浜を通り過ぎた木之本《きのもと》付近で解放される）。

そして、秀吉は自らが信長の後継者になったことを世に宣伝するため、京都大徳寺《だいとくじ》で信長の葬儀を執り行った。その際、秀勝を通じて信雄・信孝に参加を打診し、両者が不参加を決め込むと、秀勝に棺桶《かんおけ》の後轅《あとながえ》（後《うしろ》の長柄）を持たせた。都合のよい時だけ、秀勝を信長の子として使っているのだ。

天正一二（一五八四）年一二月、秀勝は毛利輝元の養女と婚姻したが、翌天正一三年一二月に死去した。享年一八。

第６節　知られざる養子・長吉

池田恒興の子

一般には知られていないが、秀吉は池田恒興の子を養子として貰い受けている。

羽柴（池田）藤三郎長吉《とうざぶろうながよし》（備中守。一五七〇～一六一四）は池田恒興の三男として生まれ、天正九（一五八一）年に秀吉の養子となり、「のち池田に復す」という（『寛政重修諸家譜』）。

「長吉」という諱は、信長の偏諱「長」と秀吉の「吉」の字を組み合わせたものだろうから、信長公認の養子だった。ちなみに通称名の「藤三郎」も、秀吉の通称「藤吉郎」と実父・恒興の通称「勝三郎」を組み合わせたのだろう。

実父・池田恒興は天正七（一五七九）年六月に荒木旧臣を与力として附けられ、翌天正八年七月に摂津花隈《はなくま》城を落として摂津の地を与えられ、伊丹城（旧有岡城）を居城とした。一方、「天正八年四月、秀吉は姫路を居城と定め、城郭の修築に取りかかった。（中略）おそらくこの二月、安土において信長に三木城攻略、播磨大部分の平定を報告した時、正式に播磨と但馬二国が与えられたのだろう」（『織田信長家臣人名辞典』）。隣国を与えられた者同士で姻戚関係を結んだのだと思われる。

織田家臣団の血縁エリート・池田家

池田恒興は乳兄弟として、信長のお気に入りだっただけでなく、長男・勝九郎元助《しょうくろうもとすけ》（之助ともいわれるが、元助の誤写らしい。一五五九?～八四）は、信長の嫡男・信忠と強い姻戚関係がある。

「元助の妻は伊勢貞良《いせさだよし》の娘だが、貞良室は信長の正室濃姫の妹であり、その娘は濃姫の姪にあたる。濃姫はこの姪を養女としていたが、養徳院《ようとくいん》（信長の乳母。恒興の母）の希望により、元助に娶《めあわ》せた。また、もう一人の妻（後室か）は、塩川長満の娘である。信忠の妻も長満の娘であり、元助と信忠は相婿になる。父親同士が乳兄弟であり、本人同士は相婿という近い関係にあった」（『織田信長の家臣団』）。

つまり、池田元助は先妻が濃《のう》姫の養女、後妻が三法師《さんほうし》（織田秀信。一五八〇～一六〇五）の伯《お》母《ば》にあたり、信長の実子・信房を養弟に迎えている。信忠政権が発足した際には、その閨閥《けいばつ》により、宿老の座を約束されたエリートだったのだ。

もちろん計算高い秀吉にとって、信忠と強い姻戚関係にある恒興は、親戚になるのに格好の人物だったに違いない。将来、信忠政権の重臣候補である恒興にとっても、信忠の実弟・秀勝の養家と親戚になるのは悪い話ではなかったろう。念には念を入れてなのか、秀吉はさらに恒興の娘を甥（のちの豊臣秀次《ひでつぐ》）の正室に迎えている。

池田家へ復籍？

ただし、天正一二（一五八四）年四月に実父・恒興、兄の元助が小牧・長久手の合戦で討ち死にしたので、利用価値は半減。おそらくリアリストの秀吉のことだから、養子縁組みは事実上解消したのではないか。

『寛政重修諸家譜』によれば、天正一三年に長吉は従五位下備中守に叙任されたという。

天正一三年、同じく秀吉の養子（猶子）待遇だった宇喜多秀家（一五七二年生まれ）、結城秀康（一五七四年生まれ）はともに侍従《じじゅう》に任官して公家成《くげなり》している。同年代の長吉が侍従に任官していないことは、すでに養子待遇から解除されたことを示唆させる。

また、天正一五年に長子・池田 備中守《びっちゅうのかみ》 長幸《ながゆき》（一五八七～一六三二）が生まれているが、母親は正室・伊木《いぎ》豊後《ぶんご》忠次《ただつぐ》（一五四三～一六〇三）の娘である。伊木は池田家の家老なので、この時点で秀吉が長吉を自分の養子として認識していたのならば、もっと有力者の娘との縁談を進めていただろう。

第2章　親族衆

第1節　秀吉にとって親族衆とは

どこまでが親族衆か

信長・家康は、近親のうち、どこからどこまでが親族衆かを線引きしていた。

たとえば、織田信長は天正九（一五八一）年二月に京で馬揃えを行った際、「御連枝《れんし》の御衆」という一隊を設けており、信長は子息および兄弟・甥《おい》を親族衆だと認識していたようだ（『織田家臣団の系図』）。

家康もまた、子息及び異父弟を親族衆だと認識していたようだ。江戸幕府の大名は親藩・譜代・外様に分類されるが、親藩は家康の四人の男子（尾張・紀伊・水戸《みと》徳川家、越前松平家）と異父弟（久松《ひさまつ》松平家）の子孫だった。

これに対し、秀吉がどこまでを親族と認識していたかは明らかでない。

和田裕弘氏はその著書『織田信長の家臣団』の中で、秀吉の親族衆について「秀吉の一族にはめぼしい人材がいなかったとされる。縁戚の福島正則や加藤清正は有能だったが、その活躍は本能寺の変後である。両者とも豊臣政権下で大抜擢されたが、血縁関係の深い正則の方が清正よりも重用された。

唯一の人材は、出色の出来だった弟の小一郎長秀（のち秀長）だけである。（中略）秀長のほかには、母方の縁戚である青木勘兵衛《かんべえ》重矩《しげのり》・秀以《ひでもち》父子、小出播磨守《こいではりまのかみ》秀政《ひでまさ》くらいである。姉妹の夫についてははっきりしたことが不明であり、信長時代にはこれといった事跡は伝わっていない。

このため、正室の『ねね』（浅野長勝《ながかつ》の養女）の系統を頼った。『ねね』の実家に連なる木下祐久《すけひさ》、同家定《いえさだ》、杉原《すぎはら》（木下）家次《いえつぐ》、同小六郎、浅野長勝、相婿の浅野長吉《ながよし》（長政《ながまさ》。浅野長勝の甥）らが主なところである」と述べている。


つまり、本能寺の変（一五八二年）以前は秀吉自身の親族に人材が乏しかったことから、正室・寧の実家である杉原（木下）家、養家の浅野家の人々で親族衆を構成していたらしい。一方、秀吉自身の縁戚《えんせき》として福嶋、加藤、青木、小出家があったが、かれらが親族衆として認識されていたかは不明である。そこで、本章ではいったん浅野家、杉原（木下）家を掲げておく。

秀吉の従兄弟

『寛政重修諸家譜』や『断家譜』等によれば、秀吉には以下の従兄弟《いとこ》がいたようだ。

・福嶋左衛門大夫《さえもんだいふ》正則《まさのり》（一五六一〜一六二四）

・加藤主計頭《かずえのかみ》清正《きよまさ》（一五六二～一六一一）
・小出《こいで》播磨守《はりまのかみ》吉政《よしまさ》（一五六五～一六一三）
・小出　遠江守《とおとうみのかみ》秀家《ひでいえ》（一五六七～一六〇三）
・福嶋掃部頭《かもんのかみ》高晴《たかはる》（一五七三～一六三三）

これ以外にも生年不詳の青木紀伊守《きいのかみ》重吉《しげよし》（一矩《かずのり》・秀以ともいう）が秀吉の従兄弟らしい。

従兄弟と一口にいっても、父方、母方の従兄弟がいる。『寛政重修諸家譜』によれば、福嶋兄弟の母が「豊臣太閤秀吉の伯母木下氏」。小出兄弟の母が「豊臣太閤秀吉の姑《をば》」。『断家譜』によれば、清正の母が「秀吉公伯母」だという。

櫻井成廣《さくらいなりひろ》氏、宝賀寿男《ほうがとしお》氏らが青木家に伝わる系図、および『諸系譜』（国立国会図書館所蔵）を調査して作成した系図では、かれらはすべて母方の従兄弟だという（『豊臣女系図』『豊臣秀吉の系図学』）。寧々の祖母を大政所（秀吉の母）の姉とするなど、かなり怪しい点は否めないが、参考として掲げておく。［図2－1］

「公家成」から見た親族

これに対し、黒田基樹氏は「公家成《くげなり》」という観点から青木、福嶋が父方の従兄弟であると指摘している。

すなわち、「『侍従』は、天皇の居所に出入りして、天皇に対面できる官職であり、そうした

立場になることを『昇殿』といっていた。そしてこの『昇殿』できる身分を、『公家』といった。（中略）

そしてこのように侍従以上の官職に任官して、『公家』になることを、当時は『公家成』といっていた。そのため、そうした公家成していた大名を『公家成大名』と称している」。

「子孫に伝承された『青木家系図』では、重吉の母を秀吉の母天瑞院（なか・大政所）の妹としていて、それによれば重吉は秀吉にとって母方の従弟にあたる（中略）ただし後に重吉が、公家成大名とされ、かつ羽柴名字を与えられていることからすると、父方従弟の可能性が高い。秀吉の譜代大名のなかで、公家成大名化・羽柴名字呼称を認められたのは、この重吉と福島正則に限られている。（中略）しかも秀吉母方従弟である加藤清正にも認められていないそれらの地位を、両人のみが与えられているのは、両人が父方従弟であったからとしか考えられない」という（『羽柴を名乗った人々』）。

秀吉の親族で公家成した大名を列挙していくと、兄弟（豊臣秀長）、甥（豊臣秀次、豊臣秀勝、豊臣秀保）、養子（猶子を含む。小早川秀秋、宇喜多秀家、結城秀康）を除くと、三名しかいない。寧の甥・木下勝俊《かつとし》、従兄弟の福嶋正則、青木重吉だ。

公家成した福嶋正則と公家成していない加藤清正の間に明確な差が見出《みいだ》せないから、福嶋が父方の従兄弟、加藤が母方の従兄弟だったというのが黒田氏の論拠である。

ただし、福嶋正則、青木重吉が公家成したのは、ともに慶長二（一五九七）年七月。翌慶長

図2－1：秀吉の従兄弟たち

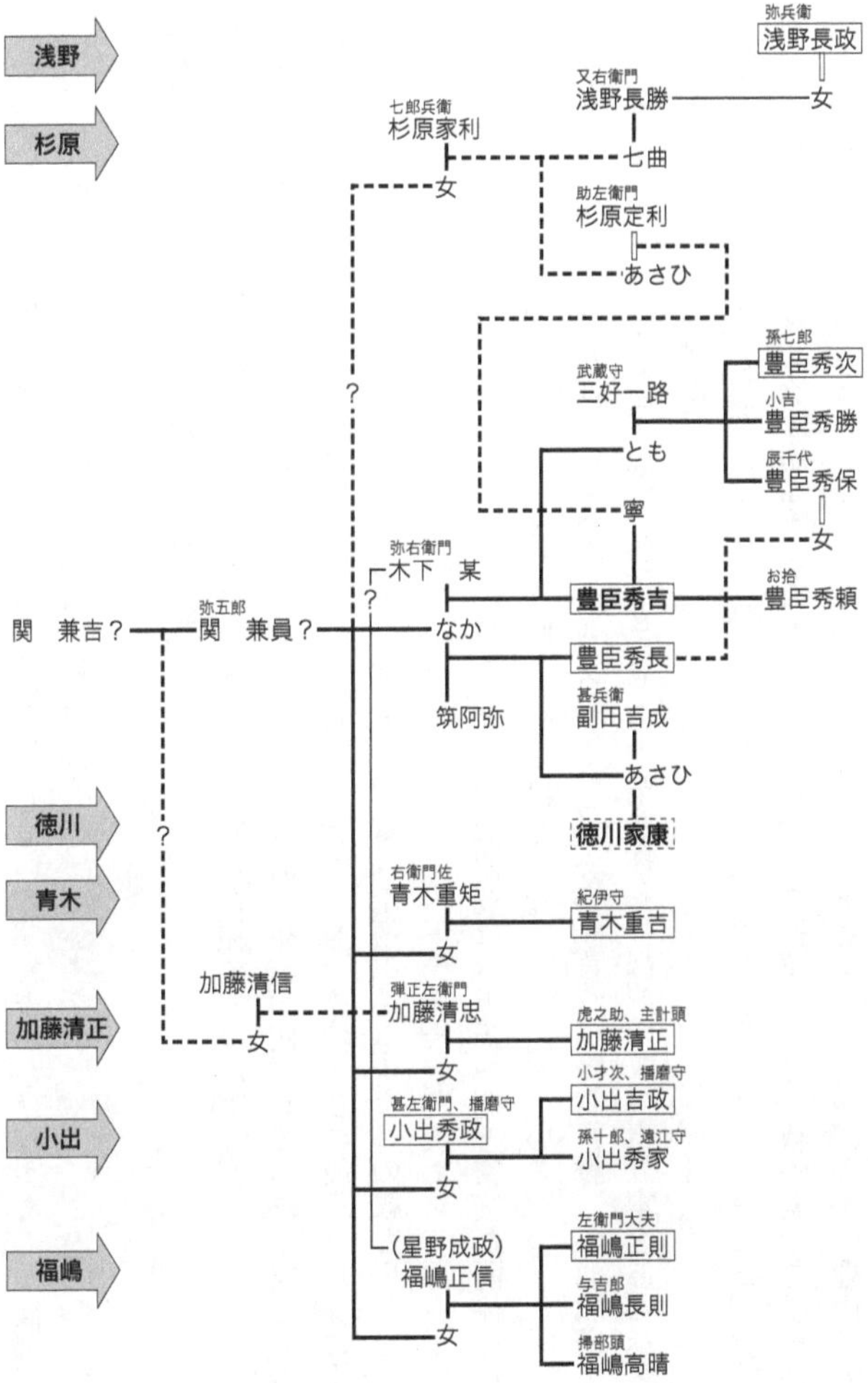

三年五月頃から秀吉は寝たきりになり、八月には死去している。秀吉が存命だったら、福嶋、青木に次いで加藤清正らも公家成する可能性があったのではなかろうか。

従兄弟の中でも特別待遇だった福嶋正則

しかしながら、福嶋正則は他の従兄弟たちと一線を画した存在であったようだ。

福嶋の家紋は沢瀉《おもだか》であるが、これは桐紋を与えられる以前に秀吉が使用していた家紋である。家紋研究の泰斗・沼田《ぬまた》頼輔《らいすけ》氏はその著書『日本紋章学』で「豊臣秀次がこの紋章を馬標《うまじるし》に用いたことは『御指物揃《おさしものそろえ》』に見られる。後世、木下氏（豊後日出《ひじ》領主）もまたこの紋を用いたので、恐らく、この紋章は、木下氏の家紋であると思われる。木下氏と氏族関係にある福島正則もまたこの紋章を用いた。これらの事実から考えると、沢瀉紋は木下氏一門と密接な関係を持っていたようであるが、文献上にはまだ的確な証明を得ていない」と語っている。

ところが、秀吉の家紋が沢瀉だと示唆する文献があるのだ。『寛政重修諸家譜』の池田備中守長吉の項で、「天正九年豊臣太閤の養子となり、羽柴を称し、沢瀉の紋の旗五本をあたへ《え》らる」（傍点引用者）との記述がある。

ちなみに木下家（旧姓・杉原）の家紋も沢瀉である。『寛政重修諸家譜』には「家伝に、沢瀉は杉原の家紋にして代々これを用ふ《もちう》」とある。ところが、当の杉原家では「萩の丸」を家紋に使い、沢瀉を使用していたとはおくびにも出していない。おそらく、秀吉が何らかの理由で沢瀉紋を使いはじめ、木下家、福嶋家に下賜したのであろう。

「公家成」させない論理

本能寺の変以前、秀吉の親族衆を構成していたのは正室・寧の実家である杉原（木下）家、養家の浅野家の人々だと指摘したが、かれらの中で公家成しているのは、異母兄・杉原家定の長男・木下勝俊だけである（家定の末男・小早川秀秋も公家成しているが、これは秀吉の養子としてのものなので、木下家としては算入しない）。

意外なことに、養兄の浅野長政、その子・浅野幸長《よしなが》はともに公家成していない。同様に、親族として重用されていながら、公家成していない人物がいる。秀吉の叔父《おじ》・小出秀政、その子・小出吉政である。

奈良興福寺《こうふくじ》の塔頭《たっちゅう》・多聞院《たもんいん》で書き継がれた日記『多聞院日記』の天正二年九月五日条に「小出（秀政）ハ大政所ノ妹ヲ女房ニ沙汰也」との記述があり、小出秀政を秀吉の親族と語っており、一族であることは間違いない。

「彼（小出秀政）は秀吉がまだ羽柴筑前守を称していた時期に、すでに羽柴の姓を与えられており、秀吉が天正十年、明智光秀を討つために姫路城を出発するに当たっては、彼と実姉の夫三好武蔵守一路（秀次らの父）とに留守をまかせているから、早くから秀吉のよき援助者だったに相違ない」（『豊臣女系図』）。

留守を任されていたということは、秀吉の信任が厚い反面、戦力としては期待されていなかったということだ（ちなみに、秀政は、秀吉の叔父といっても老人ではなく、秀吉より三歳若い。当時は四三歳の働き盛りだった）。

秀政は豊臣家の家政を司《つかさど》る、いわば執事のような役割で、親族としてその代表を務めていた。そして、秀吉は秀政の後継者として義兄の浅野長政を充てたのだ。すなわち、小出秀政は秀吉の側近「六人衆」の一人であり、浅野長政はその後継組織である「五奉行」の筆頭である。おそらく、秀吉は、執事のような位置付けにある小出秀政、浅野長政をあえて公家成から外したのであろう。

ちなみに、秀政の嫡子・小出吉政、長政の嫡子・浅野幸長はともに父のような生き方を嫌っていたらしく、父とは一線を画した。そのため、父の死後、小出家も浅野家も部将として行動し、徳川家に取り込まれていくのだから皮肉なものだ。

第2節　浅野家

北政所・寧の養家

浅野家は秀吉の正室・北政所《きたのまんどころ》（於寧《おね》、寧、寧々）の養家である。寧は杉原助左衛門《すけざえもん》（入道道松。

勝《かつ》（?～一五七五）の養女となったのだ。

服部英雄氏は『河原ノ者・非人・秀吉』の中で「『祖父物語』『清須翁物語』に、ね（寧）の出た家（杉原）は連雀商人《れんじやく》であったとある」と記している。

決して高い家柄ではなく、むしろ下層身分である。しかし、「秀吉と寧の結婚に際しては、

寧の母親の賛同が得られなかった。

『秀吉公の卑賤を嫌《い》ひたまひ《い》て、御婚姻をゆるし給《わざ》はさりしに』（中略）寧は、いったん織田家の弓大将であった浅野又右衛門と妻である実母妹（七曲）夫婦の養女になった。寧は養子縁組みで身分が上昇した。その女婿と釣り合いも取れぬ。秀吉の身分は周囲からかなり低くみられていた」という。

寧の実家・木下（杉原）家にしても養家の浅野家にしても、閨閥《けいばつ》といえるような有力者は存在しない。秀吉が出世したから、その親族として大名に取り立てられた者ばかりである。「一代でのし上がった秀吉には譜代といえる家臣は皆無だった。こうした場合、一族を頼るのが常套手段だが、秀吉の一族にはめぼしい人材がいなかった」（『織田信長の家臣団』）という、和田裕弘氏の手厳しい指摘は的を射ている。

義兄・浅野長政

浅野弾正少弼《だんじょうしょうひつ》長政（一五四七～一六一一）は、通称を弥兵衛《やへえ》といい、天正一六年に従五位下弾正少弼に叙任された。［図2-2］

諱《いみな》ははじめ長吉《ながよし》。文禄元（一五九二）年頃に長政と改名したという（以下、長政に表記を統一する）。素直に考えるなら、秀吉の義兄として信長から偏諱《へんき》をもらい、秀吉から一字もらって「長吉」と名乗ったのだろう（そう考えると、長政の養父の諱にたまたま「長」の字が付いているのは不自然で、長勝という名前も後世に創作したものと考えた方が良さそうだ）。

長政は尾張国丹羽《にわ》郡宮後《みやうしろ》村（愛知県一宮市今伊勢《いまいせ》町宮後）の安井弥兵衛《やすいやへえ》重継《しげつぐ》の子に生まれ、織田家の足軽弓頭・浅野又右衛門《またえもん》長勝《ながかつ》の婿養子となった。母は長勝の姉妹だったらしい。

浅野家は土岐《とき》氏の流れで、土岐美濃守光衡《みつひら》の子・次郎光時が尾張国丹羽郡浅野村（愛知県一宮市浅野）に住んで浅野を名乗ったという。たしかに土岐氏の一族に浅野家は存在するが、長政の家系がその末裔《まつえい》であるとは限らない。浅野家の家紋が、土岐一族が家紋とする桔梗《ききょう》ではなく、違い鷹の羽であるのも奇妙である。土岐光衡から長政の養父・浅野長勝まで繋《つな》げた系図のみならず、長政の実父・安井重継までご丁寧にも繋げている系図があるので、全く信用してはいないが掲載してみた。

長政は養父と同じく織田家の弓衆だったが、信長の命により秀吉の与力となった。

天正元（一五七三）年に近江で一二〇石を与えられ、天正一〇（一五八二）年には京都奉行

図２－２：浅野家系図

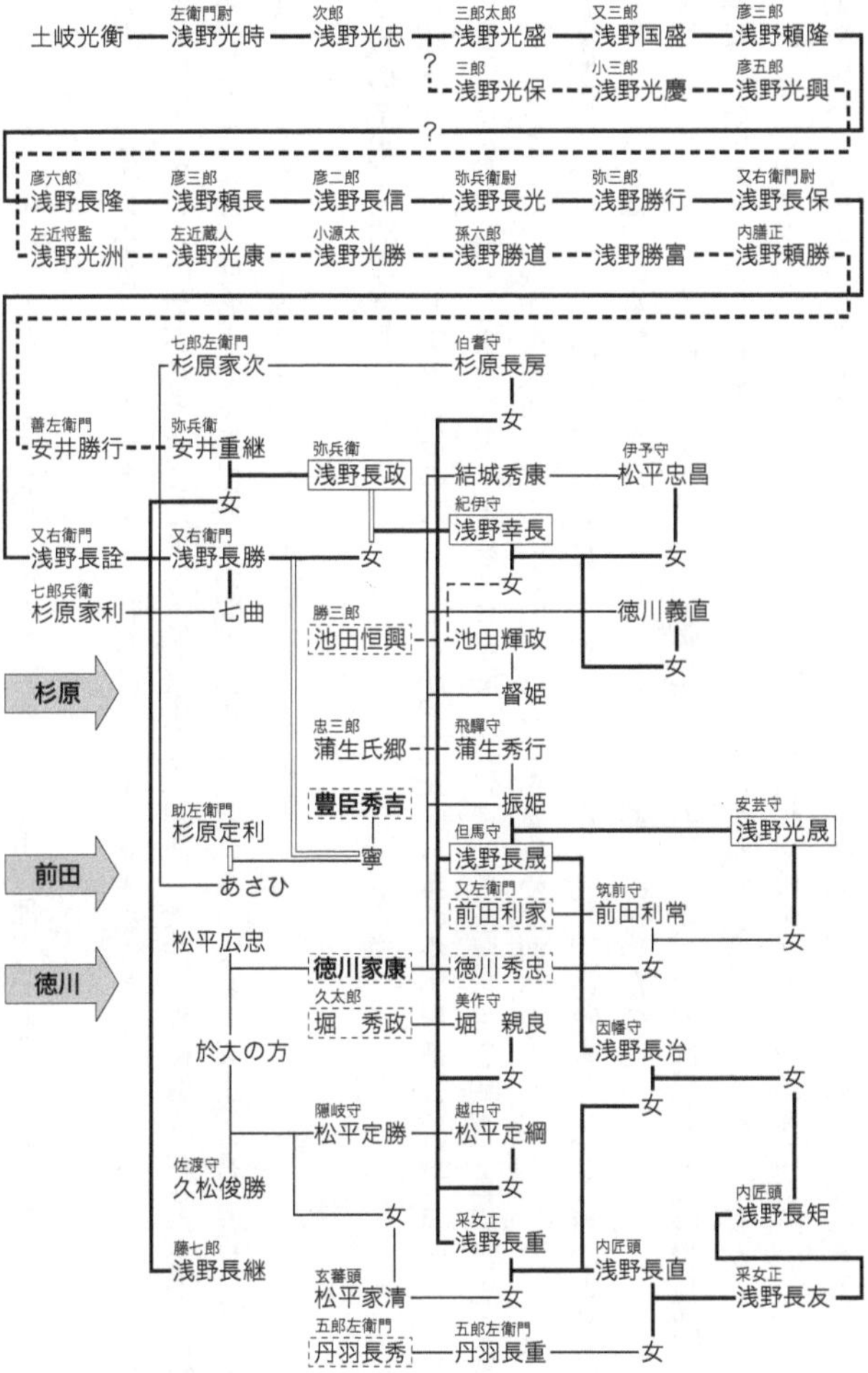
土岐光衡
左衛門尉 浅野光時
次郎 浅野光忠
三郎太郎 浅野光盛
又三郎 浅野国盛
彦三郎 浅野頼隆
?
三郎 浅野光保
小三郎 浅野光慶
彦五郎 浅野光興
?
彦六郎 浅野長隆
彦三郎 浅野頼長
彦二郎 浅野長信
弥兵衛尉 浅野長光
弥三郎 浅野勝行
又右衛門尉 浅野長保
左近将監 浅野光洲
左近蔵人 浅野光康
小源太 浅野光勝
孫六郎 浅野勝道
浅野勝富
内膳正 浅野頼勝
七郎左衛門 杉原家次
伯耆守 杉原長房
女
善左衛門 安井勝行
弥兵衛 安井重継
弥兵衛 浅野長政
結城秀康
伊予守 松平忠昌
女
紀伊守 浅野幸長
又右衛門 浅野長詮
又右衛門 浅野長勝
女
女
女
七郎兵衛 杉原家利
七曲
徳川義直
勝三郎 池田恒興
池田輝政
女
杉原
督姫
忠三郎 蒲生氏郷
飛騨守 蒲生秀行
豊臣秀吉
振姫
安芸守 浅野光晟
助左衛門 杉原定利
但馬守 浅野長晟
寧
前田
あさひ
又左衛門 前田利家
筑前守 前田利常
松平広忠
女
徳川
徳川家康
徳川秀忠
女
久太郎 堀　秀政
美作守 堀　親良
於大の方
因幡守 浅野長治
女
女
隠岐守 松平定勝
越中守 松平定綱
女
佐渡守 久松俊勝
女
内匠頭 浅野長矩
女
采女正 浅野長重
藤七郎 浅野長継
内匠頭 浅野長直
采女正 浅野長友
玄蕃頭 松平家清
女
五郎左衛門 丹羽長秀
五郎左衛門 丹羽長重
女

に着任。天正一一（一五八三）年の賤ヶ岳の合戦後に近江甲賀《こうか》郡、栗太《くりた》郡で二万三〇〇〇石を賜り、坂本《さかもと》城主となった。

翌天正一二年の小牧・長久手の合戦で、長政は「軍中の諸事をつかさど」ったという。兵站《へいたん》などに従事していたのであろう。また、秀吉と家康の講和後、秀吉の異母妹・あさひ姫が家康に再縁した際には、使者として浜松城との間を奔走したという。なお、天正一五年九月に若狭一国を与えられ、小浜《おばま》城主となっている。

長政の嫡男・浅野幸長

長政は部将というより実務官僚のようであるが、天正一八年の小田原征伐では五月中旬から前田利家、上杉景勝《うえすぎかげかつ》らとともに鉢形《はちがた》城攻めに参陣。次いで本多忠勝、平岩親吉、鳥居元忠ら徳川家家臣とともに岩槻《いわつき》城を攻め、さらに石田三成らと忍《おし》城攻めに加わった。

岩槻城攻めでは嫡男・浅野紀伊守幸長《きいのかみよしなが》（一五七六〜一六一三）の奮戦著しく、秀吉から脇差しを与えられるほどの賞賛を浴びた。幸長は父と違って武功派だったのだ。

文禄二（一五九三）年に甲斐府中《ふちゅう》城主・加藤光泰《かとうみつやす》が死去すると、その後任として浅野長政・幸長父子に甲斐二一万五〇〇〇石が与えられた。内訳は長政が五万五〇〇〇石、幸長が一六万石である。このことが示すように、浅野家ではすでに世代交代が進みつつあった。

朝鮮出兵では幸長が渡海し、文禄四（一五九五）年に一時帰国するも、慶長二（一五九七）

年六月に再び渡海。加藤清正が守る蔚山《ウルサン》城の普請工事に従事した。

秀吉の死後、朝鮮から帰還した加藤清正・蜂須賀家政・福嶋正則・藤堂高虎・黒田長政・細《ほそ》川忠興《かわただおき》、および浅野幸長の七将は、三成に遺恨を抱き、慶長四（一五九九）年閏《うるう》三月に前田利家が死去すると、三成襲撃へと動いた。

一方、父・長政は「五奉行」の筆頭として、同僚の三成と嫡男・幸長の板挟みとなる。しかし、同慶長四年九月に前田利家の親戚筋による家康暗殺計画が発覚。長政も謀議に加担したと疑われ、奉行職を解任。国元での蟄居《ちっきょ》を余儀なくされた（幸長が前田利家の五女と婚約していたからだという。ただし、五女は結婚前に早世している）。

翌慶長五年九月、幸長は関ヶ原の合戦で家康方につき、合戦後は紀伊和歌山三七万六五六〇石に大幅加増された。

慶長八（一六〇三）年に家康の孫・千姫が豊臣秀頼に嫁ぐ際に、幸長は大坂城に赴き、輿の受け入れを担当した。また、慶長一六（一六一一）年三月に二条城で秀頼と家康が会見した際、幸長は加藤清正、池田輝政、藤堂高虎とともに会見に立ち会い、「秀頼の臣下としての立場を鮮明にしつつ秀頼護衛に心血を注いだ」（『関ヶ原合戦と大坂の陣』）。

しかし、幸長と清正は微妙な立ち位置にあった。実は家康は会見にあたって秀頼と同年代の息子、九男・徳川義直《よしなお》、一〇男・徳川頼宣《よりのぶ》をともなっており、幸長の次女が義直、清正の次女が頼宣と婚約していたのだ（ともに慶長一四年に婚約）。

家康と秀頼の間に政治的な緊張感が高まる中、長政・幸長父子が相次いで死去する。慶長一六年四月に長政は死去。享年六五。二年後の慶長一八（一六一三）年八月に幸長が死去。享年三八だった。秀頼にとって父子の死去は痛手だったという。

翌慶長一九年、大坂冬の陣が起こる。幸長に男子がなかったため、次弟・**浅野但馬守長晟**《たじまのかみながあきら》（一五八六～一六三二）が家督を継ぎ、徳川方として参陣。翌元和元（一六一五）年五月の大坂夏の陣でも奮闘した。同元和元年一一月、家康は三女・振姫《ふりひめ》（一五八〇～一六一七）と長晟を婚約させ、翌元和二年一月に婚礼が行われた。

秀吉に振り回される長政の子どもたち

長政には少なくとも三男三女および二人の養女がいた（★は嫡出）。

長男★浅野紀伊守幸長《よしなが》（一五七六～一六一三）　妻は池田恒興の四女
次男★浅野但馬守長晟《ながあきら》（一五八六～一六三二）　妻は徳川家康の三女・振姫
三男★浅野采女正《うねめのかみ》長重（一五八八～一六三二）　妻は竹谷《たけのや》松平家清《いえきよ》の四女（家康の義姪《ぎてつ》）
長女★杉原伯耆守長房《ながふさ》（北政所・寧の従兄弟）の妻
次女★堀　美作守親良《ちかよし》（堀　秀政の子）の妻
三女★久松《ひさまつ》松平　越中守《えっちゅうのかみ》　定綱（徳川家康の甥）の妻
養女　多羅尾《たらお》久八郎《はちろう》光雅《みつのり》の妻（浅野藤七郎《とうしちろう》長継の娘、長政の従姉妹《いとこ》）

養女　船越《ふなこし》伊予守《いよのかみ》永景《ながかげ》の妻　（杉原伯耆守長房の娘、長政の外孫）

長政の子女が展開する閨閥は、はじめは秀吉の意図、中途から家康の意図が滲《にじ》み出るものになっている。

長男・幸長は池田恒興の娘を娶《めと》っている。秀吉は天正九年頃から恒興の歓心を買うため、様々な努力を重ねている。恒興の三男・長吉を養子にもらったり、甥の三好信吉（のちの豊臣秀次）の正室に恒興の次女をもらい受けたり。義理の甥にあたる幸長と恒興の末娘の縁談をまとめたのも、秀吉に違いない。

北政所・寧の従兄弟にあたる杉原伯耆守長房は、なぜか幼少の頃から両親と離別し、長政の下で育てられ、その女婿になったのだという。

家康に振り回される長政の子どもたち

ところが、次男（長晟）、および三女以降になると、急に家康の近親との縁談が色濃くなってくる。

長晟が家康の三女・振姫と婚儀に及んだことは先述した。

振姫は文禄四（一五九五）年に秀吉の命で蒲生《がもう》飛騨守《ひだのかみ》秀行《ひでゆき》（氏郷《うじさと》の子。一五八三～一六一二）と婚約し、慶長三（一五九八）年に結婚。二男一女をもうけるが、一四年後の慶長一七（一六一二）年に夫・秀行が急死。家康は浅野家との関係強化のため、長晟に振姫を再縁させたのだ。

振姫は一子（浅野安芸守光晟《みつあきら》〔一六一七～九三〕）をもうけて、まもなく死去した。

また、兄・幸長の二人の娘も、長女が松平伊予守忠昌《ただまさ》（徳川家康の孫、結城秀康の次男）、次女が徳川大納言義直（家康の九男）に嫁いでいる。

第3節　杉原・木下家

寧の実家

北政所・寧の実家は杉原家といい、系図上の家祖は杉原七郎兵衛《しちろうべえ》家利《いえとし》という。ただし、『寛政重修諸家譜』の家利の項には「祖父のときより尾張国に住す」という記述があるのみで、生没年も不明である。

家利には一男二女があり、長男が杉原七郎左衛門《しちろうざえもん》家次、長女・七曲《ななまがり》が浅野又右衛門長勝の妻、次女・あさひが杉原助左衛門の妻（寧の母）という。〔図2－3〕

寧の叔父・杉原家次

杉原七郎左衛門家次（一五三一～八四）は寧の叔父にあたり、秀吉が出世するにつれて、親族衆として重用された。天正一〇（一五八二）年の山崎の合戦で秀吉が勝利し、明智光秀の旧

図2－3：杉原家系図

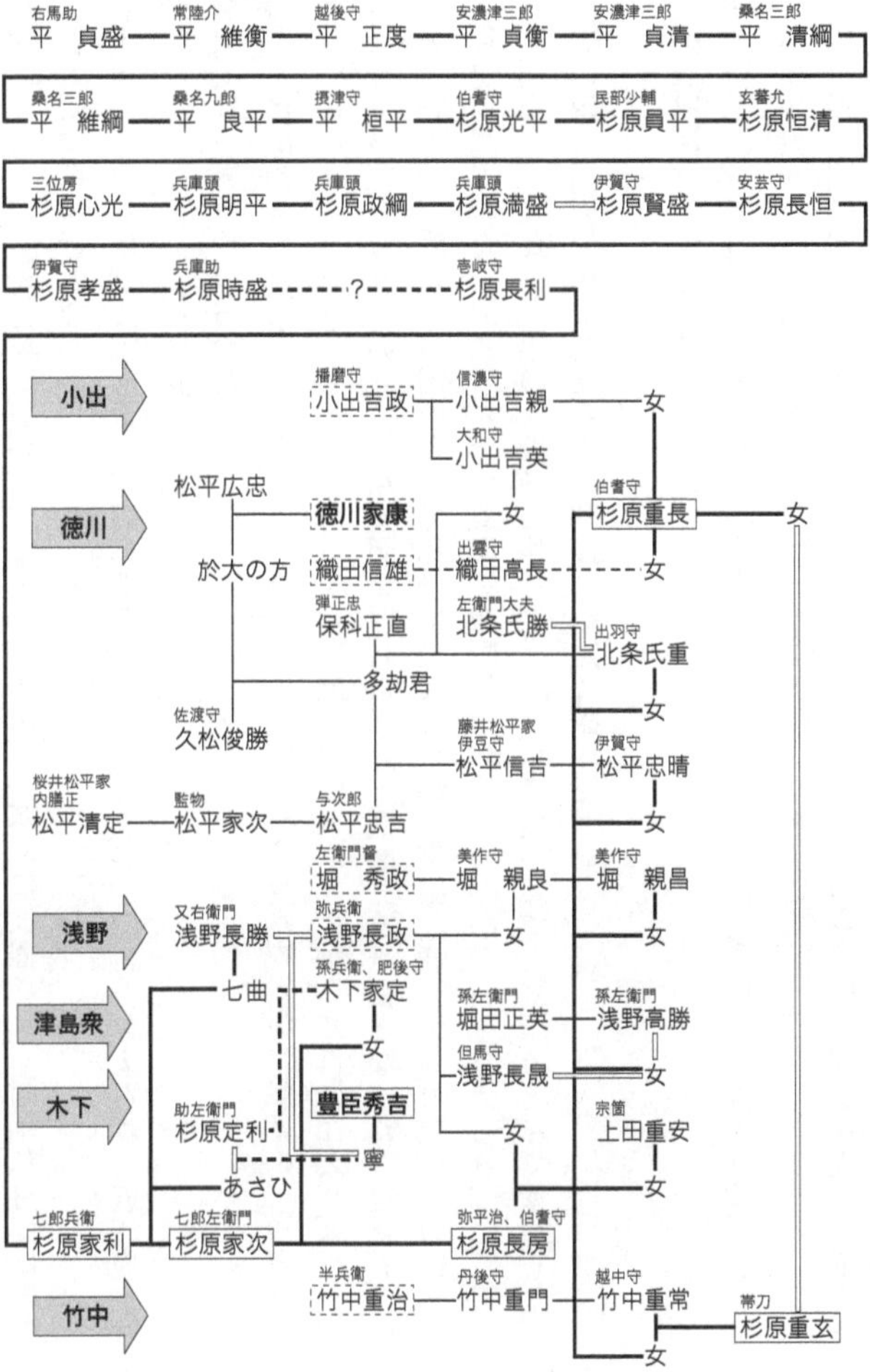

右馬助 平　貞盛
常陸介 平　維衡
越後守 平　正度
安濃津三郎 平　貞衡
安濃津三郎 平　貞清
桑名三郎 平　清綱
桑名三郎 平　維綱
桑名九郎 平　良平
摂津守 平　桓平
伯耆守 杉原光平
民部少輔 杉原員平
玄蕃允 杉原恒清
三位房 杉原心光
兵庫頭 杉原明平
兵庫頭 杉原政綱
兵庫頭 杉原満盛
伊賀守 杉原賢盛
安芸守 杉原長恒
伊賀守 杉原孝盛
兵庫助 杉原時盛
?
壱岐守 杉原長利
小出
徳川
浅野
津島衆
木下
竹中
播磨守 小出吉政
信濃守 小出吉親
大和守 小出吉英
女
松平広忠
徳川家康
於大の方
織田信雄
出雲守 織田高長
伯耆守 杉原重長
弾正忠 保科正直
左衛門大夫 北条氏勝
出羽守 北条氏重
多劫君
佐渡守 久松俊勝
藤井松平家 伊豆守 松平信吉
伊賀守 松平忠晴
桜井松平家 内膳正 松平清定
監物 松平家次
与次郎 松平忠吉
左衛門督 堀　秀政
美作守 堀　親良
美作守 堀　親昌
又右衛門 浅野長勝
弥兵衛 浅野長政
孫兵衛、肥後守 木下家定
七曲
孫左衛門 堀田正英
孫左衛門 浅野高勝
但馬守 浅野長晟
豊臣秀吉
助左衛門 杉原定利
寧
宗箇 上田重安
あさひ
七郎兵衛 杉原家利
七郎左衛門 杉原家次
弥平治、伯耆守 杉原長房
半兵衛 竹中重治
丹後守 竹中重門
越中守 竹中重常
帯刀 杉原重玄

領を押収すると、家次は丹波福知山《たんばふくちやま》（京都府福知山市）城主に抜擢《ばってき》され、同年八月には浅野長政とともに京都奉行となった。

翌天正一一年には近江国志賀《しが》郡、高島《たかしま》郡のうちで三万二〇〇〇石を与えられ、近江坂本城主を兼ねたが、天正一二年に病死している。

家次には一男一女があった。

嫡男・**杉原伯耆守長房**（一五七四〜一六二九）は幼い頃から両親と引き離され、浅野長政に養われ、後にその女婿となったという。天正一四（一五八六）年から秀吉に仕え、天正一七年に豊後杵築《ぶんごきづき》城主となり、のちに但馬豊岡二万石に転封。播磨三木城代となった。慶長五年の関ヶ原の合戦では、毛利・石田方として丹後《たんご》に出兵したが、家康と通じていたため、戦後処理では本領を安堵《あんど》された。慶長一六年に義父・浅野長政の遺領五〇〇〇石を与えられ、二万五〇〇〇石を領した。慶長一九年の大坂冬の陣、翌元和元年の夏の陣でも家康方として参陣した。

家次の娘は、従兄弟にあたる木下肥後守家定《ひごのかみいえさだ》に嫁いだ。

寧の異母兄・木下家定

寧の兄弟は、異母兄・**木下肥後守家定**（一五四三〜一六〇八）だけだったようで、家定は秀吉から木下姓を与えられ、その子孫は木下を名乗っている。［図2-4］

秀吉が青年期に木下姓を名乗っていた理由の一つに、寧の実家・杉原家が過去に木下姓を名

図２－４：木下家系図

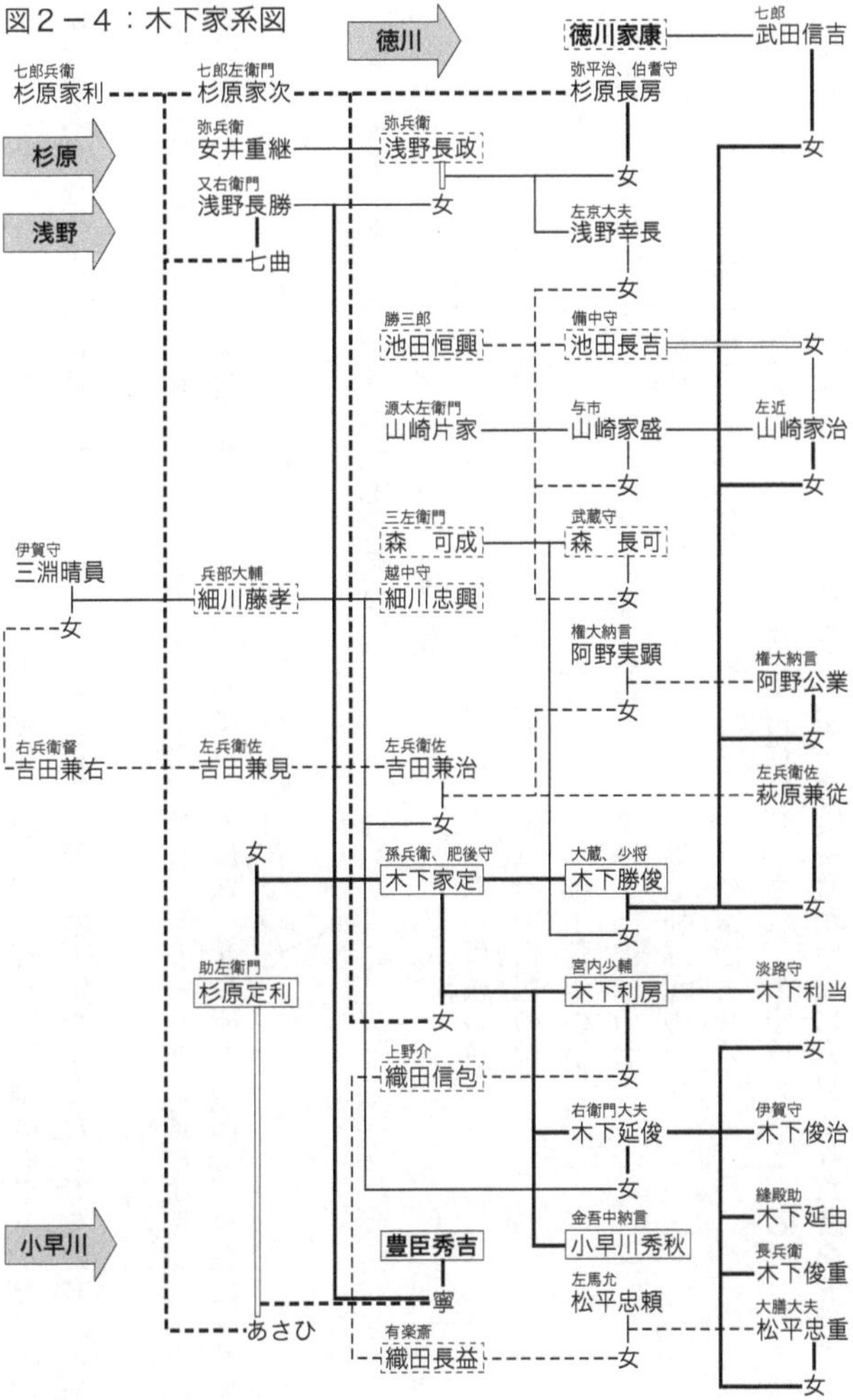
徳川
徳川家康
七郎
武田信吉
七郎兵衛
杉原家利
七郎左衛門
杉原家次
弥平治、伯耆守
杉原長房
杉原
弥兵衛
安井重継
弥兵衛
浅野長政
女
女
浅野
又右衛門
浅野長勝
女
左京大夫
浅野幸長
七曲
女
勝三郎
池田恒興
備中守
池田長吉
女
源太左衛門
山崎片家
与市
山崎家盛
左近
山崎家治
女
女
三左衛門
森　可成
武蔵守
森　長可
伊賀守
三淵晴員
兵部大輔
細川藤孝
越中守
細川忠興
女
女
権大納言
阿野実顕
権大納言
阿野公業
女
女
右兵衛督
吉田兼右
左兵衛佐
吉田兼見
左兵衛佐
吉田兼治
左兵衛佐
萩原兼従
女
女
孫兵衛、肥後守
木下家定
大蔵、少将
木下勝俊
女
女
助左衛門
杉原定利
宮内少輔
木下利房
淡路守
木下利当
女
女
上野介
織田信包
女
右衛門大夫
木下延俊
伊賀守
木下俊治
女
縫殿助
木下延由
小早川
豊臣秀吉
金吾中納言
小早川秀秋
長兵衛
木下俊重
寧
左馬允
松平忠頼
大膳大夫
松平忠重
あさひ
有楽斎
織田長益
女
女

乗っていたからという説がある。しかし、系図を見る限り、そうした形跡はなさそうだ。秀吉が杉原家から木下姓を拝借したのではなく、秀吉が杉原家へ木下姓を与えたと考えた方が妥当だろう。

木下家定は通称を孫兵衛といい、従五位下肥後守に叙任。天正一三年に播磨姫路城二万五〇〇〇石を与えられた。慶長五年の関ヶ原の合戦では、異母妹・北政所を護衛し、合戦には参加しなかったが、合戦後に備中足守《あしもり》二万五〇〇〇石に転封となった。

甥・勝俊は寧に溺愛され領地を失う

家定には少なくとも六男があった（★は嫡出）。

・長男　木下　少将《しょうしょう》　勝俊《かつとし》　（一五六九～一六四九）　妻は森　可成《よしなり》の娘
・次男★木下宮内少輔《くないのしょう》利房《としふさ》　（一五七三～一六三七）　妻は織田信包《のぶかね》の娘
・三男★木下右衛門大夫《うえもんだいふ》延俊《のぶとし》　（一五七七～一六四二）　妻は細川藤孝《ふじたか》の娘
・四男　木下信濃守《しなののかみ》俊定《としさだ》　（生没年不詳。早世）　妻は小出吉政の娘？
・五男★小早川中納言《こばやかわちゅうなごん》秀秋《ひであき》　（一五八二？～一六〇二）　妻は毛利輝元の養女
・六男　木下出雲守《いずものかみ》俊忠《としただ》　（生没年不詳）　子孫は家臣となる。

長男の**木下少将勝俊**は天正一六年に従五位下侍従に叙任され、公家成大名となる。はじめ播磨龍野《たつの》城主。文禄二年に若狭小浜城主・浅野長政が甲斐に転封された跡を受けて、若狭小浜六万二〇〇〇石を賜った。慶長三年に従四位下近衛権少将に任官する。

慶長五年の関ヶ原の合戦では、前哨戦《ぜんしょう》となる伏見城《ふしみ》の留守居だったが、鳥居元忠に退去を促され、これに従ったところ、合戦後の論功行賞で領地を没収され、京都東山《ひがしやま》に隠棲《いんせい》した。慶長一三（一六〇八）年に父が死去すると、遺領を次弟・利房と分割相続する。ところが、叔母《おば》・北政所（高台院）は勝俊を溺愛《できあい》しており、勝俊の単独相続にするように働きかけたところ、却《かえ》って家康の怒りを買い、勝俊・利房兄弟は領地を没収されてしまう。

かくして勝俊は浪人になってしまうのだが、ここでも叔母に世話になっている。

「高台院の所領の管理は、かつては豊臣政権が任命した代官が行なっていたが、徳川氏時代になってからは、兄木下家定に委ねられ、慶長十三年に家定が死去した後は、木下勝俊・同利房ら、延俊の兄たちが管理を任されていたようである。（中略）勝俊と利房は、ともに高台院の所領の年貢徴収などの任務を与えられて生活をしていたらしい」（『慶長大名物語』）。

勝俊は歌人として名高く、木下長嘯子《ちょうしょうし》と号して、同時代の文化人と交流があり、松尾芭蕉《まつおばしょう》にも影響を与えたといわれている。明治期の歌人・木下利玄《りげん》（一八八六～一九二五）は実弟・利房の子孫である。

勝俊の妻は森三左衛門可成《もりさんざえもんよしなり》の娘、池田恒興や森蘭丸は義兄弟にあたる。

『寛政重修諸家譜』によれば、勝俊には一女があり、山崎甲斐守家治《かいのかみいえはる》（一五九四～一六四八）の継室となっている。家治は、勝俊の義兄・森武蔵守長可《ながよし》の義甥にあたるので、その関係から縁談が進んだのだろう。

『系図纂要』によれば、あと二人の娘、徳川家康の五男・武田七郎信吉《のぶよし》（一五八三～一六〇三）の婚約者、および公家の阿野権大納言公業《あのごんだいなごんきみなり》（一五九九～一六八三）夫人がいたという。また、この他に公家の萩原兼従《かねより》（一五八八～一六六〇）を勝俊の女婿とする説がある（いずれかが再婚したかもしれない）。

萩原は勝俊の異母弟・木下延俊の義甥にあたり、阿野は萩原の甥にあたる。いずれにせよ、延俊の線から縁談が勧められた可能性が高い。

甥・利房は大坂の陣で失地回復する

次男・木下宮内少輔利房（一五七三～一六三七）は従五位下宮内少輔に叙任され、文禄二年に若狭高浜二万石を与えられた。慶長五年の関ヶ原の合戦では、毛利・石田方につき、叔母・北政所の取りなしによって死罪を免れるが、領地を没収される。慶長一三（一六〇八）年に父の遺領を相続するが、兄・勝俊と相続問題が起こり、没収されてしまう。

利房は失地回復するため、慶長一九年の大坂冬の陣に参陣。翌元和元年にも参陣の意欲を見せ、同年に備中足守《あしもり》二万五〇〇〇石を与えられた。亡父の遺領を相続したわけだ。子孫は備中足守二万五〇〇〇石の大名として存続した。

甥・延俊は義兄に助けられる

三男・木下右衛門大夫延俊（一五七七〜一六四二）は、父の播磨姫路城主・木下家定が大坂城の留守居を任されたため、父に代わって姫路城を守った。文禄元年に従五位下右衛門大夫に叙任。妻は細川藤孝《ふじたか》（幽斎《ゆうさい》）の娘。おそらく異母兄・木下長嘯子と幽斎の交友から縁談が発展したものだろう。

慶長五年の関ヶ原の合戦では、義兄・細川越中守忠興の指示に従い、丹波福知山城の小野木《おのぎ》公郷《きみさと》を攻めたが、合戦後の恩賞には与《あずか》れず、姫路城には池田輝政が入城してきて、あたかも浪人のごとくであったという。しかし、忠興の取りなしで、豊後日出三万石を与えられた。子孫は豊後日出三万石の大名として存続した。

なお、延俊の四男・木下縫殿助《ぬいのすけ》延次《のぶつぐ》（一六〇九〜五八）は延由《のぶよし》といい、豊臣秀頼の遺児・国松だという噂がある。或《あ》るＴＶ番組では、延由の位牌《いはい》に「豊臣」姓が刻まれていることから、秀頼の遺児である証拠と示唆する場面があったが、木下家は江戸時代も豊臣姓を名乗っており、不思議なことではない。

先述した通り、秀吉は有力大名らに豊臣姓を与え、羽柴という苗字《みょうじ》を名乗らせた。江戸時代になると、ほぼすべての大名が復姓して豊臣姓を名乗らなくなったが、木下家は豊臣姓を使い続けた。『寛政重修諸家譜』でも源姓松平氏、平姓織田氏……という並びに、豊臣姓木下氏が掲げられている。

ちなみに、延由は寛永《かんえい》一九（一六四二）年に父の遺領のうち五〇〇〇石を分知され、旗本寄合となり、将軍・家光《いえみつ》にも拝謁している。本当に延由が秀頼の遺児で、それを隠し通そうとするならば、そんな危険を冒す必要はない。高禄の家臣として、国元に置いておくべきだろう。

木下一族？

桑田忠親著『太閤家臣団』では「このほか、木下氏の同族と思われる人々に、木下半右衛《はんえ》門尉《もんのじょう》一元《かずもと》・木下小次郎《こじろう》・木下祐久《すけひさ》・木下仙蔵《せんぞう》・木下勘解由《かげゆ》左衛門尉《ざえもんのじょう》利匡《としただ》・木下周防守《すおうのかみ》延重《しげ》・木下助兵衛尉秀定《ひでさだ》・木下左京亮《さきょうのすけ》秀規《ひでのり》・木下将監《しょうげん》昌利《まさとし》・木下宗連・木下半介《はんすけ》吉隆《よしたか》・木下山《やま》城守《しろのかみ》頼継《よりつぐ》などがいた」という。最後の木下山城守頼継は大谷吉継の養子であるが、それ以外の人物の具体的な血縁関係は不明である。

第3章　小六世代

第1節　豊臣家臣団のシニア・グループ

三長老

「はじめに」で述べたように、豊臣家臣団は織田・徳川に比べて異様に若い人材によって構成されていた。年長の重臣といえば、蜂須賀《はちすか》正勝《まさかつ》、前野《まえの》長康《ながやす》、生駒《いこま》親正《ちかまさ》の三人である。かつ、この三人はもともと岩倉《いわくら》織田家の家臣で、仲も良かったらしい。

『寛永諸家系図伝』の蜂須賀正勝の項に面白い話が載っている。

元亀元（一五七〇）年、金ケ崎《かながさき》の退き口の際に、秀吉が信長に殿軍《しんがり》を申し出ると、「信長其儀に同《どう》じたまひ《い》、（蜂須賀）正勝ならびに木村常陸介・生駒甚介（親正）・前野将右衛門（長康）・加藤作内（光泰）右《みぎ》五人をのこし《残》を《お》かれて、異儀なく人数《にんじゆ》（＝兵）を引《ひき》とらる。又秀吉退陣の時ハ、正勝しつはらひ《い》（尻払＝最後）たり。此後《このゝち》所々数度の戦場に秀吉にくミして旗下となる」。

つまり、金ケ崎の退き口の際に、信長が蜂須賀、前野、生駒、木村《きむら》、加藤を秀吉に附け、これを機にかれらが秀吉の与力になったのだという。実際には、それ以前から蜂須賀らが秀吉の与力になっていたと考えられるが、初期の秀吉を支えていた五人がセットになっているのは興味深い。

そして、蜂須賀、前野、生駒の三人は親戚《しんせき》でもあった。［図3－0］

生駒親正の従兄弟《いとこ》（生駒家長《いえなが》）の娘が、蜂須賀正勝の嫡子（蜂須賀家政《いえまさ》）、前野長康の甥（坪《つぼ》内家定《うちいえさだ》）にそれぞれ嫁いでいるのだ。

年長組

秀吉の家臣で、秀吉より年長と思われる家臣は以下の通りである。

・桑山重晴《くわやましげはる》（一五二四～一六〇六）尾張出身
・寺沢広政《てらさわひろまさ》（一五二五～一五九六）尾張出身（第7章　五奉行）
・蜂須賀正勝（一五二六～一五八六）尾張出身
・生駒親正（一五二六～一六〇三）尾張出身
・前野長康（一五二八～一五九五）尾張出身
・古田《ふるた》重則《しげのり》（一五二九～一五七九）美濃出身か？
・別所重棟《べっしょしげむね》（一五二九～一五九一）播磨出身
・谷衛好《たにのもりよし》（一五三〇～一五七九）美濃出身

・杉原家次（一五三一～一五八四）尾張出身（第2章　親族衆）秀吉の義伯父
・伊東長久《いとうながひさ》（一五三一～一五八三）尾張出身（第8章　秀頼附き）
・蒔田広光《まいたひろみつ》（一五三三～一五九五）尾張出身（第7章　五奉行）

中には、播磨出身の別所重棟のように、天正五（一五七七）年以降に秀吉の与力になった者もいるので、年長だからといって必ずしも家臣の古株とは限らない。しかしながら、秀吉の家臣は、原則として、いつから秀吉に附けられたのかが不明なので、別所以外の尾張・美濃出身者は豊臣家臣団の古株と考えてよいのではないか。

年長組の閨閥

蜂須賀、前野、生駒の三人は親戚でもあった。では、残りのシニア家臣にも婚姻関係が存在していたのだろうか。結論からいえば、比較的希薄なように感じる。

たとえば、桑山重晴、寺沢広政は、子どもの世代まで拡げても豊臣家臣の有名どころとの婚姻関係はない。

一方、蒔田広光は子どもを通じて、谷衛好、石川光政《いしかわみつまさ》（第7章参照）と婚姻関係がある。蒔田の嫡子（蒔田広定《ひろさだ》）と谷の孫（谷衛勝《もりかつ》）がともに大嶋光義《おおしまみつよし》の娘を娶《めと》っており、蒔田の嫡子の後妻が石川の娘なのである。

ちなみに、古田重則の嫡子（古田重勝《しげかつ》）の妻も石川光政の娘である。また、谷と生駒はそれ

図3－0：小六世代の婚姻関係

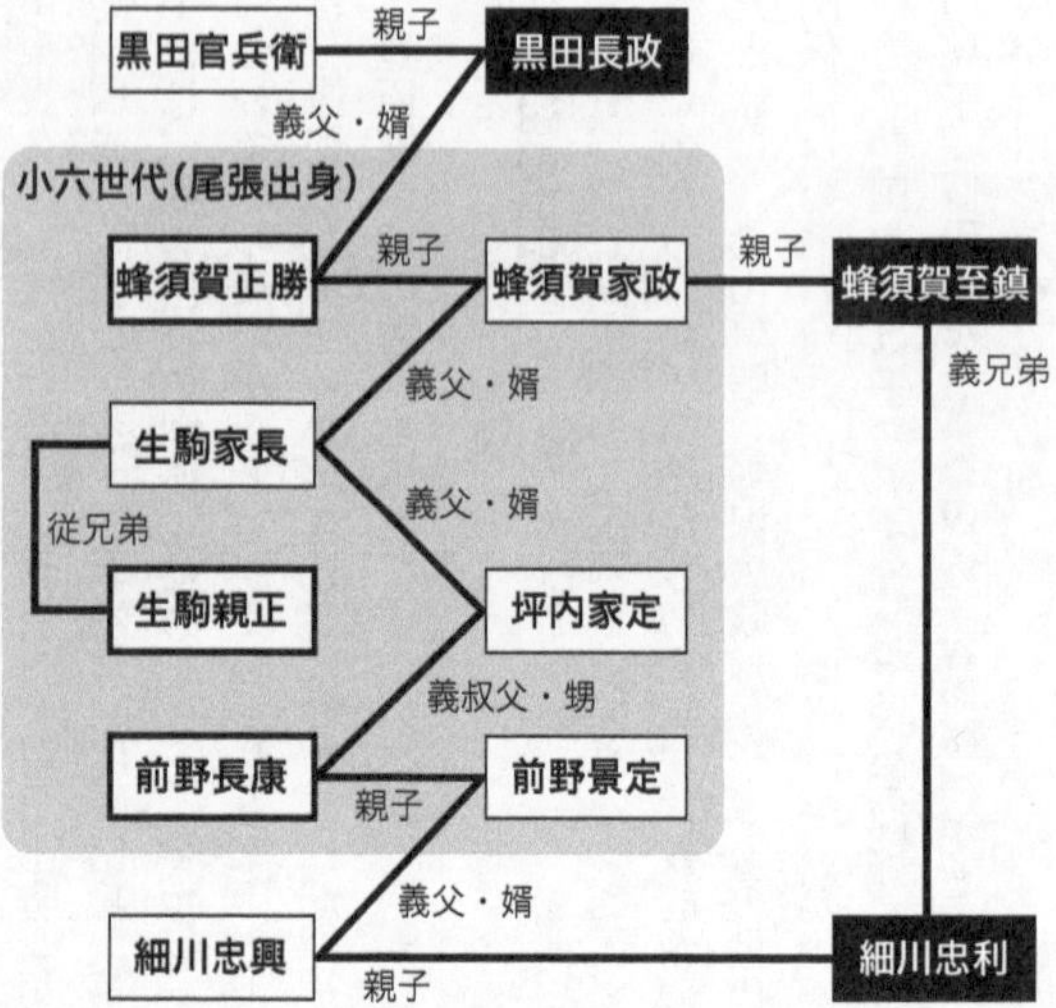

※網掛けの人物は徳川家の女婿であることを示す。

ぞれ堀秀政と婚姻関係がある。石川の閨閥《けいばつ》については第7章で別途述べていきたい。

珍しいところでは、別所重棟には福島正則と婚姻関係がある。福嶋の姉が別所に嫁いでおり、その息子を福嶋が養子に迎えているのだ。おそらく正則を羽柴一門として、その姉を播磨有数の国人領主・別所家に嫁がせることによって、尾張衆と播磨衆の融合を期待したのだろう。

伊東長久は西尾張の商業都市・津島《つしま》の出身らしく、津島衆との濃密な婚姻関係があるが、これについては第8章で別途述べていきたい。

第2節　蜂須賀正勝・家政

川並衆の頭目／秀吉の右腕

蜂須賀小六正勝《はちすかころくまさかつ》（一五二六〜八六）は、通称を小六、彦右衛門、修理大夫《しゆりだいふ》。諱《いみな》は正勝といい、海東《かいとう》郡蜂須賀村（愛知県あま市蜂須賀）の土豪で、はじめ犬山城主・織田信清《のぶきよ》、次いで岩倉城主・織田信賢《のぶかた》、斎藤道三《さいとうどうさん》に仕えたという。

『寛政重修諸家譜』では、永禄三（一五六〇）年に信長に転じて桶狭間《おけはざま》の合戦で軍功をあげ、元亀元（一五七〇）年の金ケ崎の退き口で秀吉とともに活躍し、それを機に秀吉の与力になったという。

巷間《こうかん》伝わる矢作川《やはぎ》の出会いはウソだとしても、もっと早くから秀吉に仕えていたと思うのは筆者だけではないだろう。『織田信長家臣人名辞典』では、『太閤記《たいこうき》』で永禄九（一五六六）年九月に秀吉の仲介で信長に仕えた説を紹介しているが、それくらいが妥当なところかもしれない。

天正元年に北近江の浅井家を滅ぼし、秀吉が近江長浜城主となると、正勝も長浜に領地を宛行《あてが》われる。天正七（一五七九）年の三木城攻めでは武功をあげ、信長から尾張海東郡のうちで加増されている。

谷口克広氏が蜂須賀正勝について興味深い指摘をしている。すなわち、「三木攻略後は長秀（秀長）に従って山陰で働くことが多いが、戦闘に関しては子家政に任せがちになる。それよりも同九年頃、山陰での戦いについていちいち信長に注進して、信長の指示を受けており、秀吉に密着した立場にありながらも、目付役を務めていたのではないかとも思われる」（『織田信長家臣人名辞典』）。

秀吉は山陽方面に軍を進め、山陰方面を秀長分隊に任せた。秀長がいくら優秀であっても、戦の駆け引きには経験豊富な人材が必要なので、五〇代になった正勝が参謀役として秀長に附けられたのだろう。その一方、子の家政が二〇代になったことから、蜂須賀家の軍事指揮を委《ゆだ》ね、世代交代を図ったものと思われる。

天正一一（一五八三）年の賤ケ岳の合戦後の領地配分で、蜂須賀正勝は播磨龍野城主となった（『寛政重修諸家譜』では天正九年という）。天正一三（一五八五）年に子・家政とともに四国征伐の主力を成し、合戦後には家政が阿波徳島を賜った。翌一四年に死去。享年六一だった。

斯波家の末裔を自称

蜂須賀家は尾張守護・斯波家の末裔《まつえい》を自称している。ただし、蜂須賀小六正勝といえば、『太閤記』では野盗の頭目として描かれているので、そんな高貴な出自とは思えない。全くの嘘っぱちのように聞こえる。しかし、意外にもその可能性があるのだという。

『尾張群書系図部集』では、『本国寺志』の文明《ぶんめい》一四（一四八二）年の記述に、蜂須賀彦四郎直泰《なおやす》、同右京亮《うきょうのすけ》胤泰《たねやす》、同豊前守俊家《としいえ》の名が見え、胤泰は奥田を名乗っていたと指摘している。奥田家は斯波家の支流で、管領《かんれい》・斯波義将《よしゆき》の弟である斯波伊予守義種《よしたね》を祖とする（ただし、本書に掲載した系図では、斯波義将の弟に蜂須賀二郎兵衛尉景成《かげなり》という人物を配して、正勝まで繋《つな》げている）。［図3－1］

つまり、「蜂須賀氏は奥田氏と同族である可能性を示唆している。奥田氏が斯波氏の一族であることは、かなり確実視されるので、（新）蜂須賀氏が斯波氏一族とする説には一応の根拠が有る」というのだ（『尾張群書系図部集』では、斯波氏の一族とみられる新蜂須賀氏、新田《にった》氏の末裔とみられる古蜂須賀氏の存在を掲げている）。

森蘭丸の又従兄弟？

正勝の母親について、『尾張群書系図部集』では二つの説を載せている（『寛政重修諸家譜』には記述はない）。一つが津島衆・大橋中務大輔定広《おおはしなかつかさだゆうさだひろ》の娘、もう一つが安井《やすい》弥兵衛の娘（浅野長政の実父の叔母《おば》）である。

秀吉の義兄・浅野長政と、秀吉に仕えることになった蜂須賀小六正勝がたまたま親戚だとは考えにくいので、本書では小六の母親を大橋家の出身とする。

正勝の母親は森三左衛門可成《もりさんざえもんよしなり》の従姉妹《いとこ》であり、正勝自身は森武蔵守長可《むさしのかみながよし》・蘭丸兄弟の又従兄弟になる。ちなみに、織田家の宿老・林《はやし》佐渡守《さどのかみ》秀貞《ひでさだ》（一般には通勝《みちかつ》）を蘭丸の伯父《おじ》とする系図もある（筆者は偽系図と考える）。

正勝の兄弟

『寛政重修諸家譜』によれば、蜂須賀正勝は三人兄弟で、子どもも二人しかいなかったらしい。

まず、正勝の兄弟は以下の通りである。
・弟　蜂須賀七内正元《しちないまさもと》（？～一五七二）長島一向一揆《ながしまいっこういっき》で討ち死に。
・妹　家臣・賀島《かじま》弥《や》右衛門《えもん》長昌《ながまさ》の妻
なお、『尾張群書系図部集』では異母兄として蜂須賀甚《じん》右衛門《えもん》正信《まさのぶ》を掲げているが、詳細は不明である。また、妹の賀島夫人、孫の至鎮《よししげ》を正勝の子女にしているが、本書では『寛政重修諸家譜』の記述に従った。

正勝の子女

次いで、正勝の子は一男一女である。
・長男　蜂須賀阿波守《あわのかみ》家政（一五五八～一六三八）
・長女　黒田《くろだ》甲斐守《かいのかみ》長政《ながまさ》の妻（一五七一～一六四五）
長女は天正一二（一五八四）年に黒田官兵衛孝高の嫡男・長政に嫁ぎ、一女（黒田家臣・井上

図3－1：蜂須賀家系図

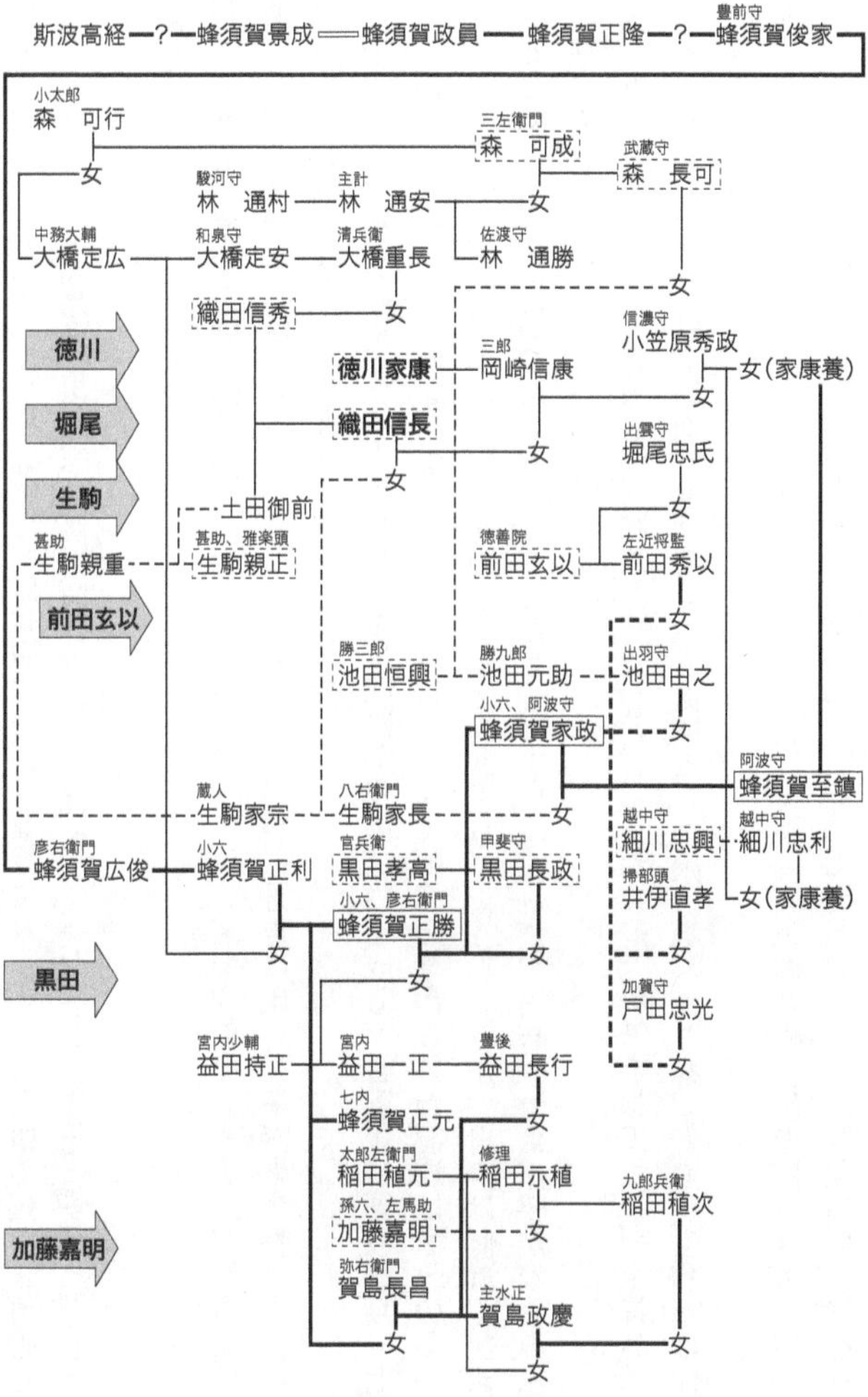

斯波高経
?
蜂須賀景成
蜂須賀政員
蜂須賀正隆
豊前守
蜂須賀俊家
小太郎
森　可行
三左衛門
森　可成
武蔵守
森　長可
女
駿河守
林　通村
主計
林　通安
佐渡守
林　通勝
中務大輔
大橋定広
和泉守
大橋定安
清兵衛
大橋重長
織田信秀
徳川
堀尾
生駒
前田玄以
黒田
加藤嘉明
三郎
岡崎信康
徳川家康
織田信長
信濃守
小笠原秀政
女(家康養)
出雲守
堀尾忠氏
土田御前
甚助
生駒親重
甚助、雅楽頭
生駒親正
徳善院
前田玄以
左近将監
前田秀以
勝三郎
池田恒興
勝九郎
池田元助
出羽守
池田由之
小六、阿波守
蜂須賀家政
阿波守
蜂須賀至鎮
蔵人
生駒家宗
八右衛門
生駒家長
越中守
細川忠興
越中守
細川忠利
彦右衛門
蜂須賀広俊
小六
蜂須賀正利
官兵衛
黒田孝高
甲斐守
黒田長政
掃部頭
井伊直孝
女(家康養)
小六、彦右衛門
蜂須賀正勝
加賀守
戸田忠光
宮内少輔
益田持正
宮内
益田一正
豊後
益田長行
七内
蜂須賀正元
太郎左衛門
稲田稙元
修理
稲田示稙
九郎兵衛
稲田稙次
孫六、左馬助
加藤嘉明
弥右衛門
賀島長昌
主水正
賀島政慶

淡路守庸名《つねな》の妻）をもうけたが、関ヶ原の合戦の直前に離縁され、長政は家康の養女と再婚した。このため、蜂須賀家と黒田家は江戸時代中期、享保《きょうほう》一二（一七二七）年まで絶縁していた。

嫡男・家政

正勝の嫡男・**蜂須賀阿波守家政**（一五五八〜一六三八）は、父の通称である小六、彦右衛門を襲名し、阿波守に叙任された。天正三（一五七五）年から秀吉に仕え、長篠《ながしの》の合戦、伯耆攻略、山崎の合戦、賤ヶ岳の合戦などで武功をあげた。

天正一三（一五八五）年に父・正勝とともに四国征伐の主力を成し、合戦後に阿波徳島一七万三〇〇〇石を賜った。なお、『寛政重修諸家譜』では、阿波を与えられた記述は家政の項のみにあって、父・正勝の項にない。秀吉は正勝に阿波を与えようとしたが、自身は側近く仕えることを望み、家政に譲ったともいう。ただし、素直に考えれば、当時すでに正勝が家督を家政に譲っていたものと考えられる。

翌天正一四年に嫡子・蜂須賀阿波守至鎮《よししげ》（一五八六〜一六二〇）が生まれており、家督継承とともに結婚したのではないか。妻は生駒八右衛門《はちえもん》家長《いえなが》の娘。やっぱり蜂須賀家・生駒家は仲良しなのである。

家政は同天正一四年に従五位下阿波守に叙任され、天正一五年の九州征伐では秀長軍に従い、日向高城《たかじょう》攻略に参陣。天正一八年の小田原征伐では福嶋正則とともに韮山《にらやま》城攻略の先鋒《せんぽう》を承る。

文禄・慶長の役で朝鮮に渡ったが、苦戦を強いられる。秀吉の命令は「イケイケ、ドンドン」だったが、戦場はこれ以上持ちこたえられそうもないと判断。当時はまだ義弟だった黒田長政とともに戦線縮小への転換を主導した。これが目付の福原長堯《ふくはらながたか》（石田三成の義兄弟）から秀吉に伝えられ、意に背いた行為として、長政とともに謹慎処分を受ける（『関ヶ原合戦と大坂の陣』）。

家政・長政は、第5章で後述する「七本槍《しちほんやり》世代」の一員であるが、父の威光も手伝って、同世代を主導する位置にあったことを示唆させる。

秀吉、前田利家が相次いで死去すると、慶長四（一五九九）年閏《うるう》三月に、家政・長政は加藤清正・福嶋正則等とともに三成襲撃へと動いた。

家政の子女

『寛政重修諸家譜』によれば、蜂須賀家政には二男四女がいた（★は嫡出）。

・長男★蜂須賀阿波守至鎮（一五八六〜一六二〇）
・次男　蜂須賀彦右衛門正慶《ひこえもんまさよし》（生没年不詳）
・長女　前田《まえだ》左近将監《さこんしょうげん》秀以《ひでもち》の妻。秀以は前田玄以《げんい》の長男
・次女　池田《いけだ》出羽《でわ》由之《よしゆき》の妻。池田輝政の甥

・三女　井伊《いい》掃部頭《かもんのかみ》直孝《なおたか》の妻。井伊直政の嫡男
・四女　戸田《とだ》加賀守《かがのかみ》忠光《ただみつ》の妻。戸田康長《やすなが》（家康の妹婿）の庶子

長女と次女は織田・豊臣系大名、三女と四女は徳川系大名に嫁いでいる。蜂須賀家にとっては豊臣から徳川に乗り換えて大名として存続する分岐点になったようだ。

嫡孫・至鎮

家政の嫡男・蜂須賀阿波守至鎮（一五八六〜一六二〇）は、幼名を千松丸といい、若年ですでに長門守に任ぜられ、のち阿波守を襲名する。諱ははじめ豊雄《とよお》、のち忠吉《ただよし》、さらに至鎮を名乗る。

秀吉の死後、関ヶ原の合戦に至る契機の一つに「家康の私婚」問題がある。家康が届け出なく、勝手に三人の大名とそれぞれ婚儀を結んだことが、問題になった事件である。実は至鎮がその当事者の一人だった。家康が蜂須賀家をいかに重視していたかを物語っている。

慶長四（一五九九）年に、至鎮は家康の養女（小笠原秀政《おがさわらひでまさ》の娘。家康の曾孫《ひまご》）と縁談をまとめ、翌慶長五年一月には輿入《こしい》れが実現している。

そんな至鎮であるから、同慶長五年九月の関ヶ原の合戦に際しては、一五歳にして細川忠興・加藤清正らと結び、徳川方についた。五奉行の増田長盛《ましたながもり》から「蜂須賀家は秀吉恩顧の大名なのに、なぜ家康につくのか」と書状で叱責《しっせき》されると、「豊臣家に叛《そむ》くわけではない。汝《なんじ》らと

組むのが嫌なだけだ」と返答したという。

父・家政は大坂城にとどまり、行きがかり上、毛利・石田方につく形になってしまったが、至鎮が家康方についたため、致仕するのみで赦《ゆる》された。至鎮は大坂夏の陣でも武功をあげ、元和元（一六一五）年に淡路を加えられ、二五万七〇〇〇石に加増された。

第３節　生駒親正

信長の姻戚なのに……

生駒《いこま》雅楽頭《うたのかみ》親正《ちかまさ》（一五二六〜一六〇三）は、通称を甚助《じんすけ》、諱ははじめ正成《まさなり》、のち近正《ちかまさ》、近世《ちかよ》、近規《ちかのり》などに改名し、「『近規』と署名された文書が多い」という（『織田信長家臣人名辞典』）。尾張もしくは美濃出身で、信長の母（土田《どた》御前）と側室（一般には吉乃《きつの》と呼ばれる）の親族といわれる。［図３－２］

生駒家は犬山織田家（もしくは清須織田家）に属していたが、両織田家は信長の実家・勝幡《しょばた》織田家と対立していた。そのためか、信長の母および愛妾《あいしょう》の実家でありながら、永禄九（一五六六）年まで信長の下に馳《は》せ参じなかった。『寛政重修諸家譜』によれば、親正は蜂須賀正勝と徒党を組んでいたが、秀吉の仲介で信長に仕え、本領を安堵《あんど》されたという。

親正は信長の叔父《おじ》にあたるにもかかわらず、秀吉の与力という一段低い扱いとされ、信長の生前は家禄《かろく》が一〇〇〇石しかなかった。

親正が出世したのは、秀吉の家臣としてである。天正一三年に秀吉から近江高島郡で二万三五〇〇石を賜り、従五位下雅楽頭に叙任され、翌天正一四年に伊勢神戸《かんべ》三万石、ついで播磨赤穂《あこう》六万石に転封。天正一五年に讃岐《さぬき》高松城主・仙石《せんごく》秀久《ひでひさ》が九州征伐で失脚すると、親正がその後任として讃岐丸亀《まるがめ》（のち高松）一七万一八〇〇石を与えられた。また、同天正一五年に堀《ほり》尾帯刀《おたてわき》可晴《よしはる》、中村《なかむら》式部少輔《しきぶのしょう》一氏《かずうじ》とともに「三中老」に任じられたという。

小田原征伐、文禄の役に参陣。慶長五年の関ヶ原の合戦に際しては、病床に臥《ふ》していたため、毛利・石田方として家臣を田辺城攻めに参陣させた。そのため、合戦後に致仕したが、赦された。

嫡男・一正

親正の嫡男・**生駒讃岐守一正**《かずまさ》（一五五五～一六一〇）は、通称を三吉という。信長、秀吉に仕え、天正一九年に従五位下讃岐守に叙任された。文禄・慶長の役に参陣。慶長五年の関ヶ原の合戦では家康方につき、父の所領・讃岐丸亀一七万一八〇〇石を安堵され、高松城に移った。妻は堀左衛門督《さえもんのかみ》秀政の妹。

一正の孫・生駒壱岐守《いきのかみ》高俊《たかとし》（一六一一～五九）が素行不良で改易され、出羽国由利《ゆり》郡矢島《やしま》に

図3－2：生駒家系図

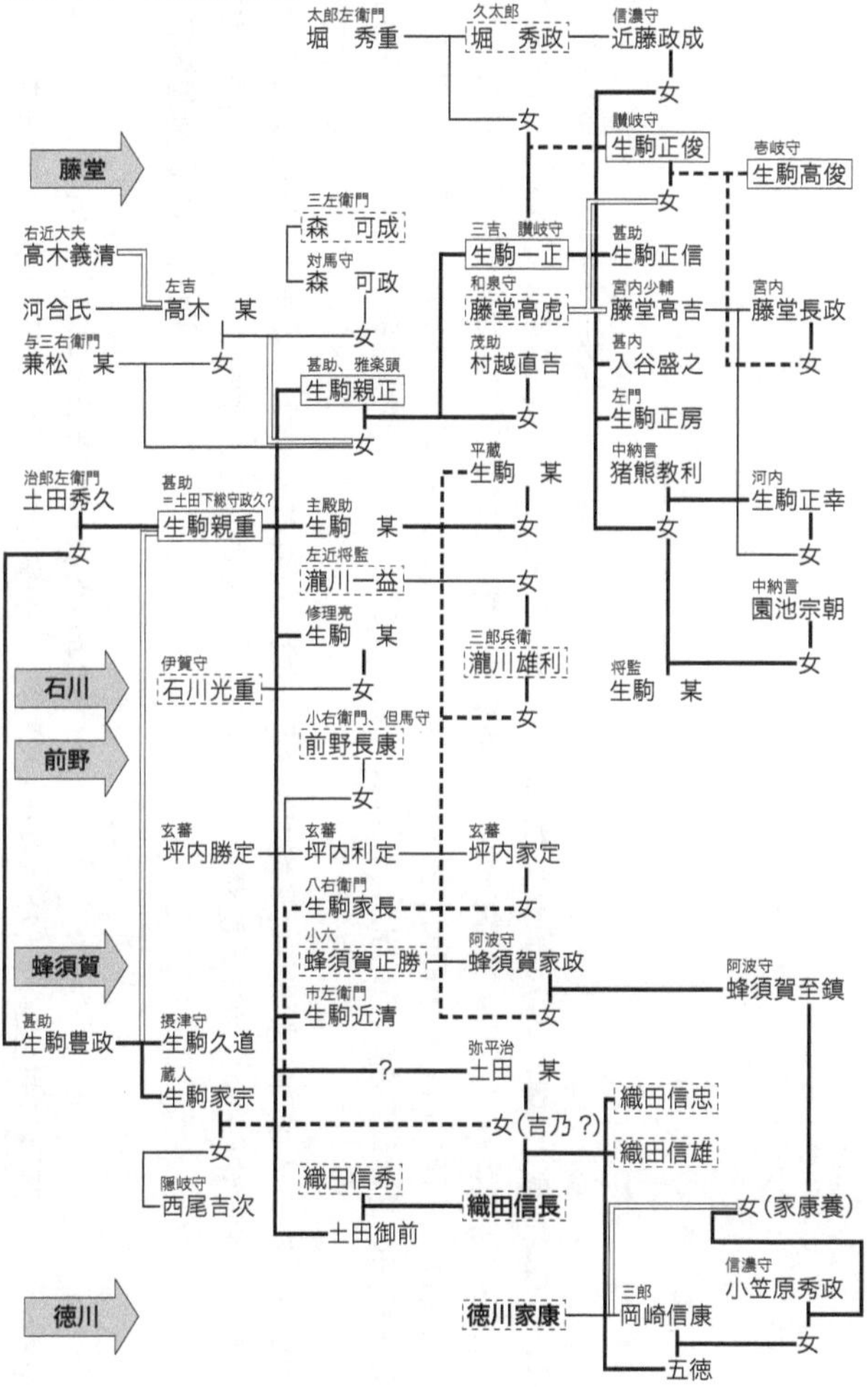

太郎左衛門
堀　秀重
久太郎
堀　秀政
信濃守
近藤政成
女
女
讃岐守
生駒正俊
壱岐守
生駒高俊
藤堂
女
三左衛門
森　可成
右近大夫
高木義清
三吉、讃岐守
生駒一正
甚助
生駒正信
対馬守
森　可政
河合氏
左吉
高木　某
和泉守
藤堂高虎
宮内少輔
藤堂高吉
宮内
藤堂長政
女
与三右衛門
兼松　某
女
甚助、雅楽頭
生駒親正
茂助
村越直吉
甚内
入谷盛之
女
左門
生駒正房
女
女
治郎左衛門
土田秀久
甚助
=土田下総守政久?
生駒親重
平蔵
生駒　某
中納言
猪熊教利
河内
生駒正幸
主殿助
生駒　某
女
女
女
女
左近将監
瀧川一益
女
中納言
園池宗朝
修理亮
生駒　某
三郎兵衛
瀧川雄利
女
石川
伊賀守
石川光重
女
将監
生駒　某
女
小右衛門、但馬守
前野長康
前野
女
玄蕃
坪内勝定
玄蕃
坪内利定
玄蕃
坪内家定
八右衛門
生駒家長
女
小六
蜂須賀正勝
阿波守
蜂須賀家政
阿波守
蜂須賀至鎮
蜂須賀
市左衛門
生駒近清
女
甚助
生駒豊政
摂津守
生駒久道
?
弥平治
土田　某
蔵人
生駒家宗
織田信忠
女(吉乃?)
織田信雄
女
隠岐守
西尾吉次
織田信秀
織田信長
女(家康養)
土田御前
信濃守
小笠原秀政
徳川
徳川家康
三郎
岡崎信康
女
五徳

り直す）で一万五二〇〇石と申告して大名に復帰した。

て一万石を領し、子孫は八〇〇〇石の旗本・交代寄合となった。明治元年に高直《たかなお》し（石高を量

信長側室の兄・家長

信長側室（俗に吉乃）も生駒家の出身で、親正の養弟・生駒蔵人家宗《くろうどいえむね》（?〜一五五六）の娘。はじめ一族の土田（生駒?）弥平治《やへいじ》に嫁ぎ、弥平治が討ち死にして実家に戻っていた時に信長に見初められたといわれる。

家宗の子・生駒八右衛門家長（?〜一六〇七）は、永禄三（一五六〇）年に信長から尾張国内で諸荷物馬の往来を認められる書状を与えられており、すでに家臣となっていたようだ。

家長の娘は蜂須賀家政、坪内玄蕃頭《げんばのかみ》に嫁ぐという。『寛政重修諸家譜』によれば、坪内家は歴代当主が「玄蕃」を襲名しており、家定にあたると思われる（ちなみに義兄・蜂須賀家政は家定より六歳年長であり、年齢的にも合致している）。

第4節　前野長康

蜂須賀小六と兄弟の契り

前野但馬守《たじまのかみ》長康（一五二八～九五）は、岩倉織田家の三奉行・前野小次郎宗康《こじろうむねやす》（一四八九～一五六〇）の次男で、通称を小太郎、小右衛門《しようえもん》といい、但馬守に叙任される。諱は光景《みつかげ》ともいい、『寛政重修諸家譜』では坪内玄蕃勝定《つぼうちげんばかつさだ》（一五一六～一六〇九）の長男と記されているが、年齢的に難しく、女婿の誤りだと思われる。

蜂須賀正勝と兄弟の契りを結んでいたといわれ、同時期に秀吉の与力とされたようだ（『織田信長家臣人名辞典』）。天正一一年の賤ヶ岳の合戦の功績で、播磨三木城主となり、四国征伐の後、天正一三年に但馬出石《いずし》五万七〇〇〇石を賜った。九州征伐、小田原征伐にも参陣。文禄の役では民政担当として石田三成ら奉行衆とともに渡海。帰朝後は、秀次の後見役となった。

文禄四（一五九五）年七月に秀次が切腹すると、長康および嫡男・前野出雲守景定《かげさだ》は連座の対象となり、翌八月に父子ともに切腹させられた。

妻は坪内家

先述したように、『寛政重修諸家譜』では前野長康を坪内玄蕃勝定の長男「前野光景」と記しているが、実際には女婿の誤りであろう。

長康には少なくとも一男一女がおり、長男は前野出雲守景定、長女は一族の前野兵庫忠康《ひょうごただやす》に嫁いだ。

前野出雲守景定（?～一五九五）は前野長康の嫡男として生まれ、通称を小一郎という。

妻は丹後宮津《みやづ》城主・細川越中守忠興（一五六三～一六四五）の長女である。但馬出石と隣国同士ということで縁談が進められたのだろう。景定の生年は不詳であるが、長康が忠興の父・細川兵部大輔《ひょうぶだゆう》藤孝（号・幽斎。一五三四～一六一〇）より年長なので、景定夫妻は親子ほど年齢が違っていた可能性が高い。

女婿・前野兵庫忠康（?～一六〇〇）は俗に「舞《まい》兵庫」と呼ばれ、秀次および前野父子の切腹後に石田三成に転仕し、関ヶ原の合戦で討ち死にした。

岩倉織田家の家老・前野家

前野家は長康・景定父子が切腹し、一族が大名や旗本として存続できなかったこともあり、その家系は詳細不明な点が多い。［図3-3］

前野家は良峰朝臣《よしみねあそん》（桓武《かんむ》天皇の子・良峰安世《やすよ》の子孫）の末裔が、尾張国丹羽郡前野村（愛知県江南《こうなん》市前野）に移り住んで前野を称したという。または、尾張国中島《なかしま》郡前野村（愛知県一宮市浅井町前野）の名主《みょうしゅ》層出身との説もある。

図3－3：前野家系図

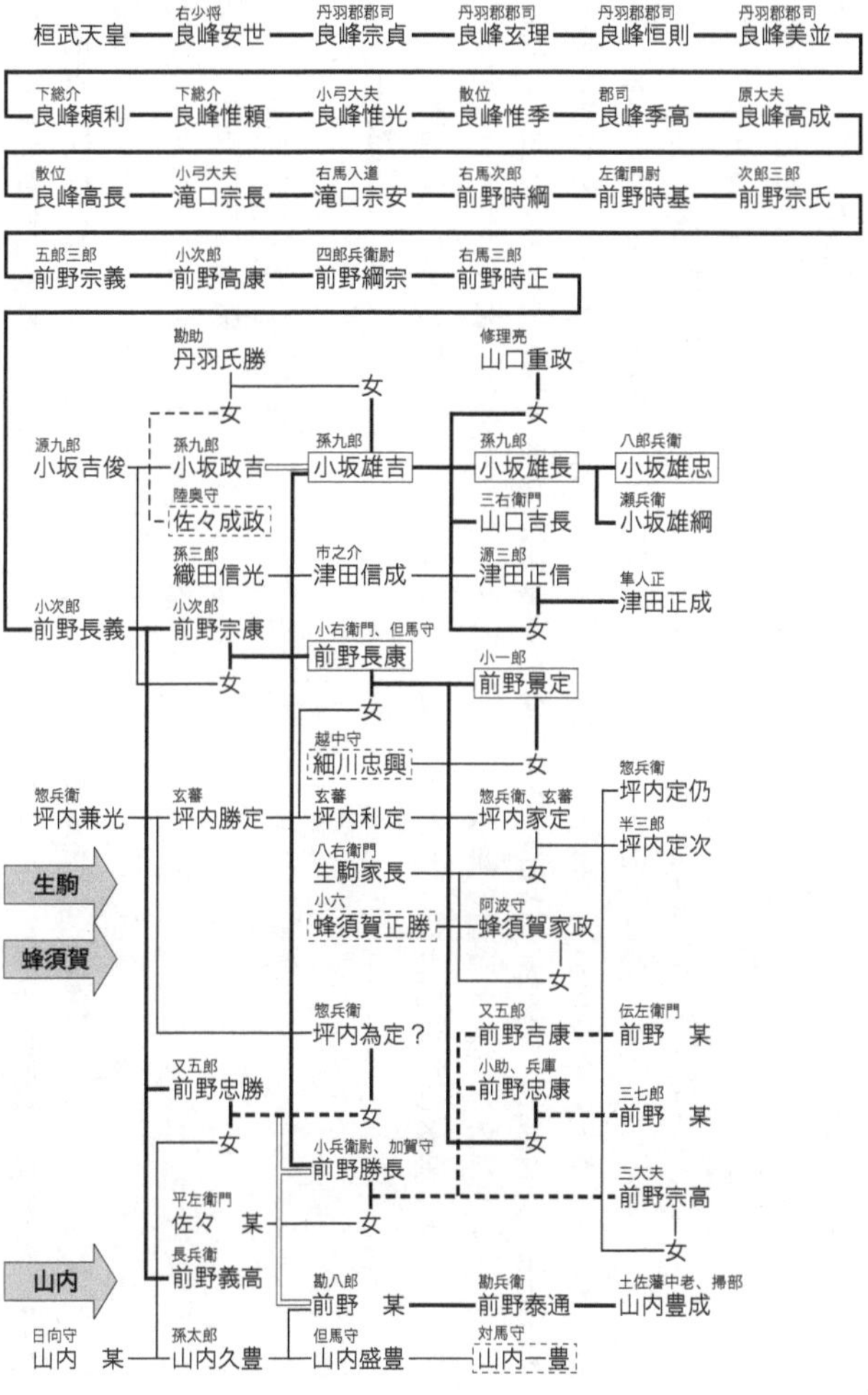

桓武天皇
右少将
良峰安世
丹羽郡郡司
良峰宗貞
丹羽郡郡司
良峰玄理
丹羽郡郡司
良峰恒則
丹羽郡郡司
良峰美並
下総介
良峰頼利
下総介
良峰惟頼
小弓大夫
良峰惟光
散位
良峰惟季
郡司
良峰季高
原大夫
良峰高成
散位
良峰高長
小弓大夫
滝口宗長
右馬入道
滝口宗安
右馬次郎
前野時綱
左衛門尉
前野時基
次郎三郎
前野宗氏
五郎三郎
前野宗義
小次郎
前野高康
四郎兵衛尉
前野綱宗
右馬三郎
前野時正
勘助
丹羽氏勝
女
修理亮
山口重政
女
女
源九郎
小坂吉俊
孫九郎
小坂政吉
孫九郎
小坂雄吉
孫九郎
小坂雄長
八郎兵衛
小坂雄忠
陸奥守
佐々成政
三右衛門
山口吉長
瀬兵衛
小坂雄綱
孫三郎
織田信光
市之介
津田信成
源三郎
津田正信
隼人正
津田正成
小次郎
前野長義
小次郎
前野宗康
小右衛門、但馬守
前野長康
女
女
小一郎
前野景定
女
越中守
細川忠興
女
惣兵衛
坪内定仍
惣兵衛
坪内兼光
玄蕃
坪内勝定
玄蕃
坪内利定
惣兵衛、玄蕃
坪内家定
半三郎
坪内定次
生駒
八右衛門
生駒家長
女
小六
蜂須賀正勝
阿波守
蜂須賀家政
蜂須賀
女
惣兵衛
坪内為定？
又五郎
前野吉康
伝左衛門
前野　某
又五郎
前野忠勝
小助、兵庫
前野忠康
三七郎
前野　某
女
女
女
小兵衛尉、加賀守
前野勝長
三大夫
前野宗高
平左衛門
佐々　某
女
女
長兵衛
前野義高
山内
勘八郎
前野　某
勘兵衛
前野泰通
土佐藩中老、掃部
山内豊成
日向守
山内　某
孫太郎
山内久豊
但馬守
山内盛豊
対馬守
山内一豊

前野家は岩倉織田家に仕えていたが、当主・織田伊勢守信安《のぶやす》が長子の信賢《のぶかた》に追放された事件は、前野小次郎（宗康）の謀議によるものだという（『岩倉市史　上巻』）。

宗康には少なくとも三人の男子がいた。

・長男　小坂《おさか》孫九郎《まごくろう》雄吉《およし》（一五五二〜九三）
・次男　前野但馬守長康（一五二八〜九五）
・三男　前野小兵衛尉《しょうべえのじょう》勝長《かつなが》（？〜一五八五）

兄・小坂雄吉

宗康の長男は、母方の伯父・小坂孫九郎政吉《まさよし》の養子となり、孫九郎雄吉と名乗った。『寛政重修諸家譜』には「織田信雄につかへ」とあり、信雄の偏諱《へんき》を受けたのだろう。

ただし、困ったことに、弟・前野長康よりかなり年少なのだ。大永《だいえい》六（一五二六）年生まれとの説もあるが、そうなると今度は六五歳の時に三男が生まれたことになり、やや不自然に感じる。おそらく父子二代の事跡を一人にまとめてしまったのではないか。

さて、『寛政重修諸家譜』によれば、雄吉には少なくとも五男一女がいた。

・長男　小坂孫九郎雄長《おなが》（一五七二〜一六三三）
・四男　小坂半之丞《はんのじょう》一長《かずなが》（生没年不詳）細川家家臣
・五男　山口三右衛門《さんえもん》吉長《よしなが》（一五九〇〜一六三二）

・長女　山口修理亮重政の妻

なお、次男、三男は僧侶《そうりょ》で、法号すら記されていない。

『武功夜話』を著した吉田孫四郎雄翟《かつかね》（一五八七〜一六五八）は、雄吉の孫にあたり、その父は小坂助六雄《すけろくお》善《なが》とされているが、『寛政重修諸家譜』には記されていない。

また、『寛政重修諸家譜』には雄吉の妻について触れていないが、『尾張群書系図部集』によると、雄吉の妻は「丹羽勘助（氏次）女。後妻三輪五郎左衛門（吉高）女」という。

ただし、雄吉の生年が大永六（一五二六）年でも天文二一（一五五二）年であっても、丹羽勘助氏次《かんすけうじつぐ》（一五五〇〜一六〇一）の娘を娶ることは難しいように感じる。氏次の父・丹羽勘助氏勝《うじかつ》（一五二三〜九七）の娘の誤記ではなかろうか。

弟・前野勝長

末弟・前野勝長は、叔父・**前野又五郎忠勝**《またごろうただかつ》（一五一六〜八四）の養子となった。佐々成政の与力となり、本能寺の変後は成政の家老を務めたが、病死したという。妻は佐々（もしくは佐々木）平左衛門の娘というが、成政との血縁関係は不明である。

もう一人の叔父・**前野**《まえの》**長兵衛**《ちょうべえ》**義高**《よしたか》（一五一五〜六一）も佐々成政の与力である。

小坂雄吉の妻が丹羽氏勝の娘であると先述したが、その氏勝の妻は佐々成政の姉である。

第5節　谷衛好

武辺場数これ有る衆の一人

谷《たにの》大膳亮《だいぜんのすけ》衛好《もりよし》（一五三〇～七九）は、美濃国席田《むしろだ》郡伊自良《いじら》村（岐阜県山県《やまがた》市）の福田六兵衛《ろくべえ》正之《まさゆき》の子に生まれ、幼き頃に伯父・谷野《たにの》太郎左衛門《たろうざえもん》綱衡《つなひら》（衛之《もりゆき》）に養われて近江国甲賀《こうか》郡長野（滋賀県甲賀市信楽《しがらき》町長野）に住んだが、のちに父のもとに戻って谷野、谷を姓としたという。

［図3－4］

母は蒲生《がもう》将監《しょうげん》貞之《さだゆき》の娘という。蒲生といえば、氏郷が有名だが、蒲生家の系図でも貞之なる人物は見当たらない。蒲生氏郷の家臣に蒲生（旧姓・安藤）将監直重《なおしげ》がいるが、世代的に合わず、不詳である。

谷衛好ははじめ美濃斎藤家に仕え、美濃斎藤家滅亡後に信長に仕え、秀吉の与力となった。本願寺攻めで首級五つをあげて信長から感状を賜った。『松平記』の「武辺場数これ有る衆」で、掲げられた秀吉の与力八人のうちの一人。他家（徳川家）にも知られた剛の者だった。

秀吉の中国経略に従い、播磨で六〇〇〇石を与えられ、三木城攻めで討ち死にした。秀吉は衛好の死を憐《あわ》れんで、討ち死にした場所に松を植え、後世の人から大膳郭と呼ばれたという。

図3－4：谷家系図

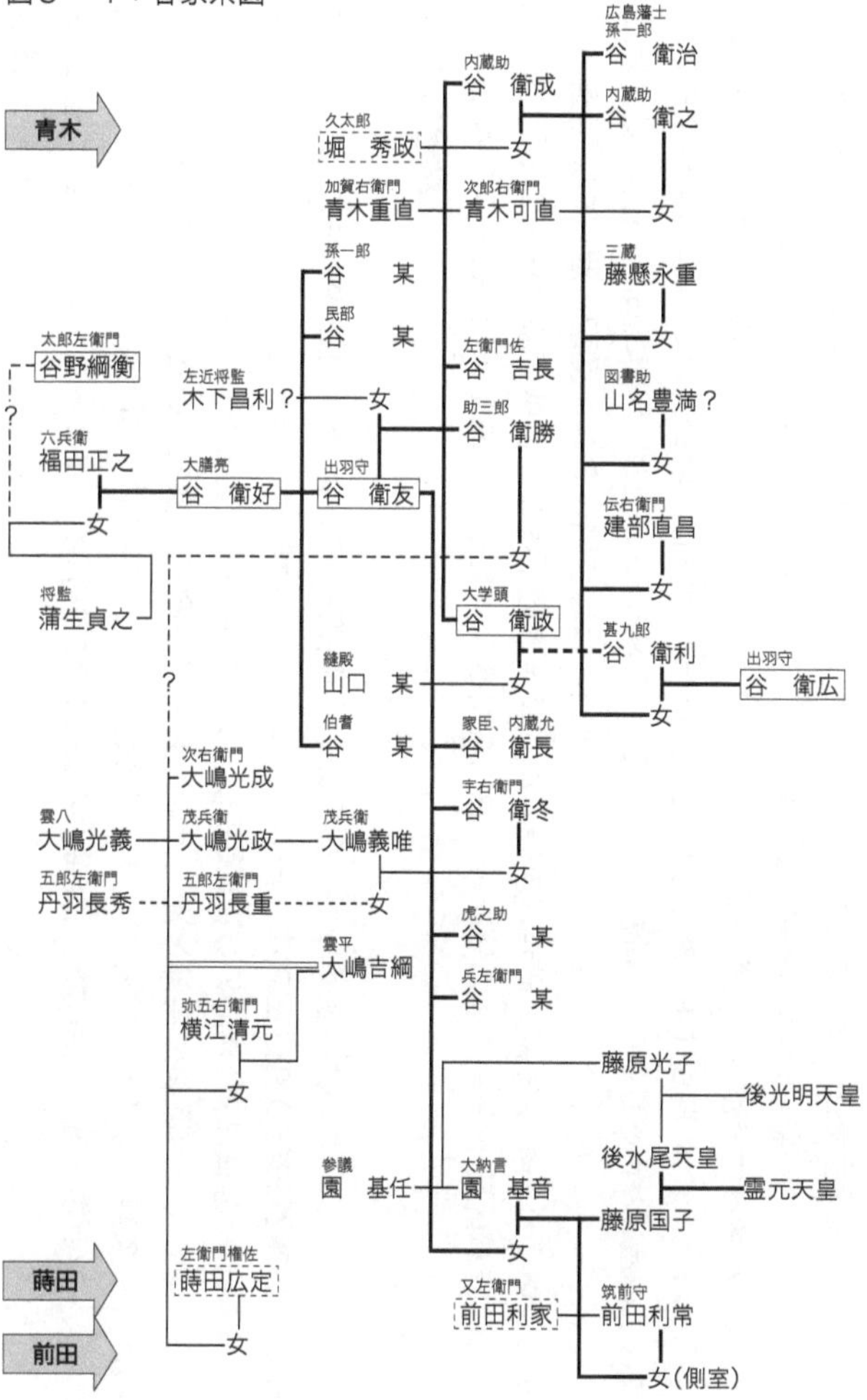

青木
蒔田
前田
広島藩士
孫一郎
谷　衛治
内蔵助
谷　衛成
内蔵助
谷　衛之
久太郎
堀　秀政
女
加賀右衛門
青木重直
次郎右衛門
青木可直
女
孫一郎
谷　某
三蔵
藤懸永重
民部
谷　某
女
太郎左衛門
谷野綱衡
左衛門佐
谷　吉長
左近将監
木下昌利？
女
図書助
山名豊満？
?
助三郎
谷　衛勝
女
六兵衛
福田正之
大膳亮
谷　衛好
出羽守
谷　衛友
伝右衛門
建部直昌
女
女
女
将監
蒲生貞之
大学頭
谷　衛政
甚九郎
谷　衛利
出羽守
谷　衛広
?
縫殿
山口　某
女
女
伯耆
谷　某
家臣、内蔵允
谷　衛長
次右衛門
大嶋光成
宇右衛門
谷　衛冬
雲八
大嶋光義
茂兵衛
大嶋光政
茂兵衛
大嶋義唯
女
五郎左衛門
丹羽長秀
五郎左衛門
丹羽長重
女
虎之助
谷　某
雲平
大嶋吉綱
兵左衛門
谷　某
弥五右衛門
横江清元
女
藤原光子
後光明天皇
後水尾天皇
参議
園　基任
大納言
園　基音
霊元天皇
藤原国子
女
左衛門権佐
蒔田広定
又左衛門
前田利家
筑前守
前田利常
女
女（側室）

嫡男・衛友

谷出羽守《たにのでわのかみ》衛友《もりとも》（一五六三～一六二七）は衛好の三男に生まれ、通称を甚太郎と称した。

天正六（一五七八）年から秀吉に仕え、二〇〇石を賜った。三木城攻めで父・衛好が討ち死にを遂げると、衛友はただちに反撃して敵の首を討ち取り、父の遺体を奪回したという。天正一六（一五八八）年に従五位下出羽守に叙任される。小田原征伐、文禄の役で軍功をあげた。

慶長五（一六〇〇）年の関ヶ原の合戦では、行きがかり上、丹後田辺城の細川幽斎の攻め手に加わるが、秘《ひそ》かに徳川方に通じ、丹波山家《やまが》藩一万六〇〇〇石を本領安堵される。

乏しい閨閥

父・衛好には少なくとも四男一女がおり、衛友は三男だったが、長兄・孫一郎が早世し、次兄・民部が多病により廃嫡されたため、嫡男となった。衛友には弟・妹が一人ずついるが、経歴・婚姻関係は不明。閨閥とはほど遠い感じである。

衛友の妻は木下左近将監《さこんしょうげん》某（昌利のことか？）の娘という。秀吉の近親（もしくは側近）と思われるが詳細は不明である。衛友には少なくとも八男四女がいた（★は嫡出）。

・長男★谷　内蔵助《くらのすけ》衛成《もりなり》（一五八二～一六二六）妻は堀秀政の娘、父に先んじて死す
・次男★谷　左衛門佐《さえもんのすけ》吉長《よしなが》（生没年不詳）　結城秀康に仕え、のちに辞す
・三男★谷　助三郎《すけさぶろう》衛勝（一五九三～一六一七）旗本二〇〇〇石。妻は大嶋光義《おおしまみつよし》の娘

・四男★谷　大学頭《だいがくのかみ》衛政《もりまさ》（一五九八～一六六二）家督を継ぐ。妻は山口縫殿《ぬい》の娘
・五男　谷　内蔵允《くらのじよう》衛長《もりなが》（生没年不詳）家臣となる。
・六男　谷　宇右衛門《うえもん》衛冬《もりふゆ》（一六一七～四〇）旗本一五〇〇石。妻は大嶋義唯《おおしまよしただ》の娘
・七男　谷　虎之助《とらのすけ》某（生没年不詳）将軍・家光の小姓
・八男　谷　兵左衛門《ひようざえもん》某（生没年不詳）家臣となる。
・長女　公家《くげ》・園《その》大納言基音《もとなり》の妻
・次女　谷主膳《しゆぜん》某の妻
・三女　家臣・沢瀬加兵衛某の妻
・四女　藤江幸庵元園の妻

長男・谷衛成は堀秀政の娘と結婚したが、衛友より早く亡くなり、四男・谷衛政が家督を継ぐ。衛政の義父・山口縫殿《ぬい》がいかなる人物か不明である。

三男・谷衛勝は大嶋雲八光義《うんぱちみつよし》（一五〇八～一六〇四）の三女と結婚し、六男・谷衛冬は大嶋茂兵衛義唯《よしただ》（一六〇〇～五〇）の長女と結婚したというが、義唯は光義の孫にあたる。衛勝の妻が大嶋光義の娘というのは誤りで、養女か、もしくは光義の養子（外孫）の大嶋吉綱《よしつな》（通称・新八、雲平、初名・光吉）の誤りであろう。いずれにしても、大嶋家との結びつきは強固なものを感じる。

大嶋光義の父・大嶋左近将監光宗《みつむね》は美濃国山県郡の砦《とりで》を守って討ち死にしたと伝えられ、谷

家とは同郷だった。光義もまた、美濃斎藤家、信長、秀吉に仕え、慶長三（一五九八）年に摂津豊嶋《てしま》などで一万一二〇〇石を賜った。ただし、嗣子・大嶋次右衛門光成が弟たちに分知したため、知行は一万石未満（七五〇〇石）となり、大名としては存続しなかった。

天皇家にも続く家系

閨閥に乏しい谷家であったが、衛友の長女が、公家の園《その》大納言基音《もとなり》と結婚したことで、思わぬ家系と繋がることになる。基音との間に生まれた国子《くにこ》（新広義門院《しんこうぎもんいん》）が、後水尾《ごみずのお》天皇の後宮となり、霊元《れいげん》天皇の母となった。現在の天皇家は、霊元天皇の子孫なので、谷衛好の血筋は天皇家に繋がっていることになる。

第4章　二兵衛世代

第1節　竹中半兵衛と黒田官兵衛

織田政権下での主力家臣

秀吉が織田家臣団の一員として、近江の浅井家を攻略し、中国経略で活躍した時の家臣（与力を含む）は、主に一五四〇年代生まれである。

俗に軍師と呼ばれる竹中半兵衛重治《たけなかはんべえしげはる》と黒田官兵衛孝高《くろだかんびょうえよしたか》を半兵衛と官兵衛という二人の×兵衛、つまり「二兵衛《にへえ》」と呼ぶこともあるようだ。そこで、本書では、秀吉と同い年の加藤光泰《かとうみつやす》から一五歳年下の仙石秀久《せんごくひでひさ》までを「二兵衛」世代と呼ぶ。

二兵衛世代は美濃出身者が多い。これに対し、尾張出身者は豊臣秀長《とよとみひでなが》、小出秀政《こいでひでまさ》、木下家定《きのしたいえさだ》、浅野長政《あさのながまさ》と秀吉の近親ばかりで、近親以外は堀尾可晴《ほりおよしはる》、山内一豊《やまうちかつとよ》くらいである。

元亀・天正の一五七〇年代、秀吉を支えていた三〇代の主力家臣は、美濃出身者で構成されていたということだ。しかし、関ヶ原の合戦（一六〇〇年）の頃、かれらは世代交代の時期に差し掛かり、大身の大名に飛躍することができなかった。

・**加藤光泰**（一五三七〜一五九三）美濃出身（第7章　五奉行）
・前田玄以《げんい》（一五三九〜一六〇二）美濃出身（第1章　豊臣一族）秀吉の異父弟
・豊臣秀長（一五四〇〜一五九一）尾張出身（第8章　秀頼附き）秀吉の義叔父
・小出秀政（一五四〇〜一六〇四）尾張出身
・小堀正次《こぼりまさつぐ》（一五四〇〜一六〇四）近江出身
・木下家定（一五四三〜一六〇八）尾張出身（第2章　親族衆）　秀吉の義兄
・堀尾可晴（一五四三〜一六一一）尾張出身（第6章　秀次附き）
・**竹中重治**（一五四四〜一五七九）美濃出身
・増田《ました》長盛《ながもり》（一五四五〜一六一五）近江出身？
・**黒田孝高**（一五四六〜一六〇四）播磨出身
・**一柳直末**《ひとつやなぎなおすえ》（一五四六〜一五九〇）美濃出身
・山内一豊（一五四六〜一六〇五）尾張出身（第6章　秀次附き）
・山崎片家《やまざきかたいえ》（一五四七〜一五九一）近江出身
・浅野長政（一五四七〜一六一一）尾張出身（第2章　親族衆）秀吉の義兄
・田中《たなか》吉政《よしまさ》（一五四八〜一六〇九）近江出身（第6章　秀次附き）
・青木《あおき》一重《かずしげ》（一五五一〜一六二八）美濃出身（第8章　秀頼附き）
・**仙石秀久**（一五五二〜一六一四）美濃出身

図4－0：二兵衛世代の婚姻関係

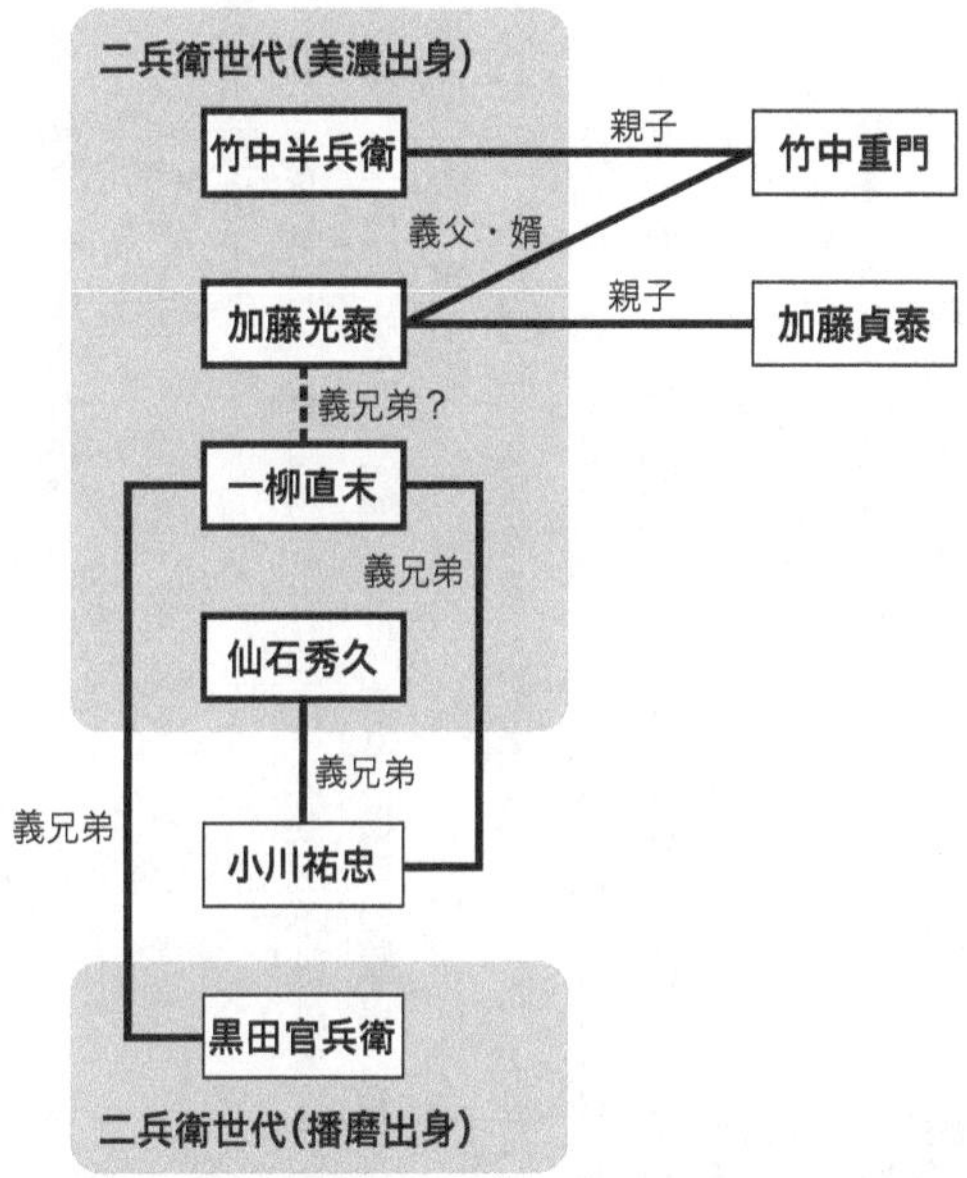

ちなみに、「二兵衛世代」の美濃組（竹中、加藤、一柳、仙石）は互いに閨閥《けいばつ》を構成《こうせい》していない。せいぜい竹中半兵衛と加藤光泰が子ども同士を結婚させているくらいである。

これに対し、第6章で取り上げた尾張組（山内、堀尾）の方が「ご近所閨閥」を構成しているので、それについては後述したい。［図4－0］

第2節　竹中半兵衛

秀吉の軍師？

竹中半兵衛重治（一五四四〜七九）は美濃国不破《ふわ》郡菩提山《ぼだいやま》城（岐阜県不破郡垂井《たるい》町岩手《いわで》）の城主・竹中　遠江守《とおとうみのかみ》重元《しげもと》（一四九九〜一五六〇）の嫡男として生まれた。通称は半兵衛、諱《いみな》ははじめ重虎《しげとら》、のち重治。

永禄七（一五六四）年二月に弟・重矩《しげのり》ら一六人で、主君である美濃斎藤家の居城・稲葉山城（岐阜城）を占拠することに成功したという（のち斎藤龍興《たつおき》に返却）。

稀代《きたい》の知恵者で、稲葉山城占拠の後、隠棲《いんせい》しているところを秀吉が三顧の礼で家臣に迎えたと『太閤記』などでは伝えているが、実際には斎藤家の没落で織田家に転じ、信長の指示で秀吉の与力になったというのが実情であろう。

秀吉の参謀・軍師といわれているが、実際にどのように戦略・戦術に関与したのかは不明である。ただし、元亀元年に近江浅井家の家臣・堀秀村《ひでむら》を調略したのは事実らしい。

生来、病弱で、三木城攻めの陣中で病死したという。

妻は「西美濃三人衆」の一人・安藤《あんどう》伊賀守《いがのかみ》守就《もりなり》の娘である。

義父が斎藤家を代表するような大身の部将ということは、重治自身もかなりの動員能力があったと推察され、それゆえ秀吉に重用されたのではないか。この章で取り上げる加藤光泰、一柳直末・直盛《なおもり》兄弟、仙石秀久、前章で取り上げた谷衛好など、いずれも美濃出身であるが、城主の子という身分の高い者は一人もいない。

長男・重門

重治はわずか三六歳で死去したためか、子は**竹中丹後守重門**《たんごのかみしげかど》（一五七三〜一六三一）一人のみである。

天正一六（一五八八）年、重門は一六歳で従五位下丹後守に叙任されたが、所領自体は多くを与えられなかったようで、寛永二（一六二五）年に本領安堵《あんど》された所領はわずか六〇〇〇石だった。［図4-1］

妻は同郷の加藤遠江守光泰の次女である。光泰は半兵衛に九死に一生のところを助けられた恩があり、遺児・重門の後見を買って出たのかもしれない。重門の長男が慶長三（一五九八）年に生まれているので、遅くともその前年には結婚していたのだろう。

ただし、その頃には義父・光泰も鬼籍に入っており、七歳年下の義弟・加藤貞泰《さだやす》が加藤家の当主となっていた。重門と貞泰は仲が良かったらしく、慶長五（一六〇〇）年九月の関ヶ原の合戦では、二人で家康に書状を送って服属を誓い、家康から二人連名で書状を下されたという。

実は関ヶ原は竹中領であり、現地の状況を把握しうる状況にあった。

当初、毛利・石田方だった竹中重門が、徳川方に寝返ったことで、石田三成が練りに練った策略が水泡に帰したという説もある（『竹中重門と百姓の関ヶ原合戦』）。また、合戦後は逃亡中の小西行長《こにしゆきなが》の捕縛などに功績があった。

徳川方が関ヶ原周辺の村々を放火するなど戦災に遭ったことから、合戦後に迷惑料として一〇〇〇石を賜っているが、加増はされなかった（重門の孫・竹中左京重高《さきょうしげたか》が弟に一〇〇〇石を分知したので、禄高《ろくだか》は五〇〇〇石となった）。

重門の嫡子・竹中越中守《えっちゅうのかみ》重常《しげつね》（一五九八～一六六四）は、北政所・寧の実家である杉原伯耆守《ほうきのかみ》長房《ながふさ》の六女と結婚している。豊臣家臣の多くは、家康の閨閥に組み込まれていくが、竹中家は秀吉門閥との婚姻が多い。家康から見ると、竹中家はもはや利用する価値のない家系だったのだろう。

第3節 加藤光泰

豊臣家臣団の特攻隊長

加藤遠江守光泰《みつやす》（一五三七～九三）は美濃斎藤家の家臣・加藤権兵衛《ごんべえ》景泰《かげやす》（?～一五七〇）の子として美濃国多芸《たぎ》郡橋爪庄《はしづめのしょう》（岐阜県養老《ようろう》郡養老町橋爪）に生まれた。通称は作内《さくない》、遠江守。

図４－１：竹中家系図

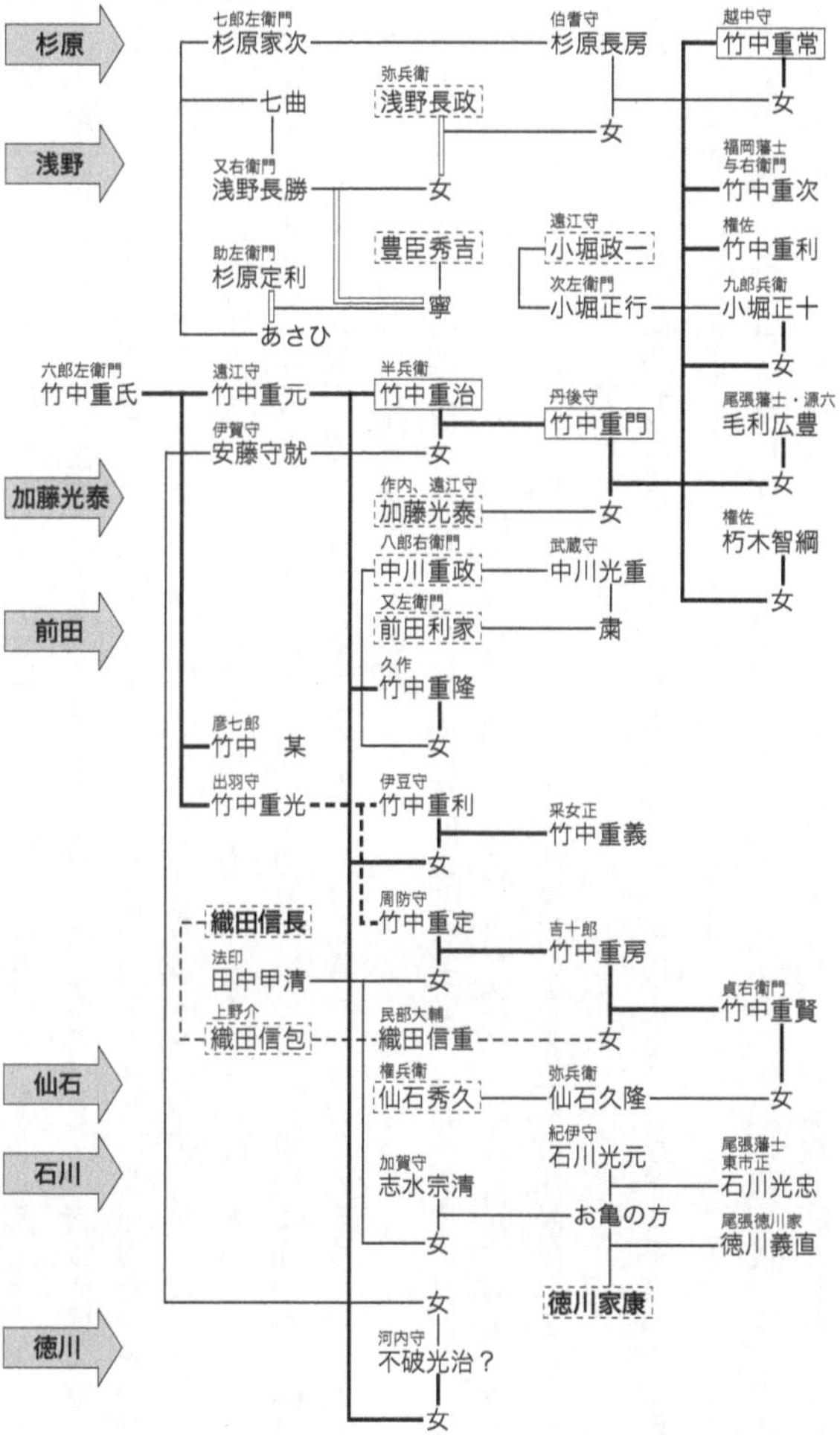
杉原
浅野
加藤光泰
前田
仙石
石川
徳川
七郎左衛門
杉原家次
七曲
又右衛門
浅野長勝
助左衛門
杉原定利
あさひ
弥兵衛
浅野長政
女
豊臣秀吉
寧
伯耆守
杉原長房
女
遠江守
小堀政一
次左衛門
小堀正行
越中守
竹中重常
女
福岡藩士
与右衛門
竹中重次
権佐
竹中重利
九郎兵衛
小堀正十
女
尾張藩士・源六
毛利広豊
女
権佐
朽木智綱
女
六郎左衛門
竹中重氏
遠江守
竹中重元
伊賀守
安藤守就
半兵衛
竹中重治
女
丹後守
竹中重門
作内、遠江守
加藤光泰
女
八郎右衛門
中川重政
武蔵守
中川光重
又左衛門
前田利家
粛
久作
竹中重隆
女
彦七郎
竹中　某
出羽守
竹中重光
伊豆守
竹中重利
采女正
竹中重義
女
周防守
竹中重定
吉十郎
竹中重房
織田信長
法印
田中甲清
女
貞右衛門
竹中重賢
上野介
織田信包
民部大輔
織田信重
女
権兵衛
仙石秀久
弥兵衛
仙石久隆
女
紀伊守
石川光元
尾張藩士
東市正
石川光忠
加賀守
志水宗清
お亀の方
尾張徳川家
徳川義直
女
徳川家康
女
河内守
不破光治？
女

斎藤家没落の後、秀吉に仕えた（＝織田家に仕官し、秀吉の与力になった？）という。

秀吉が横山城《よこやま》に在番している際、朝倉義景《あさくらよしかげ》の急襲を受けたことがあった。光泰は先頭に立って反撃したが、絶体絶命のピンチに陥り、竹中半兵衛の救援を得て九死に一生を得た。その結果、光泰は歩行が不自由になるほどの満身創痍《そうい》となった。秀吉からその功を賞され、元亀二（一五七一）年に近江北郡のうち七〇〇石を与えられ、与力一〇人を附けられたという。

先頭で敵の大軍を受けて立ち、数多くの合戦で先鋒《せんぽう》を担った。いわば豊臣家臣団の特攻隊長だった。『松平記』の「武辺場数これ有る衆」で、掲げられた秀吉の与力八人のうちの一人。他家（徳川家）にも知られた剛の者だったのだ。

天正六年の播磨三木城攻めに参陣し、天正八年に播磨のうち五〇〇〇石を加増された。

天正一〇年の山崎の合戦では秀吉軍の先鋒を務め、合戦後の論功行賞では丹波周山《しゆうざん》一万七〇〇〇石を賜った。さらに、天正一一（一五八三）年の賤ヶ岳の合戦後に近江高島城主となり、ほどなくして尾張犬山二万石に転封となった。

天正一三年に美濃大垣四万石に転じたが、分不相応に家臣を抱えたことなどで秀吉から叱責され、翌天正一四年に羽柴秀長附き一万石に減封されてしまう。

しかし、秀吉に赦され、近江佐和山《さわやま》二万石に転封。天正一八年の小田原征伐の後、甲斐府中（山梨県甲府市）二四万石を与えられた。文禄の役で朝鮮に出兵し、その帰途で病死した。享年五七。

一柳家との婚姻

『寛政重修諸家譜』によれば、光泰の妻は一柳藤兵衛《ひとつやなぎとうべえ》某《なにがし》の娘というが、一柳家の系図に藤兵衛なる人物は掲載されておらず、関係は不詳である。

『美濃明細記』掲載の一柳系図では、一柳直末・直盛《なおもり》兄弟の妹に「加藤遠江守光泰室」を掲げているが、誤記の可能性が高い。［図4－2］

また、『寛政重修諸家譜』によれば、一柳右近《うこん》某の長男を婿養子に迎え、加藤信濃《しなの》光吉《みつよし》と名乗らせている。一柳右近直秀《うこんなおひで》（?～一五九五）は法号を可遊《かゆう》といい、美濃出身の豊臣家臣である。豊臣家臣で一柳といえば、直末・直盛兄弟が有名であるが、かれらとの系譜関係は不明である。

なお、『美濃明細記』掲載の加藤系図には「天正頃加藤太郎左衛門者《は》光泰の一族也《なり》、当時美濃之中領主加藤平内此《この》一族也、或云《あるいはいう》、一柳監物直盛之《の》弟法泉坊《ほうせんぼう》を光泰養育之《これをよういくし》、称加藤図書《かとうずしよとしようし》、今泉に住す」との記述があり、直盛の弟を加藤光泰が養って加藤図書と名乗らせたと伝えているが、加藤信濃光吉との関係は不明である。

光泰の子女

光泰には少なくとも二男五女、及び一人の婿養子がいた。

・長男　加藤左近大夫《さこんだいふ》貞泰　（一五八〇～一六二三）　妻は小出播磨守吉政《こいではりまのかみよしまさ》の娘

・次男　加藤遠江守光直《みつなお》（一五八四〜一六三三）妻は本多因幡守俊政《ほんだいなばのかみとしまさ》の娘
・養子　加藤信濃光吉（生没年不詳）一柳右近の子。家臣となる。
・長女　婿養子・光吉の妻
・次女　竹中丹後守重門の妻
・三女　間島彦太郎《まじまひこたろう》某の妻。離婚の後、家臣・石河備後光遠《いしこびんごみつとお》に再縁する。
・四女　村上太郎兵衛《むらかみたろうべえ》某の妻
・五女　公家・冷泉中納言《れいぜいちゅうなごん》某の妻（冷泉権大納言為満《ごんだいなごんためみつ》［一五五八〜一六一九］か？）
三女の夫・石河備後光遠は、のちに秀頼附きとなる石川備前守光吉（子孫は石河を称す）の大叔父《おじ》にあたる。

嫡男・貞泰

長男・加藤左近大夫貞泰（一五八〇〜一六二三）は、通称を作十郎、左衛門尉、左近大夫。諱ははじめ光長《みつなが》、のち貞泰と改める。

文禄二（一五九三）年に父・光泰が死去すると、その所領・甲斐府中二四万石は収公され、貞泰は新たに美濃黒野《くろの》四万石を賜った。丹羽長秀や蒲生氏郷の死後、秀吉はその遺児に難癖を付けて所領を大幅に減封することがあったが、それは譜代家臣であっても同様だったようだ。

慶長五（一六〇〇）年の関ヶ原の合戦では、行きがかり上、毛利・石田方につき、犬山城の

図４－２：加藤光泰家系図

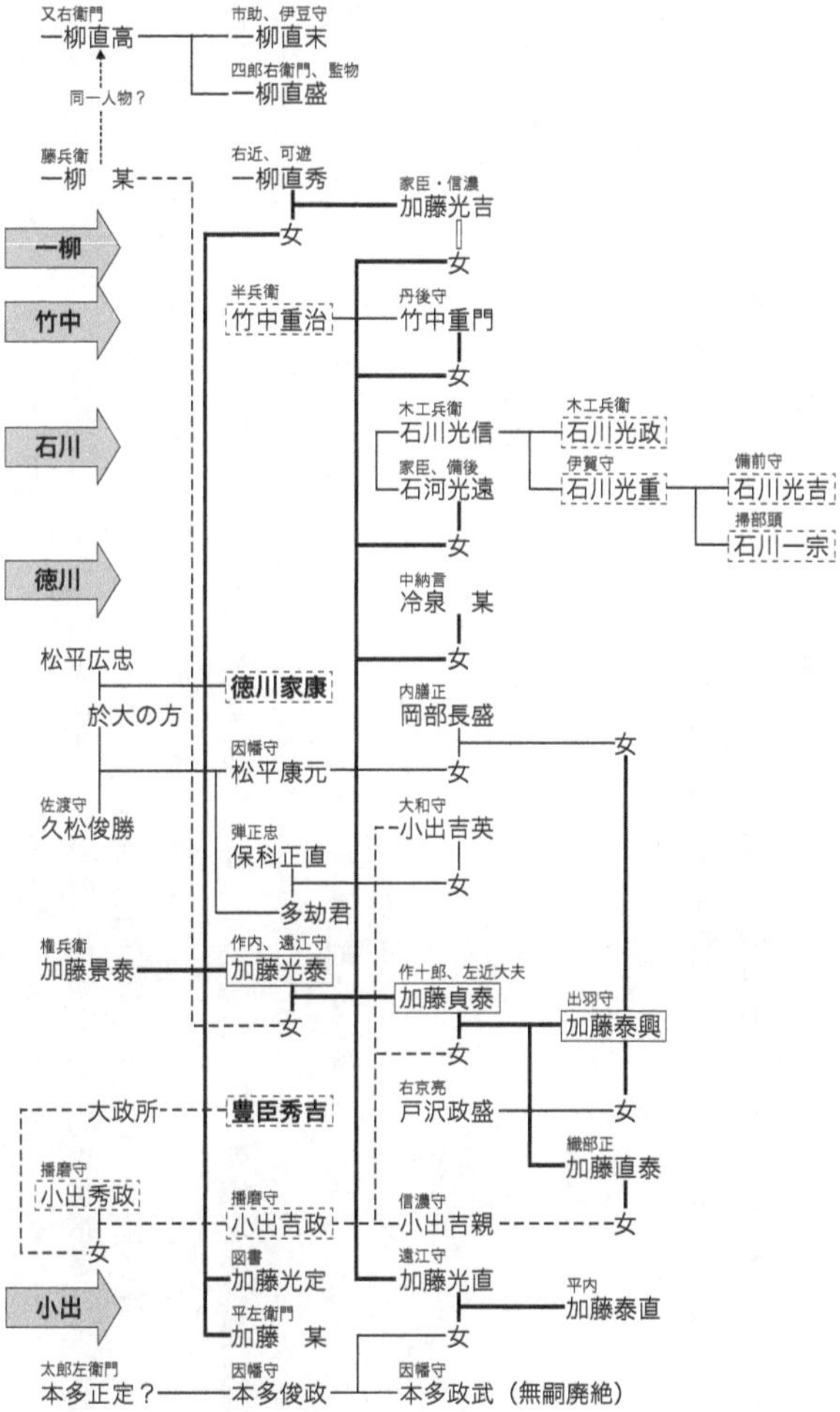
又右衛門
一柳直高
市助、伊豆守
一柳直末
四郎右衛門、監物
一柳直盛
同一人物？
藤兵衛
一柳　某
右近、可遊
一柳直秀
家臣・信濃
加藤光吉
女
一柳
竹中
石川
徳川
小出
女
半兵衛
竹中重治
丹後守
竹中重門
女
木工兵衛
石川光信
木工兵衛
石川光政
家臣、備後
石河光遠
伊賀守
石川光重
備前守
石川光吉
掃部頭
石川一宗
女
中納言
冷泉　某
女
松平広忠
徳川家康
於大の方
内膳正
岡部長盛
女
因幡守
松平康元
女
佐渡守
久松俊勝
大和守
小出吉英
弾正忠
保科正直
女
多劫君
権兵衛
加藤景泰
作内、遠江守
加藤光泰
作十郎、左近大夫
加藤貞泰
出羽守
加藤泰興
女
女
大政所
豊臣秀吉
右京亮
戸沢政盛
女
織部正
加藤直泰
播磨守
小出秀政
播磨守
小出吉政
信濃守
小出吉親
女
女
図書
加藤光定
遠江守
加藤光直
平内
加藤泰直
平左衛門
加藤　某
女
太郎左衛門
本多正定？
因幡守
本多俊政
因幡守
本多政武（無嗣廃絶）

護衛に加わったが、義兄・竹中重門とともに家康に服属を誓い、本領を安堵《あんど》された。

慶長一四（一六〇九）年に伯耆米子《よなご》の中村忠氏《なかむらただうじ》が改易され、貞泰が六万石に加増されて転封となった。さらに元和三年に伊予大洲《おおず》六万石に転封となり、子孫は大名として存続した。

妻は小出播磨守吉政《はりまのかみよしまさ》の娘。吉政は秀吉の従兄弟《いとこ》といわれる。

貞泰の弟・加藤遠江守光直の妻は本多《ほんだ》因幡守俊政《いなばのかみとしまさ》（一五五一〜一六一〇）の娘だが、俊政はいわゆる三河徳川家臣団の本多家ではなく、父の代から秀長家臣だという。

加藤家の閨閥に徳川色があらわれるのは、貞泰の子・加藤出羽守泰興《でわのかみやすおき》（一六一一〜七七）が、家康の姪《めい》の娘（岡部《おかべ》内膳正長盛《ないぜんのかみながもり》の娘）を正室に迎えてからである。

第4節　一柳直末・直盛兄弟

黄母衣衆の兄・直末

一柳《ひとつやなぎ》伊豆守直末《いずのかみなおすえ》（市助。一五四六〜九〇）は美濃国厚見《あつみ》郡西野村（岐阜市西野町）の出身で、父・一柳又右衛門直高《またえもんなおたか》（一五二九〜八〇）は斎藤義龍《よしたつ》の家臣から信長に転じ、直末は元亀元（一五七〇）年に二五貫文で秀吉に仕えたという。

黄母衣《きほろ》七人組に加えられ、兵粮《ひようろう》奉行、普請奉行として重用された。

天正一二年の小牧・長久手の合戦では、不破源六広綱《ふわげんろくひろつな》の籠もる美濃竹鼻城《たけはな》（岐阜県羽島《はしま》市竹鼻町）攻めに功があった。

天正一三年に美濃浮見六万石を与えられ、従五位下《じゅごいげ》伊豆守に叙任された。『美濃明細記』によれば、直末は翌天正一四年に大垣城に移り（大垣城主・加藤光泰の更迭にともなうものと思われる）、天正一七年に軽海西城《かるみにし》（岐阜県本巣市軽海）に移ったという。なお、伊豆守に任ぜられたのは『寛政重修諸家譜』によれば、天正一三年のことと読めるが、実際には天正一六年頃のことだと思われる。

天正一八年三月二九日、小田原征伐の伊豆山中城攻めで先鋒を任されたが、鉄砲に撃たれ、討ち死にした。享年四五。

『寛政重修諸家譜』の一柳直末の項に妻の記述はないが、黒田家の項では黒田官兵衛孝高の妹が直末に嫁いだと記されている。直末と孝高は同い年で、秀吉の仲介で縁談が進められたのだろう。

弟・直盛が継ぐ

直末の死去にともない、実弟・一柳監物直盛《けんもつなおもり》（四郎右衛門《しろうえもん》。一五六四～一六三六）がその跡を継いだ。直盛は兄が討ち死にすると、その場で部下たちを励まして山中城を攻略。その功により尾張黒田三万石を与えられた。天正一九年に従五位下に叙任され、監物と称した。また、文禄元（一五九二）年に五〇〇〇石を加増されている。

関ヶ原の合戦では家康方につき、慶長六（一六〇一）年に伊勢神戸《かんべ》藩五万石に加増され、寛永一三（一六三六）年に伊予西条《さいじょう》藩六万八〇〇〇石に転封された。

越智姓河野氏の嫡流？

『寛政重修諸家譜』によれば、一柳家の家祖・太郎右衛門宣高《たろうえもんのぶたか》（直高の父）は、伊予の名族、越智《おち》姓河野氏の最後の当主・河野四郎通直《しろうみちなお》の実弟にあたるという。［図4-3］
宣高は、大永年間（一五二一～二八）に父が死去すると、河野家の衰退を悟って美濃厚見郡西野村に移り住んだというのだが、信用できない。苗字「一柳」の由来も、土岐家の宴に招かれた際に、柳の葉の麗色が優れているから「一柳」を苗字《みょうじ》にするように勧められたというが、これまた信用できない。
美濃の隣国・尾張国愛知郡に伊勢神宮領の一楊《ひとつやなぎ》（一柳）御厨《みくりや》（名古屋市中川区、中村区近辺）があり、その東岸に越智村があった。おそらく、一柳家は一楊御厨の荘官か何かの子孫で、越智村近辺から美濃に移り住んだのであろう。宣高の孫・直盛が伊予西条藩に転封となり、同地の名族・越智氏と越智村を結びつけ、越智氏の子孫を僭称《せんしょう》したものと思われる。

図4－3：一柳家系図

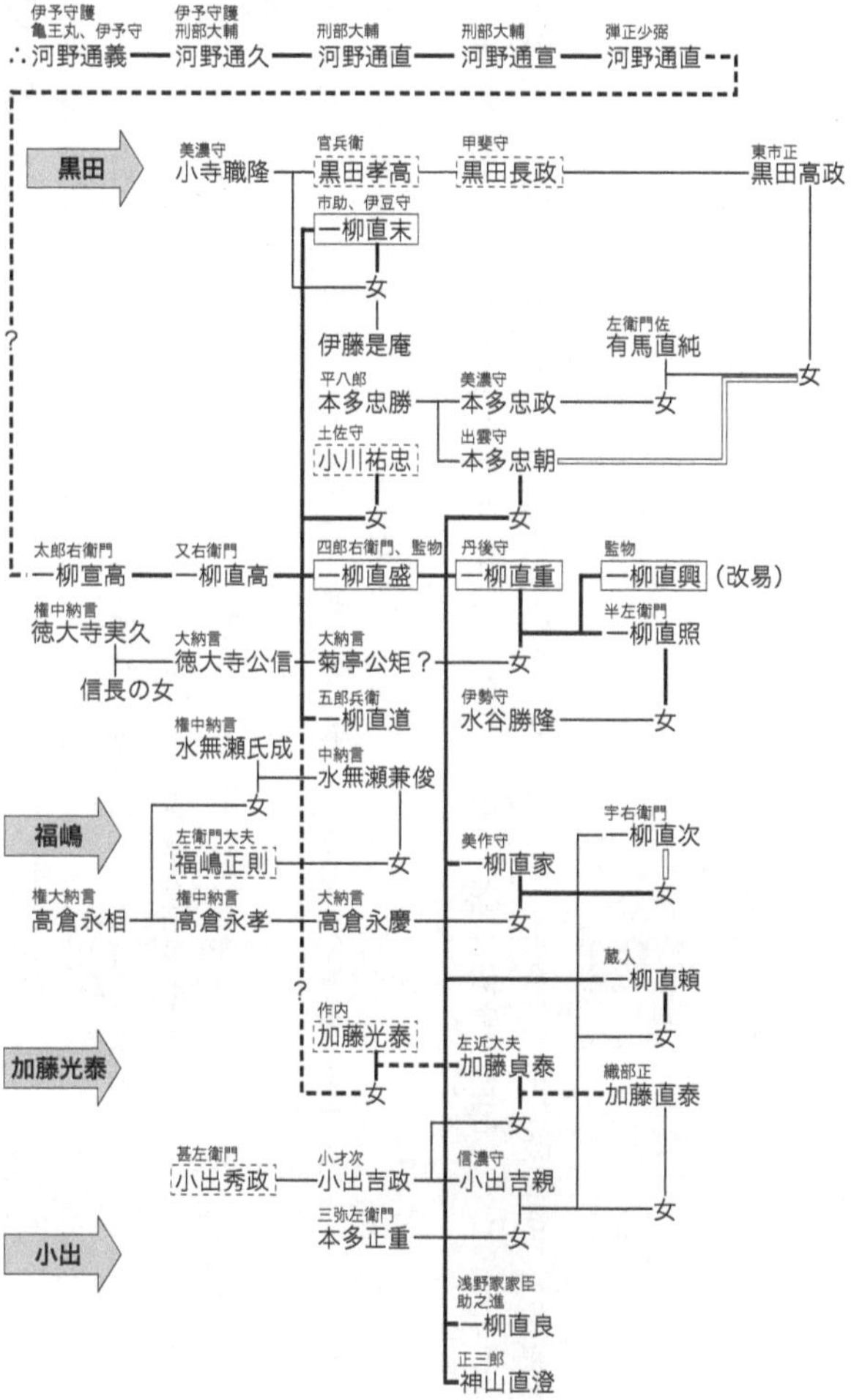
伊予守護
亀王丸、伊予守
∴河野通義
伊予守護
刑部大輔
河野通久
刑部大輔
河野通直
刑部大輔
河野通宣
弾正少弼
河野通直
?
黒田
美濃守
小寺職隆
官兵衛
黒田孝高
甲斐守
黒田長政
東市正
黒田高政
市助、伊豆守
一柳直末
女
伊藤是庵
左衛門佐
有馬直純
女
平八郎
本多忠勝
美濃守
本多忠政
女
土佐守
小川祐忠
出雲守
本多忠朝
女
女
太郎右衛門
一柳宣高
又右衛門
一柳直高
四郎右衛門、監物
一柳直盛
丹後守
一柳直重
監物
一柳直興
（改易）
権中納言
徳大寺実久
大納言
徳大寺公信
信長の女
大納言
菊亭公矩？
女
半左衛門
一柳直照
五郎兵衛
一柳直道
伊勢守
水谷勝隆
女
権中納言
水無瀬氏成
中納言
水無瀬兼俊
女
福嶋
左衛門大夫
福嶋正則
女
美作守
一柳直家
宇右衛門
一柳直次
女
権大納言
高倉永相
権中納言
高倉永孝
大納言
高倉永慶
女
蔵人
一柳直頼
?
作内
加藤光泰
女
加藤光泰
左近大夫
加藤貞泰
織部正
加藤直泰
女
女
甚左衛門
小出秀政
小才次
小出吉政
信濃守
小出吉親
女
三弥左衛門
本多正重
女
小出
浅野家家臣
助之進
一柳直良
正三郎
神山直澄

直盛の子女

直盛の妻が誰であるかは不明で、五男一女がいた。

・長男　一柳丹後守直重《なおしげ》（一五九八〜一六四五）妻は菊亭《きくてい》大納言公矩《きんのり》の娘
・次男　一柳美作守《みまさかのかみ》直家《なおいえ》（一五九九〜一六四二）妻は高倉《たかくら》大納言永慶《ながよし》の娘
・三男　一柳蔵人《くろうど》直頼《なおより》（一六〇二〜一六四五）妻は小出信濃守《しなののかみ》吉親《よしちか》の娘
・四男　一柳助之進《すけのしん》直良《なおよし》　広島藩浅野家家臣
・五男　神山《かみやま》正三郎《しょうざぶろう》直澄《なおすみ》　はじめ家臣・神山家の養子となり、のち浪人となる。
・長女　本多出雲守《いずものかみ》忠朝《ただとも》（本多忠勝の次男）の妻

直重が次弟・直家に播磨小野《おの》藩二万三〇〇〇石、三弟・直頼に伊予小松《こまつ》藩一万石を分与した。

直重の子・一柳監物直興《なおおき》（一六二四〜一七〇二）が貞享《じょうきょう》三（一六八六）年に改易され、直家と直頼の子孫が幕末まで残った。

第5節　仙石秀久

マンガ『センゴク』の主人公

仙石権兵衛《ごんべえ》秀久（一五五二～一六一四）はマンガ『センゴク』の主人公としても有名で、美濃国本巣《もとす》郡中村（岐阜県瑞穂《みずほ》市古橋《ふるはし》？）に生まれ、永禄七（一五六四）年から信長に仕え、のちに秀吉の与力とされたという（『織田信長家臣人名辞典』）。〔図4－4〕

天正二（一五七四）年に近江国野洲《やす》郡のうちで一〇〇〇石を与えられ、天正九（一五八一）年一一月に秀吉と池田元助《もとすけ》（輝政の兄）とともに淡路平定に参陣。天正一一（一五八三）年の賤ヶ岳の合戦後に淡路洲本《すもと》城主となる。

天正一三（一五八五）年の四国征伐に参陣し、讃岐の一部を与えられ、一説には高松城を居城にしたともいう。秀久はまだ三〇代前半で、かなりの抜擢《ばってき》人事だと思われる。

天正一五年の九州征伐では長曾我部元親《ちようそがべもとちか》が率いる四国勢の軍監として参陣。島津軍に対する攻撃を強硬に主張し、戸次《へつぎ》川で合戦に及ぶが、元親の嫡子・長曾我部信親《のぶちか》、十河存保《そごうまさやす》などが討ち死にし、六〇〇〇の兵のうち、二〇〇〇が犠牲になるという壊滅的な敗戦となった。ところが、この激戦で、主戦論者の秀久は這々《ほうほう》の躰《てい》で逃亡してしまう。秀久は九州征伐後に改易され、高野山での謹慎を余儀なくされた。

天正一八（一五九〇）年の小田原征伐で家康に従って参陣。秀吉に赦され、信濃小諸《こもろ》五万石の大名に復帰。慶長五（一六〇〇）年の関ヶ原の合戦では、秀忠軍に従って信濃上田《うえだ》城の攻略に加わった。慶長一九（一六一四）年に死去。享年六四。

母も妻も津島衆出身らしい

秀久の母は尾張津島衆の堀田加賀守正道《かがのかみまさみち》の娘というが、堀田家側の系図に記録はない。ただし、秀久の妻も津島衆なので、案外真実なのかもしれない。

秀久の妻は野々村《ののむら》伊予守吉安《いよのかみよしやす》（吉成《よしなり》、幸成《ゆきなり》ともいう）の次女である。吉安の父・野々村三十郎《さんじゅうろう》正成《まさなり》（幸久《ゆきひさ》、幸政《ゆきまさ》ともいう）について、谷口克広氏は尾張「海東郡津島村の人とあるが、美濃出身というのが正しいであろう」（『織田信長家臣人名辞典』）と評している。しかし、吉安の経歴を見ると、父親は津島衆である可能性が高い（吉安の父を正成とする親子関係に誤りがあるかどうかは不明）。

吉安は秀吉に仕えて三〇〇〇石を領し、秀頼の馬廻《うままわり》、大坂七手組の番頭に選ばれ、大坂夏の陣で討ち死にした。「妻は『美濃国諸家系譜』に堀田孫右衛門《まごうえもん》正直の娘で、堀田図書助勝喜《ずしょのすけかつよし》、堀田壱岐守《いきのかみ》の妹とされるが、信憑性に欠ける」（『大坂の陣　豊臣方人物事典』）という。ただし、秀久の母親も津島衆・堀田家という説があるので、親類同士の婚姻である可能性が高い。秀久の妻は「はじめ小川祐忠《すけただ》に嫁いで一女を産み、後に仙石秀久に再縁」したという（『大坂の陣

図4－4：仙石家系図

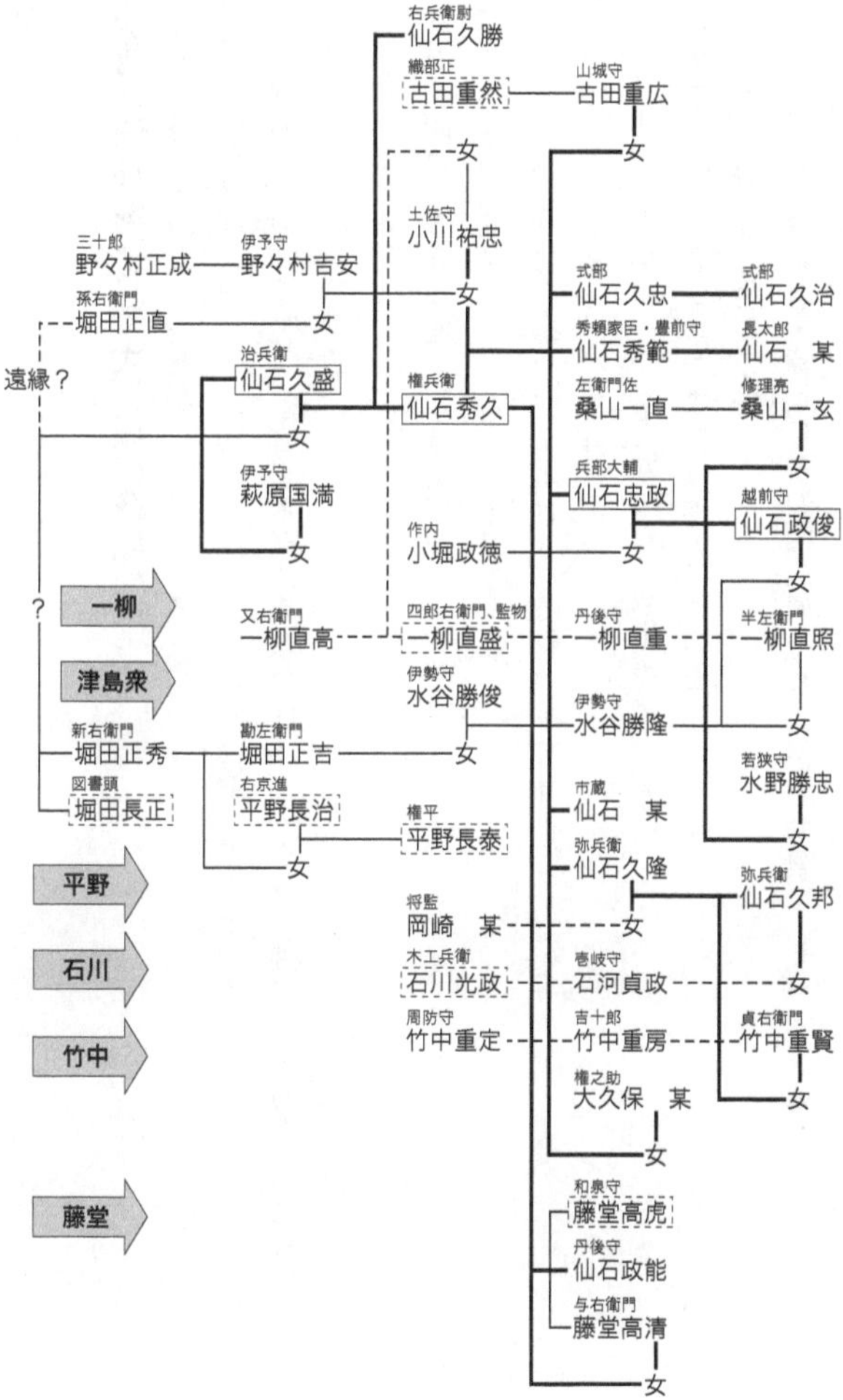
右兵衛尉
仙石久勝
織部正
古田重然
山城守
古田重広
女
女
土佐守
小川祐忠
三十郎
野々村正成
伊予守
野々村吉安
孫右衛門
堀田正直
女
女
式部
仙石久忠
式部
仙石久治
秀頼家臣・豊前守
仙石秀範
長太郎
仙石　某
遠縁？
治兵衛
仙石久盛
権兵衛
仙石秀久
左衛門佐
桑山一直
修理亮
桑山一玄
女
女
兵部大輔
仙石忠政
伊予守
萩原国満
越前守
仙石政俊
作内
小堀政徳
女
女
女
?
一柳
津島衆
又右衛門
一柳直高
四郎右衛門、監物
一柳直盛
丹後守
一柳直重
半左衛門
一柳直照
伊勢守
水谷勝俊
伊勢守
水谷勝隆
女
新右衛門
堀田正秀
勘左衛門
堀田正吉
女
若狭守
水野勝忠
図書頭
堀田長正
右京進
平野長治
権平
平野長泰
市蔵
仙石　某
女
女
弥兵衛
仙石久隆
弥兵衛
仙石久邦
平野
将監
岡崎　某
女
石川
木工兵衛
石川光政
壱岐守
石河貞政
女
竹中
周防守
竹中重定
吉十郎
竹中重房
貞右衛門
竹中重賢
女
権之助
大久保　某
女
藤堂
和泉守
藤堂高虎
丹後守
仙石政能
与右衛門
藤堂高清
女

豊臣方人物事典』）。

次男は津島繫がりで大坂城に籠城

秀久には九男四女と養女が一人いた（★は嫡出）。

・長男★仙石式部《しきぶ》久忠《ひさただ》（生没年不詳）病により廃嫡。家臣となる。
・次男★仙石豊前守《ぶぜんのかみ》秀範《ひでのり》（生没年不詳）秀頼に仕え、大坂夏の陣に大坂方として参陣
・三男★仙石兵部大輔《ひょうぶたゆう》忠政《ただまさ》（一五七八～一六二八）　家督を継ぐ。妻は小堀作内《こぼりさくない》の娘
・四男★仙石市蔵《いちぞう》某（生没年不詳）
・五男　仙石丹後守《たんごのかみ》政能《まさよし》（生没年不詳）
・六男　仙石内膳《ないぜん》某（生没年不詳）
・七男★仙石大和守《やまとのかみ》久隆《ひさたか》（一五九四～一六四五）　旗本四〇〇〇石
・八男　仙石菊平《きくへい》某（生没年不詳）
・九男　仙石主水《もんど》某（生没年不詳）徳川忠長《ただなが》の家臣
・長女★古田山城守《やましろのかみ》重広《しげひろ》（古田織部《おりべ》の子）の妻
・次女★大久保《おおくぼ》権之助《ごんのすけ》某の妻
・三女　伊勢津《つ》藩家老・藤堂与右衛門《とうどうよえもん》高清《たかきよ》（高虎《たかとら》の弟）の妻
・四女　家臣・森左馬之進《もりさまのしん》某の妻

・養女　佐野《さの》半四郎《はんしろう》政秀《まさひで》の妻

秀久の長男・仙石式部久忠は病により廃嫡され、家臣となり、子孫は仙石式部家と呼ばれ、家老を世襲した。

次男の仙石豊前守秀範（通称を主馬《しゅめ》、権兵衛。法号は宗也斎《そうやさい》）という。通称「権兵衛」を襲名していることでわかるように、当初、嫡子とされたが、家督を継がず、慶長一七（一六一二）年に出家して宗也斎を名乗った。「父に勘当され牢人となり、その後は年来（豊臣）秀頼から扶持を受けた（中略）慶長十九年五月六日に父の秀久が死去。十月二日、一族の堀田図書頭《ずしょのかみ》の勧誘により大坂城に招かれ、三万石並みに遇された」。大坂夏の陣で大坂方として戦い、丹波、または丹後に落ち延びたといわれるが不詳（『大坂の陣　豊臣方人物事典』）。

仙石家の家督は三男の**仙石兵部大輔忠政**（一五七八～一六二八）が継いだ。忠政は、通称を左門、三左衛門《さんざえもん》。諱はじめ久政《ひさまさ》、将軍・秀忠から偏諱《へんき》を賜り、忠政と改名した。慶長五年の関ヶ原の合戦では、父とともに信濃上田城の攻略に加わり、大坂冬の陣、夏の陣では徳川方として参陣。慶長八年に信濃上田城に居を移し、六万石に加増された。

忠政の妻は小堀作内某の娘である。秀久の三女が藤堂高虎の弟に嫁いでおり、高虎の養女が小堀　遠江守《とおとうみのかみ》　政一《まさかず》（俗に小堀遠州《えんしゅう》）に嫁いでいるので、その縁から小堀家との縁談が進んだのだろう。ただし、小堀作内と小堀遠州の具体的な関係は不詳である（つまり、小堀作内が何者かはわからない）。

忠政の子孫は但馬出石藩《たじまいずし》に転封となり、天保《てんぽう》六（一八三五）年に御家騒動（仙石騒動）で三万石に減封。兵庫県豊岡市出石町の名産・出石蕎麦《そば》は、仙石家が信濃から蕎麦職人の技法を伝えたことに由来するという。

第6節　黒田官兵衛

『軍師　官兵衛』

黒田官兵衛孝高《くろだかんびょうえよしたか》（一五四六〜一六〇四）は、播磨姫路城主・小寺美濃守職隆《もとたか》（職隆《のりたか》ともいう。一五二四〜八五）の長男として生まれた。幼名を万吉、通称を官兵衛、勘解由次官《かげゆのすけ》。諱ははじめ祐隆《よしたか》、孝隆《よしたか》、のち孝高。号は如水軒円清《じょすいけんえんせい》。一般に黒田如水、黒田官兵衛《かんべえ》と呼ばれるが、「正確には『かんびょうえ』である。キリシタン関係の史料で『Cambioye』と発音されていたことが分かっている」（諏訪勝則《すわまさのり》『黒田官兵衛《かんべえ》』）。

二〇一四年NHK大河ドラマ『軍師　官兵衛』の主役として有名である。

福岡出身の黒田家

黒田家は宇多《うだ》源氏佐々木《ささき》氏の流れを汲《く》み、近江国伊香《いか》郡黒田荘（滋賀県長浜市木之本《きのもと》町黒田）

に住んで黒田姓を名乗ったと伝えられている。官兵衛の嫡男・黒田長政《ながまさ》は幼少の頃、長浜城で人質生活を送っており、名門・黒田家の存在を知って、その後裔《こうえい》を称したと考える方が自然だろう。近年では、播磨守護・赤松《あかまつ》家の支流が、播磨国多可《たか》郡黒田庄《くろだのしょう》（兵庫県西脇《にしわき》市黒田庄町）に住んで黒田を称したという説が浮上しているが、これも信憑《しんぴょう》性に乏しいという（渡邊大門《だいもん》『黒田官兵衛』）。［図4－5］

『寛政重修諸家譜』では、佐々木氏の末裔・黒田備前守《びぜんのかみ》高宗《たかむね》から官兵衛の祖父・黒田下野守《しもつけのかみ》重隆（一五〇八～六四）までの具体的な氏名を記していない（つまり偽系図だということだ）。

重隆は備前国邑久《おく》郡福岡（岡山県瀬戸内《せとうち》市長船《おさふね》町福岡）から播磨姫路に移り住み、秘伝の目薬を販売して一財産を築き、金貸しから新田開発を行って有力者になったといわれる。重隆の子・職隆は、播磨の有力国人・小寺藤兵衛政職《こでらとうびょうえまさもと》の養女（明石氏）と結婚し、小寺姓を与えられ、重臣となった。

小寺家は、播磨・備前・美作の守護を兼ねていた赤松家の老臣で、もともと備前国守護代だったらしいが、嘉吉《かきつ》の乱で滅んだ赤松家の再興に尽力し、播磨御着《ごちゃく》城を本拠にして播磨国内に勢力を拡げた。その来歴から察するに、黒田家は小寺家に従って、備前福岡から播磨に居を移したと考えるべきだろう。

秀吉の中国経略から天下統一へ

永禄一一（一五六八）年、織田信長が足利義昭《よしあき》を奉じて上洛《じょうらく》し、近畿をほぼ勢力下に置くと、播磨は東の織田、西の毛利の緩衝地帯となり、いずれにつくか旗幟《きし》を鮮明にする必要に迫られた。

官兵衛は小寺家の家老として小寺姓を名乗っていたが、いち早く信長の実力を認めて小寺家中をまとめ、天正三（一五七五）年七月に信長の許《もと》を訪れ、播磨攻めの大将を遣わしてくれれば、小寺家がその先鋒となると申し入れた。

信長は羽柴秀吉を毛利攻めの総大将に任じ、天正五（一五七七）年一〇月二三日に秀吉は黒田官兵衛の居城・播磨姫路城に入って中国経略を進めた。

天正六（一五七八）年二月、播磨最大の国人領主・三木城主の別所長治《べっしょながはる》が叛旗《はんき》を翻し、三木城攻略中の同年一〇月に摂津有岡城主の荒木村重《あらきむらしげ》が離反し、官兵衛の主君・小寺政職も村重に応じた。

秀吉は村重を翻意させるべく、官兵衛を差し向けるが、却《かえ》って幽閉されてしまう。しかし、翌天正七年に備前の宇喜多直家《うきたなおいえ》が秀吉方に内応することで、状況が徐々に好転。本願寺勢との連携が取れなくなった有岡城は天正七年一一月に開城。官兵衛は救出されたが、およそ一ヶ年、狭い牢《ろう》に幽閉されていたため、膝《ひざ》の関節が曲がり、頭髪が抜けて禿頭《はげ》になって、生涯回復しなかったという。なお、救出後、官兵衛は黒田姓に復姓した。

図4－5：黒田家系図

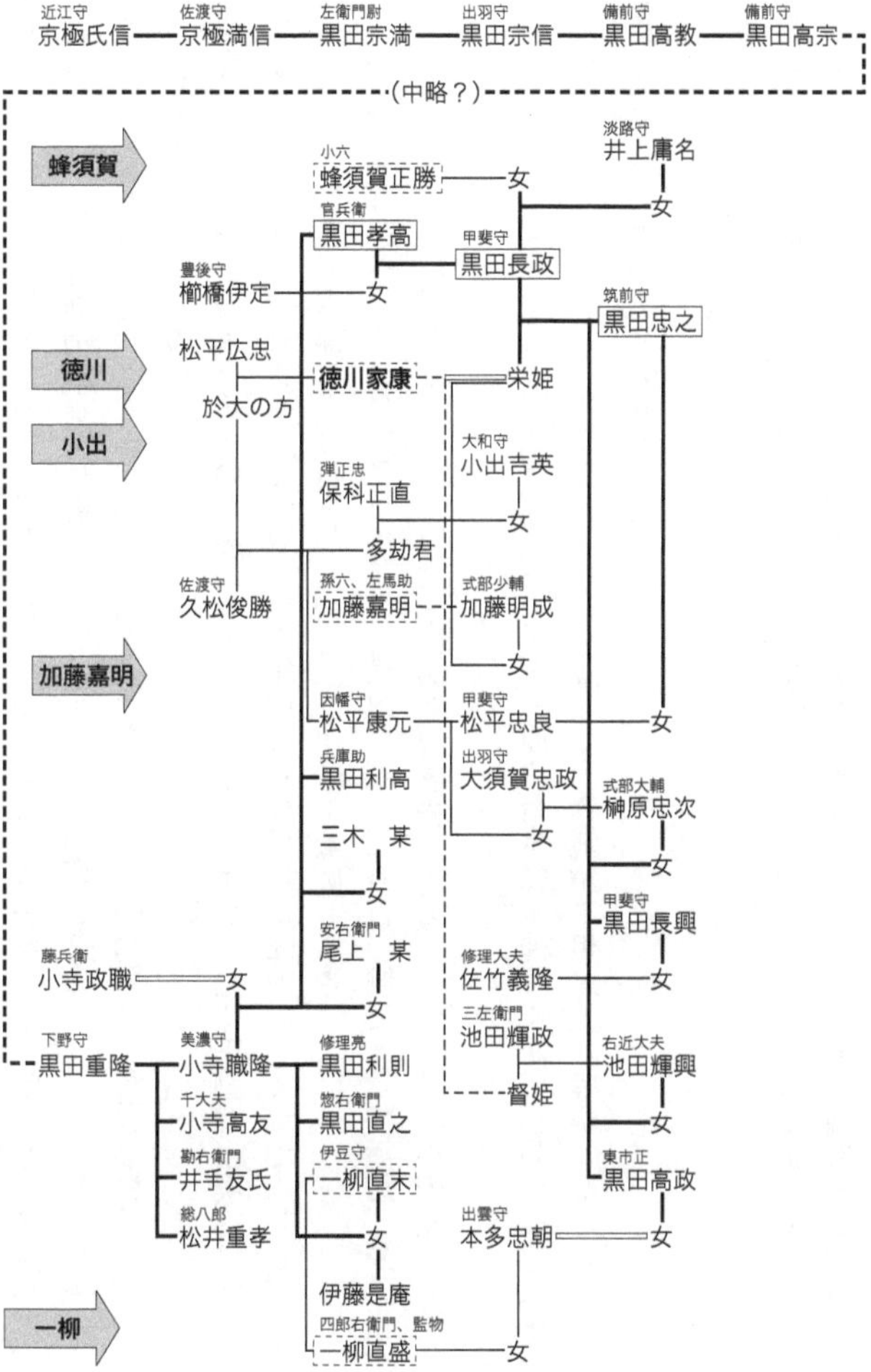
近江守
京極氏信
佐渡守
京極満信
左衛門尉
黒田宗満
出羽守
黒田宗信
備前守
黒田高教
備前守
黒田高宗
(中略？)
蜂須賀
徳川
小出
加藤嘉明
一柳
小六
蜂須賀正勝
女
淡路守
井上庸名
女
官兵衛
黒田孝高
甲斐守
黒田長政
豊後守
櫛橋伊定
女
筑前守
黒田忠之
松平広忠
徳川家康
栄姫
於大の方
大和守
小出吉英
弾正忠
保科正直
女
多劫君
佐渡守
久松俊勝
孫六、左馬助
加藤嘉明
式部少輔
加藤明成
女
因幡守
松平康元
甲斐守
松平忠良
女
兵庫助
黒田利高
出羽守
大須賀忠政
式部大輔
榊原忠次
女
三木　某
女
女
安右衛門
尾上　某
甲斐守
黒田長興
藤兵衛
小寺政職
女
修理大夫
佐竹義隆
女
女
三左衛門
池田輝政
下野守
黒田重隆
美濃守
小寺職隆
修理亮
黒田利則
右近大夫
池田輝興
督姫
千大夫
小寺高友
惣右衛門
黒田直之
女
勘右衛門
井手友氏
伊豆守
一柳直末
東市正
黒田高政
総八郎
松井重孝
女
出雲守
本多忠朝
女
伊藤是庵
四郎右衛門、監物
一柳直盛
女

信長は、秀吉から官兵衛が敵城に幽閉された報告を聞き、官兵衛もまた離反したと疑って、人質に取っていた官兵衛の嫡男・松寿《しょうじゅ》（のちの黒田長政）の殺害を命じた。しかし、竹中半兵衛が松寿を殺害したと偽って匿《かくま》い、一命を取り留めた（ただし、病弱だった半兵衛は、官兵衛が救出される半年前に死去してしまう）。

本能寺の変後、秀吉の天下統一のために尽力し、天正一四年に従五位下勘解由次官に叙任される。また、四国征伐、天正一五（一五八七）年の九州征伐には先陣として現地入りし、九州征伐後に官兵衛は豊前六郡一二万石を与えられ、中津《なかつ》城を本拠とする。

天正一七（一五八九）年五月に家督を嫡男・長政に譲り、秀吉の側近として活躍。翌天正一八年の小田原征伐では、北条氏政《ほうじょううじまさ》・氏直《うじなお》父子への和議勧告の使者として、単独小田原城に乗り込んでいる。

慶長五（一六〇〇）年、長政が軍勢を率いて関ヶ原の合戦に参陣したが、官兵衛は牢人を募って九州制覇をもくろみ、北九州を平定した。関ヶ原の終戦が予想以上に早かったため、官兵衛の野心は頓挫《とんざ》。慶長九年に伏見で死去。享年五九。

嫡男・黒田長政

官兵衛の妻は、播磨国志方《しかた》城主・櫛橋《くしはし》豊後守伊定《これさだ》の娘で、側室はいなかったようである。

官兵衛には少なくとも二人の子息がいたが、次男・熊《くま》は早世し、事実上、嫡男・長政の一人息子状態だった。

嫡男・**黒田甲斐守《かいのかみ》長政**（一五六八〜一六二三）は、幼名を松寿、通称を吉兵衛《きちびょうえ》。天正一七年に従五位下甲斐守に叙任され、のち筑前守《ちくぜんのかみ》を称した。諱の「長政」は、信長から偏諱を与えられたことに由来するらしい。

天正五年に人質として、秀吉の居城・長浜城に預けられる。秀吉の中国経略に従って初陣を果たし、賤ヶ岳の合戦、根来《ねごろ》・雑賀《さいか》攻め、九州征伐などに参陣。文禄・慶長の役では加藤清正《かとうきよまさ》、小西行長らとともに、日本軍の主力として活躍したが、苦戦を強いられ、義兄の蜂須賀家政《はちすかいえまさ》とともに戦線縮小への転換を主導した。長政が家政とともに豊臣家臣団のまとめ役だったことを示すエピソードではあるが、これが目付の福原長堯《ふくはらながたか》（石田三成の義兄弟）から秀吉に伝えられ、謹慎処分を受けてしまう（『関ヶ原合戦と大坂の陣』）。

秀吉、前田利家が相次いで死去すると、慶長四（一五九九）年閏《うるう》三月に長政は加藤清正・福嶋正則《ふくしままさのり》等とともに三成襲撃へと動いた。

慶長五（一六〇〇）年の関ヶ原の合戦では、合戦自体での活躍もさることながら、諸大名を徳川方へ味方するように尽力。幼少時に長浜城で人質となり、豊臣家臣団の部将と幼なじみだったから、裏工作には適任だったようだ（人間、何が幸いするかわからない）。中でも福嶋正則の懐柔に成功。かつ、父・官兵衛が中国経略を通じて毛利家と密接な関係にあったことから、毛利系の吉川広家・小早川秀秋と内通して、合戦を有利に導く最大の功労者として評価された。

かくして、合戦後、長政は豊前中津一八万石から筑前福岡五二万三〇〇〇石に大幅加増された。元和九（一六二三）年死去。享年五六。

長政は政略結婚のオンパレード

長政は事実上、官兵衛の一人息子だったので、官兵衛や秀吉の謀略のために政略結婚が続く人生を送った。

まず、天正五（一五七七）年一二月、長政に別所主水正重棟《べっしょもんどのかみしげむね》の娘との縁談が持ちかけられる。別所家は播磨最大の国人領主で、当主・別所小三郎長治《こさぶろうながはる》（一五五五？〜八〇）がまだ若年だったから、叔父たちが長治を補佐していた。重棟は長治の叔父の中でも、親織田派だったようだ。翌天正六年に長治は織田方から離反するが、重棟は秀吉に与《くみ》した。

しかし、結局、長政と重棟の娘との婚儀は成立しなかったらしい。代わりに、秀吉の従兄弟といわれる福嶋正則の異母姉が重棟の後添いになっている。

次いで、天正一二（一五八四）年に、長政は蜂須賀《はちすか》小六正勝《ころくまさかつ》の長女と結婚。いうまでもなく、小六は秀吉が右腕と頼む重臣であり、新参ではあるが稀代の謀臣である黒田官兵衛と子女同士を婚姻させることによって、家中の結束を強めようとしたのだろう。

さらに、天正一五（一五八七）年に官兵衛が豊前六郡を賜ると、有力国人の宇都宮鎮房《うつのみやしげふさ》を懐柔するため、「孝高は息女を鎮房の妻にし、子長政に鎮房の娘を娶せて、二重に婚姻を結び、同（天正）十七年五月二十二日、中津城に礼に来た鎮房をだまし討ちにしたという」（『織田信長家臣人名辞典』）。すでに正室がいる長政が本当に婚姻を結んだかは疑わしいが、全くありえないとは思えない。

そして、最後には、父譲りの謀臣である長政自らが、蜂須賀正勝の娘を離縁して、慶長五年六月に徳川家康の養女・栄姫《えいひめ》と再婚した。関ヶ原の合戦の三ヶ月前のことである。栄姫は、武田旧臣から徳川家臣となった保科《ほしな》弾正忠《だんじょうのちゅう》正直《まさなお》の長女で、母は家康の異父妹・多劫君《たけきみ》である。

長政の子女

長政には四男三女がいる（☆は蜂須賀氏の子、★は栄姫の子）。

・長男★黒田筑前守《ちくぜんのかみ》忠之《ただゆき》（一六〇二～五四）家督を継ぐ。
・次男　黒田甚四郎《じんしろう》政冬《まさふゆ》（一六〇五～二五）秀忠に仕える。早世
・三男★黒田甲斐守《かいのかみ》長興《ながおき》（一六一〇～六五）筑前秋月《あきづき》藩五万石
・四男★黒田東市正《いちのかみ》高政《たかまさ》（一六一二～三九）筑前東蓮寺《とうれんじ》藩四万石
・長女☆黒田家家臣・井上《いのうえ》淡路守《あわじのかみ》庸名《つねな》の妻
・次女★榊原《さかきばら》式部大輔《しきぶだゆう》忠次《ただつぐ》（康政の孫）の妻
・三女★池田《いけだ》右近大夫《うこんだいふ》輝興《てるおき》（輝政の子）の妻

長男・黒田筑前守忠之の妻は、将軍・秀忠の養女で、久松松平甲斐守忠良《ただよし》の次女。母・栄姫

の姪にあたる。かくして黒田家は徳川家の閨閥に取り込まれていったのである。

第5章　七本槍世代

第1節　賤ヶ岳の七本槍

新卒採用世代

本能寺の変の後、「賤ヶ岳の七本槍《しちほんやり》」として名を馳《は》せた福嶋正則《ふくしままさのり》、加藤清正《かとうきよまさ》らの七人は、一五五〇年代中盤から一五六〇年代中盤生まれである。

秀吉が浅井旧領を与えられ北近江の領主になったのが天正元（一五七三）年、長浜城に居を移したのが天正三（一五七五）年。それまで、秀吉の家臣は信長から預けられた与力で構成されていたと思われるが、その頃から秀吉は尾張から縁者を呼び寄せたり、近江で聡明《そうめい》な少年を探して、自分の家臣として採用しはじめたようだ。

一五七〇年代前半に、元服前の一〇代の少年を小姓に取り立てると、だいたい一五五〇年代後半から一五六〇年代前半生まれになる。

浅井旧臣には大物の部将も何人かいたはずだが、秀吉はかれらと反りが合わなかったようで、信長に返されたり、失脚したりした。

秀吉は子飼いの家臣がとりわけ好きだったようだ。意外に美濃出身の「二兵衛世代」が大大名に出世できなかったのは、その下の「七本槍世代」を抜擢《ばってき》した結果であろう。

秀吉の死後、かれらは「武断《ぶだん》派」と呼ばれ、「文治《ぶんち》派」と呼ばれた吏僚と対立していったが、「文治派」の石田三成《いしだみつなり》、大谷吉継《おおたによしつぐ》もまた一五六〇年代前半の出身であった。つまり、秀吉政権の中核を担っていた世代だといえる。

・**脇坂安治**《わきさかやすはる》（一五五四〜一六二六）近江出身　**賤ヶ岳七本槍**
・生駒一正《いこまかずまさ》（一五五五〜一六一〇）尾張出身（第3章　小六世代）　親正の子
・片桐且元《かたぎりかつもと》（一五五六〜一六一五）近江出身　**賤ヶ岳七本槍**（第8章　秀頼附き）
・**藤堂高虎**《とうどうたかとら》（一五五六〜一六三〇）近江出身
・桑山一重《くわやまかずしげ》（一五五七〜一五八二）尾張出身
・蜂須賀家政《はちすかいえまさ》（一五五八〜一六三八）尾張出身（第3章　小六世代）　正勝の子
・小西行長《こにしゆきなが》（一五五八〜一六〇〇）摂津出身
・**平野長泰**《ひらのながやす》（一五五九〜一六二八）尾張出身　**賤ヶ岳七本槍**
・古田重勝《ふるたしげかつ》（一五六〇〜一六〇六）美濃出身？　重則の子
・伊東長次《いとうながつぐ》（一五六〇〜一六二九）尾張出身（第8章　秀頼附き）　長久の子
・石田三成（一五六〇〜一六〇〇）近江出身（第7章　五奉行）

・**福嶋正則**（一五六一～一六二四）尾張出身　**賤ヶ岳七本槍**
・**加藤清正**（一五六二～一六一一）尾張出身　**賤ヶ岳七本槍**
・**糟屋《かすや》武則《たけのり》**（一五六二～？　）播磨出身　**賤ヶ岳七本槍**
・**加藤《かとう》嘉明《よしあき》**（一五六三～一六三一）三河出身　**賤ヶ岳七本槍**
・細川《ほそかわ》忠興《ただおき》（一五六三～一六四五）京都出身　藤孝の子
・谷《たにの》衛友《もりとも》（一五六三～一六二七）美濃出身（第3章　小六世代）衛好の子
・寺沢《てらさわ》広高《ひろたか》（一五六三～一六三三）尾張出身（第7章　五奉行）広政の子
・一柳直盛（一五六四～一六三六）美濃出身（第4章　二兵衛世代）直末の弟
・池田《いけだ》輝政《てるまさ》（一五六四～一六一三）尾張出身　恒興の子
・大谷吉継（一五六五～一六〇〇）近江出身（第7章　五奉行）
・小出《こいで》吉政《よしまさ》（一五六五～一六一三）尾張出身（第8章　秀頼附き）秀政の子
・黒田《くろだ》長政《ながまさ》（一五六八～一六二三）播磨出身（第4章　二兵衛世代）孝高の子

「七本槍世代」は、豊臣家臣団の二世と秀吉子飼いの部将・官僚から構成されている。

この章では、子飼いの部将を取り上げているが、かれらは若年で登用された故、さしたる閨《けい》閥《ばつ》もない。子どもの代にやっと閨閥を形成していくのだが、それがちょうど一六〇〇年頃にあたり、家康の婚姻政策に取り込まれていくのである。［表5－0］

第2節　秀吉の従兄弟／福嶋正則

賤ヶ岳七本槍の一人

福嶋左衛門大夫《さえもんだいふ》正則（市松《いちまつ》。一五六一～一六二四）は尾張国海東郡二寺邑《ふたつてらむら》（愛知県あま市二ッ寺）に生まれた。幼名は市松。秀吉の従兄弟《いとこ》だといわれる。通常、「福島」と記述されるが、筆者は寛政譜の信者なので、『寛政重修諸家譜』の記述に従い、「福嶋」と表記する。

『寛政重修諸家譜』では「幼稚より豊臣太閤につかへ」とあり、正則がいつ頃から秀吉に仕えたのかは定かでないが、二〇〇石を賜ったという。秀吉の中国経略に従い、初陣は天正六（一五七八）年の三木城攻めという。山崎の合戦後の勝龍寺《しょうりゅうじ》城攻めで武功をあげ、三〇〇石を加増される。［図5－1］

天正一一（一五八三）年四月の賤ヶ岳の合戦で、一番槍・一番首の武功をあげ、五〇〇〇石を与えられ、「賤ヶ岳の七本槍」の一人と讃《たた》えられた（残りの六人は三〇〇〇石）。

天正一三（一五八五）年七月に秀吉が関白に任ぜられると、慣例によって諸大夫一二名を置き、正則もその一人に撰《えら》ばれ、従五位下左衛門尉《さえもんのじょう》に叙任され、左衛門大夫と名乗った。

天正一五（一五八七）年の九州征伐に参陣。その後の国分けで、伊予を与えられていた小早《こばや》川隆景《かわたかかげ》が筑前に転封となり、正則はその跡を受け、伊予国今治《いまばり》一一万三〇〇〇石の大名となっ

表５－０：家康の婚姻政策

年		藩	石高(万石)	夫	養父	実父	関係
文禄３年	1594年	吉田	15.2	池田輝政	－	家康次女	家康の娘
慶長４年	1599年	熊本	25.0	加藤清正	家康養女	水野忠重	家康の従姉妹
慶長４年	1599年	清須	20.0	福嶋正之	家康養女	松平康元	家康の姪
慶長５年	1600年	徳島藩	17.7	蜂須賀至鎮	家康養女	小笠原秀政	家康の曾孫
慶長５年	1600年	中津藩	18.0	黒田長政	家康養女	保科正直	家康の姪
慶長６年	1601年	加賀藩	119.5	前田利常	－	秀忠次女	家康の孫
慶長７年	1602年	福知山藩	6.0	有馬豊氏	家康養女	松平康直	家康の甥の娘
慶長９年	1604年	米子藩	17.5	中村忠一	秀忠養女	松平康元	家康の姪
慶長10年	1605年	佐賀藩	35.7	鍋島勝茂	家康養女	岡部長盛	－
慶長10年	1605年	春日山藩	30.0	堀　忠俊	家康養女	本多忠政	家康の曾孫
慶長10年	1605年	岡山藩	28.0	池田利隆	秀忠養女	榊原康政	－
慶長11年	1606年	土佐藩	20.3	山内忠義	家康養女	松平定勝	家康の姪
慶長11年	1606年	小浜藩	9.2	京極忠高	－	秀忠四女	家康の孫
慶長13年	1608年	小倉藩	39.9	細川忠利	秀忠養女	小笠原秀政	家康の曾孫
慶長13年	1608年	長州藩	36.9	毛利秀就	秀忠養女	結城秀康	家康の孫
慶長13年	1608年	岡藩	7.0	中川久盛	－	松平定勝	家康の姪
慶長15年	1610年	松江藩	24.0	堀尾忠晴	秀忠養女	奥平家昌	家康の曾孫
慶長15年	1610年	島原藩	6.3	有馬直純	家康養女	本多忠政	家康の曾孫
慶長16年	1611年	弘前藩	4.7	津軽信枚	家康養女	松平康元	家康の姪
慶長18年	1613年	長府藩	3.6	毛利秀元	家康養女	松平康元	家康の姪
慶長18年	1613年	熊本藩	54.0	加藤忠広	秀忠養女	蒲生秀行	家康の孫
元和２年	1616年	和歌山藩	37.7	浅野長晟	－	家康三女	家康の娘
元和３年	1617年	仙台藩	60.5	伊達忠宗	秀忠養女	池田輝政	家康の孫
（年不詳）		柳川藩	32.5	田中忠政	家康養女	松平康元	家康の姪
		松山藩	20.0	加藤明成	－	保科正直	家康の姪
		出石藩	6.0	小出吉英	－	保科正直	家康の姪
		唐津藩	12.0	寺沢堅高	－	岡部長盛	家康の姪の娘
		大洲藩	6.0	加藤泰興	－	岡部長盛	家康の姪の娘

た。わずか二七歳の大抜擢である。

次いで、小田原征伐に参陣し、文禄・慶長の役では朝鮮に渡って奮戦した。話は前後するが、文禄四（一五九五）年八月に関白・豊臣秀次《とよとみひでつぐ》が改易されると、正則はその跡を受け、尾張清須二〇万石に転封された。また、慶長二（一五九七）年七月に従五位下《じゅごいげ》侍従《じじゅう》に叙任され、豊臣姓・羽柴名字を与えられている。

秀吉、前田利家《まえだとしいえ》が相次いで死去すると、慶長四（一五九九）年閏《うるう》三月に加藤清正・黒田長政・細川忠興等とともに三成襲撃へと動いた。

反三成の急先鋒で、慶長五（一六〇〇）年の関ヶ原の合戦では、当然の如く徳川方についたが、家康は疑心暗鬼に駆られ、黒田長政に何度も正則が確実に味方につくかを尋ねたという。正則の影響力の大きさと、長政の謀臣ぶりを伝えるエピソードといえよう。

正則は勝利に大きく貢献し、合戦後に安芸・備後二ヶ国四〇万二〇〇〇石（のち四九万八〇〇〇石）に大幅加増され、広島城を本拠とした。

慶長一九（一六一四）年秋、大坂冬の陣を前にして、正則は黒田長政、加藤嘉明らと江戸留守居を命じられた。家康に信用されていなかった証左である。翌慶長二〇年の大坂夏の陣においても正則は江戸在勤を命じられた。秀忠の命で、次男・福嶋備後守忠勝《びんごのかみただかつ》を徳川方として参陣させようとしたが、すでに大坂城は落城し、間に合わなかったという。

元和三（一六一七）年、春の長雨で広島地方の河川が決壊し、広島城の三の丸が浸水。正則

図５－１：福嶋家系図

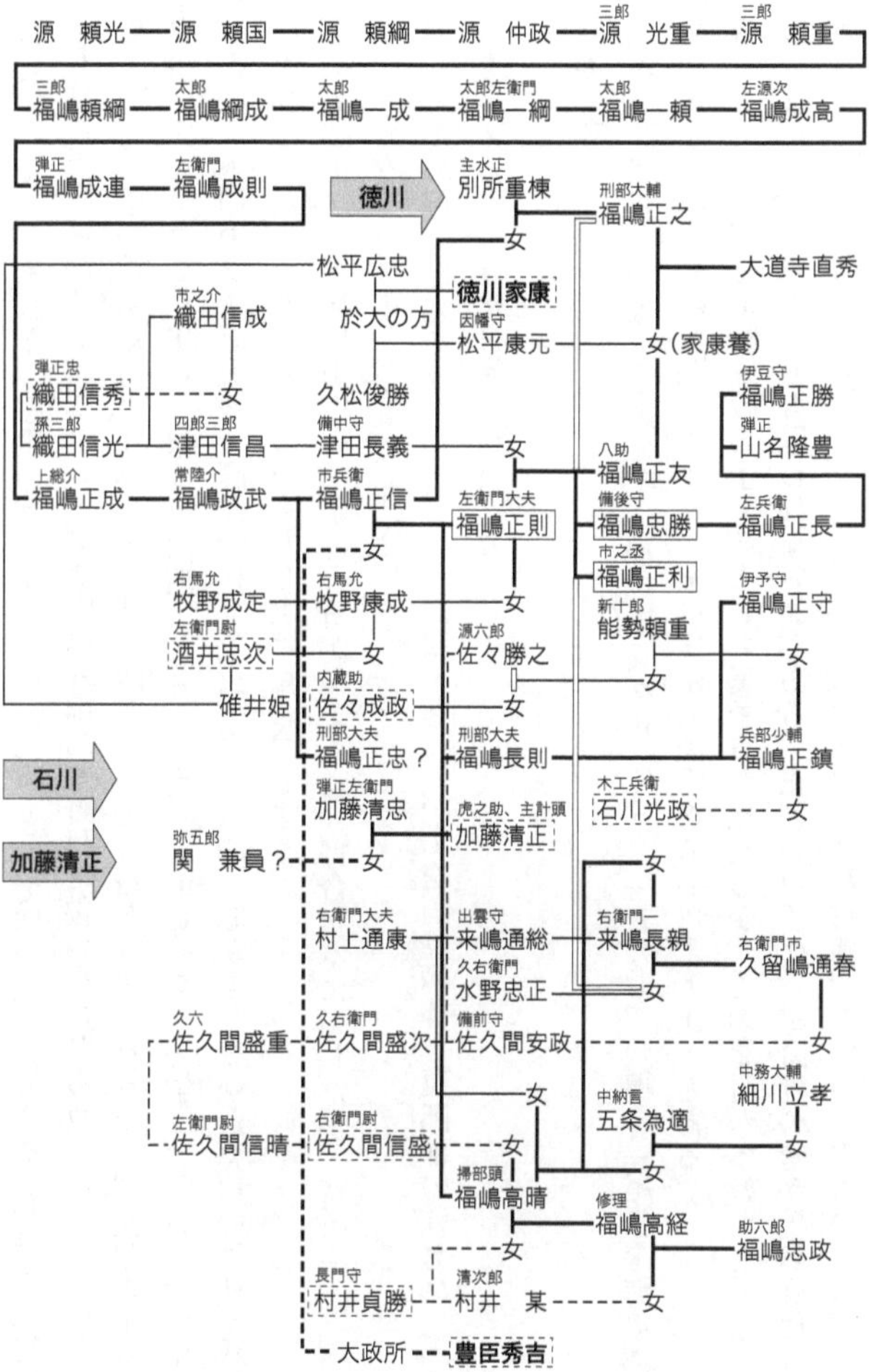

源　頼光
源　頼国
源　頼綱
源　仲政
三郎 源　光重
三郎 源　頼重
三郎 福嶋頼綱
太郎 福嶋綱成
太郎 福嶋一成
太郎左衛門 福嶋一綱
太郎 福嶋一頼
左源次 福嶋成高
弾正 福嶋成連
左衛門 福嶋成則
徳川
主水正 別所重棟
刑部大輔 福嶋正之
女
松平広忠
大道寺直秀
徳川家康
市之介 織田信成
於大の方
因幡守 松平康元
女（家康養）
弾正忠 織田信秀
女
久松俊勝
伊豆守 福嶋正勝
孫三郎 織田信光
四郎三郎 津田信昌
備中守 津田長義
女
弾正 山名隆豊
上総介 福嶋正成
常陸介 福嶋政武
市兵衛 福嶋正信
八助 福嶋正友
左衛門大夫 福嶋正則
備後守 福嶋忠勝
左兵衛 福嶋正長
女
市之丞 福嶋正利
右馬允 牧野成定
右馬允 牧野康成
女
伊予守 福嶋正守
新十郎 能勢頼重
左衛門尉 酒井忠次
女
源六郎 佐々勝之
女
女
内蔵助 佐々成政
女
碓井姫
刑部大夫 福嶋正忠？
刑部大夫 福嶋長則
兵部少輔 福嶋正鎮
石川
木工兵衛 石川光政
女
弾正左衛門 加藤清忠
虎之助、主計頭 加藤清正
加藤清正
弥五郎 関　兼員？
女
女
右衛門大夫 村上通康
出雲守 来嶋通総
右衛門一 来嶋長親
右衛門市 久留嶋通春
久右衛門 水野忠正
女
久六 佐久間盛重
久右衛門 佐久間盛次
備前守 佐久間安政
女
女
中務大輔 細川立孝
中納言 五条為適
左衛門尉 佐久間信晴
右衛門尉 佐久間信盛
女
女
女
掃部頭 福嶋高晴
修理 福嶋高経
女
助六郎 福嶋忠政
長門守 村井貞勝
清次郎 村井　某
女
大政所
豊臣秀吉

は修復を急いだが、それが「将軍の許可を得ていない」として罪に問われた。元和五（一六一九）年七月に正則は領地を没収され、信濃国高井《たかい》郡高井野村に蟄居《ちっきょ》を命じられる。

次男・忠勝に信濃川中島《かわなかじま》および越後魚沼《うおぬま》郡に四万五〇〇〇石が与えられたが、翌元和六年九月に忠勝は父に先立って死去。越後魚沼郡二万五〇〇〇石を返却した。寛永元（一六二四）年七月、正則は不遇のまま配流地・高井野村で死去。享年六四。しかも、家臣が幕府の検使を待たずに火葬したため、残りの二万石も召し上げられてしまう。

三男・**福嶋市之丞正利《いちのじょうまさとし》**に川中島三〇〇〇石が与えられ、寄合旗本に列したが、寛永一四（一六三七）年に男子なきまま死去し、無嗣廃絶となった。

結局、忠勝の孫・**福嶋伊豆守正勝《まさかつ》**（一六六四～九六）が上総《かずさ》国長柄《ながら》郡・夷隅《いすみ》郡のうちに二〇〇〇石を与えられ、子孫は旗本に列した。

父は大工？

『寛政重修諸家譜』では、正則の父・**福嶋市兵衛正信《いちべえまさのぶ》**（？～一五九七）の項に「尾張国海東郡二寺邑に住し、のち豊臣太閤につかふ。室は豊臣太閤秀吉の伯母木下氏」とある。

一方、正則が「実は星野成政の子であるとの養子説が見えるが、この星野が本姓であるという説は、まんざらでたらめとも思われない節がある。正則の重臣には星野姓の者が福島姓に次いで多いことが、その一つである。（中略）『正則の父の名は新右衛門といい、秀吉の父木下弥右衛門と異父同母の弟である』という説もある（『落穂集』）。もしそうだとすれば父が秀吉の叔父だということになる。この新右衛門が、あるいは実父で星野姓なのかもしれない」との指摘がある（『福島正則』）。ただし、後述するように、正則は姉の子を養子にしたり、弟が大名に取り立てられており、かれらが実の兄弟である可能性が高いので、正則養子説には無理がある。

なお、『寛政重修諸家譜』では正信より先の系図を載せていないが、『系図纂要』では源頼光《みなもとのよりみつ》から繋《つな》げた系図が掲載されており、一〇〇パーセント偽系図と思われる（が、興味深いので掲載した）。この他にも山名家の末裔《まつえい》を騙《かた》る系図がある。これは福嶋正則の曾孫《ひまご》が山名家に養子に行ったことにちなんだものだろう。

その一方で、正則の父・正信には「番匠」や「大工」という説がある。「『絵本太閤記』をはじめとする大衆小説でも、正則の父を大工だとか桶職人としているので、一般に流布し、半ば史実のように扱われながら、今日に至っています」（『豊臣秀吉の系図学』）。

正則の兄弟

『寛政重修諸家譜』では正則の兄弟を二男一女としているが、『尾張群書系図部集』では五男二女としている（●は『寛政重修諸家譜』に掲載されている人物）。

・長男●福嶋左衛門大夫正則（一五六一〜一六二四）
・次男　福嶋刑部大夫《ぎょうぶだいふ》長則《ながのり》

・三男●福嶋掃部頭高晴《かもんのかみたかはる》（一五七三～一六三三）
・四男　嫩桂琳英和尚《どんけいりんえい》
・五男　福嶋宮内正映《くないまさはる》（？～一六二三）
・長女　別所《べっしょ》豊後守吉治《よしはる》の妻
・次女●別所主水正重棟《べっしょもんどのかみしげむね》の妻

末子の福嶋正映には子孫がおり、家系図が残っている。正信の遺児がいたと考えるより、福嶋姓の人物が正則の子孫を僭称《せんしょう》し、正則の遺児を先祖とする系図を創った（正映という子どもはいなかった）と考えた方が妥当であろう。

異母姉は別所家に嫁ぐ

別所家は播磨最大の国衆で、当主・別所小三郎長治《ながはる》（一五五五？～八〇）がまだ一〇代後半の若さだったので、叔父《おじ》の別所山城守吉親《よしちか》（賀相《よしすけ》ともいう。？～一五八〇）、その弟・別所主水正重棟（一五二九～九一）らが補佐していた。

中でも重棟の権勢が強く、親織田派だったためか、天正五（一五七七）年一〇月に秀吉は重棟の娘と黒田長政の縁談を進めており、翌天正六年二月に別所一族が叛旗《はんき》を翻した際も重棟は別所家から離れ、秀吉についた。

重棟の娘と長政の縁談は成就しなかったらしく、その代わりに福嶋正則の異母姉が別所重棟の後妻に入った。おそらく秀吉は正則が自分の従兄弟であることを伝え、その姉を事実上の人質に差し出すことで、重棟の信頼を得たのであろう。正則は二人の間に生まれた子・正之《まさゆき》を養子に迎えている。

なお、長女の夫とされている別所吉治は重棟の長男で、『寛政重修諸家譜』では「室は山崎志摩守片家《しまのかみかたいえ》が女」と記している。三弟・別所孫右衛門重家《しげいえ》（一五八八〜一六四六）の生没年を勘案すると、吉治の生年は一五八〇年代前半だと思われる。正則の姉は一五五〇年代後半生まれと思われるので、年齢的に無理だろう。おそらく、姉二人がともに別所家に嫁いでいるのは系図の混乱によるもので、実際は重棟の妻一人だけだと思われる。

次弟・長則の子は大坂城に籠城

福嶋刑部大夫長則（通称・与吉郎）は正則の弟として生まれ、豊臣秀長、その養子・秀保《ひでやす》に仕えたという。四人の子息がおり、三男・正守、四男・正鎮は大坂夏の陣で豊臣方についた。そのことを恥じて『寛政重修諸家譜』に載せなかったのかもしれない。

・長男　大久保弥左衛門正通《やざえもんまさみち》
・次男　福嶋伯耆守正紹《ほうきのかみまさつぐ》
・三男　福嶋伊予守正守《いよのかみまさもり》
・四男　福嶋兵部少輔正鎮《ひょうぶのしょうまさしげ》　（?〜一六一六）

なお、『系図纂要』では、正則の叔父に「福島刑部大夫正忠《まさただ》」、その子に「福島伊予守正元《まさもと》」「福島兵部武正」を掲げ、正則の末娘を「福島兵部武正《たけまさ》妻」としている。

三弟・高晴の華麗な閨閥

福嶋掃部頭高晴（一五七三～一六三三）は、正則より一回り年下の同母弟として、尾張国海東郡花正庄《はなまさのしょう》（愛知県あま市花正。二寺の隣村）に生まれた。通称・助六郎。初名は正頼《まさより》、孝治《たかはる》。あるいは黒田官兵衛孝高から偏諱を受けたのかもしれない。

秀吉に仕えて伊予国内で五〇〇〇石を賜り、文禄三（一五九四）年に伊勢国桑名《くわな》郡長島一万石を与えられた。

慶長五（一六〇〇）年、兄・正則とともに会津征伐に従った後、居城に戻って西軍に与《くみ》した桑名城主・氏家内膳正行広《うじいえないぜんのかみゆきひろ》を攻めた。その功により、大和国宇陀《うだ》松山三万石に加増されたが、慶長一九（一六一四）年に家康が隠居する駿府《すんぷ》城へ訴状に及んだ家臣を城の近辺で捕らえる騒動を起こし、元和元（一六一五）年に改易された（一説には、大坂城への内通の嫌疑をかけられたともいう）。

『寛政重修諸家譜』の福嶋高晴の項に「正室は村井《むらい》長門守貞勝《ながとのかみさだかつ》の女、継室は久留嶋《くるしま》右衛門大夫《うえもんだいふ》通康《みちやす》の女《むすめ》」と記してあり、佐久間《さくま》信盛《のぶもり》の項では信盛の娘が「福嶋掃部頭正頼が室」と記されている。高晴は初名が正頼なので、素直に考えれば、佐久間の娘が初婚の相手だったのではないか。

佐久間信盛（一五二七?〜八一）は信長の重臣で、本願寺攻めの総司令官を命じられたが、長期間を無為に過ごしたとして、天正八年八月に追放された。その子・佐久間信栄《のぶまさ》（三浦正勝《みうらまさかつ》ともいう。一五五六〜一六三一）は本能寺の変後に織田信雄に従い、天正一二（一五八四）年、小牧・長久手の合戦の和睦《わぼく》にともない遁走《とんそう》。三年後（一五八七）に秀吉の赦《ゆる》しを受け、近臣に取り立てられたという。信栄が和睦した時か、赦免された時に、事実上の人質として、秀吉の近親・福嶋高晴との縁談が整ったのだろう。ちなみに信栄の弟・佐久間新十郎信実《のぶざね》は高晴と同い年なので、年齢的にも釣り合いが取れていたと推察される。

村井貞勝（?〜一五八二）は信長家臣で京都所司代を務めた。貞勝の娘が前田玄以《げんい》（一五三九〜一六〇二）に嫁いでいるので、その縁で高晴との結婚が成立したのだろうか。なお、高晴の嫡男・**福嶋修理《しゅり》高経《たかつね》**（?〜一六四〇）の妻は「村井清次郎某が女」で、貞勝の孫にあたる。

来嶋《くるしま》（現・久留嶋）家は、瀬戸内海を拠点とする海賊・村上水軍の一派で、天正一三（一五八五）年に来嶋出雲守通総《みちふさ》（一五六一〜九七）が秀吉から伊予国風早《かざはや》郡一万四〇〇〇石を安堵《あんど》されている。その二年後、天正一五（一五八七）年五月に福嶋正則が伊予国越智郡以東の一一万石を与えられ、天正二〇（一五九二）年からはじまる文禄の役では福嶋正則が率いる軍に来嶋通総も組み入れられている（ちなみに正則と通総は同い年である）。こうした由縁から正則の弟・高晴と通総の妹の縁談が持ち上がったと思われる。

また、通総の嗣子・来嶋右衛門一長親《うえもんいちながちか》（一五八二〜一六一二）も正則の養女と結婚している。通総は文禄の役で討ち死にしてしまい、正則に仕えていた長男・来嶋左門通則《さもんみちのり》はすでに死去していたから、次男・長親に家督を継がせ、正則の養女を娶《めあわ》せて後見したのだろう。

正則の妻

福嶋正則の妻は津田《つだ》備中守《びっちゅうのかみ》長義《ながよし》の娘（?〜一六〇二）であるが、難産で死去したため、慶長九（一六〇四）年に牧野《まきの》右馬允《うまのじょう》康成《やすなり》の娘（?〜一六四一）を後妻に迎えた。

津田長義は信長の従兄弟の子にあたる。秀吉に仕えて黄母衣《きほろ》衆となって五〇〇〇石を賜り、正則が大名に取り立てられると一万六〇〇〇石を領したという。初期の豊臣家臣の中では、信長に最も近い家柄だったので、正則との縁談が進められたのであろう。

牧野康成は徳川家臣で、三河国宝飯《ほい》郡牛久保《うしくぼ》（愛知県豊川《とよかわ》市牛久保町）の国人領主の家柄。康成の妻は「徳川四天王」の一人・酒井《さかい》左衛門尉《さえもんのじょう》忠次《ただつぐ》の娘である（ただし、正則の妻は庶腹である）。

なお、『寛政重修諸家譜』によれば、武田旧臣の木曾《きそ》伊予守《いよのかみ》義昌《よしまさ》の次女を「福嶋左衛門大夫某が室」と記し、『士林泝洄《しりんそかい》』では「福嶋左衛門太夫正則室」としている。正室ではなさそうなので、側室なのだろうか。

正則の子女

『寛政重修諸家譜』によれば、福嶋正則には三男三女、および養子と養女が一人ずついた（★は津田氏の子）。

・養子　福嶋刑部大輔正之《ぎようぶだゆうまさゆき》（一五八五？〜一六〇七）姉の子・別所重棟の七男
・長男★福嶋八助正友《はちすけまさとも》（一五九二〜一六〇八）早世
・次男★福嶋備後守忠勝《びんごのかみただかつ》（一五九九〜一六二〇）
・三男★福嶋市之丞正利《いちのじようまさとし》（一六〇一〜一六三七）
・長女　早世？
・次女　公家・水無瀬《みなせ》中納言兼俊《ちゆうなごんかねとし》の妻
・三女　家臣・大野《おおの》猪右衛門《いえもん》某の妻
・養女　大名・久留嶋右衛門一長親の妻（水野久右衛門忠正の娘）

秀吉の死後、関ヶ原の合戦に至る契機の一つに「家康の私婚」問題がある。家康が届け出なく、勝手に三人の大名とそれぞれ婚儀を結んだことが、問題になった事件である。実は正則がその当事者の一人だった。

慶長四（一五九九）年に、正則の養子・正之と家康の養女（満天《まて》姫。久松《ひさまつ》松平因幡守康元《いなばのかみやすもと》の四女。家康の姪《めい》）と縁談をまとめ、輿《こし》入れが実現している。

しかし、正之は、養父・正則の勘気に触れて幽閉され、慶長一二年（慶長六年、慶長一三年説あり）に死去。満天姫は「正之卒するにより其弟《そのおとうと》忠勝（正則の次男）に嫁し、（一六二〇年に）忠勝卒してのち津軽《つがる》越中守《えっちゅうのかみ》信枚《のぶひら》が室となる」（『寛政重修諸家譜』）。

不審と推理

ところが、『寛政重修諸家譜』の津軽信枚の項では、忠勝の生前、慶長「十六年六月二十五日東照宮（＝家康が）松平因幡守康元が女（満天姫）を養ひ《い》たまひ《い》、信枚に配せらる（＝嫁がせる）」と記されている。

これらの矛盾に対して、『福島正則』では、「正室との間に三人の実子がありながら、何故に甥の正之を養嗣子としたのか？」と問題提起し、「おそらく長子の正友が早世したので、成人に近い甥の正之を養嗣子にしたところ、その後に忠勝と正利が相次いで生まれたので」、「実子への愛情から正之を廃しようとし、狂疾にかこつけて牢死させたのではないか」。「正之卒去を慶長六年とすれば時に弟忠勝はわずかに三歳、慶長十二年冬としても九歳であるから（満天姫が忠勝に）再縁するのは不自然である」と指摘し、「満天姫が正則の二人の子息と相次いで結婚したとすれば、慶長四年に正則養嗣子正之と婚し、六年正之の死により当年一〇歳の実子正友と婚約したが、十三年三月二十五日早世したので同年四月に実家に帰り、十六年に津軽氏に嫁したとすべきであろう」と推理している。

つまり、正友が早世したので、正之を養嗣子に迎えて慶長四年に満天姫と縁談させたが、実子かわいさに慶長六年に正之を牢死させ、一〇歳の正友と結婚させたというのだ。

筆者も満天姫が再縁したのは忠勝ではなく、正友の誤りだと考えている。しかし、正之は養嗣子ではなく、単なる養子なのではないか。

たしかに前田家では利家の四男・前田利常が徳川秀忠の次女と結婚し、その四年後に家督を継ぎ、細川家でも忠興の三男・細川忠利が嫡子となって秀忠の養女と結婚しており、徳川家の姫との結婚は家督相続を意味するものになっている。しかし、利常の結婚は慶長六（一六〇一）年、忠利の結婚は慶長一三（一六〇八）年。いずれも関ヶ原の合戦で家康の天下が定まった後である。

長男・正友は文禄元（一五九二）年、もしくは慶長元（一五九六）年生まれだと思われる。正則が文禄の役で朝鮮に渡るに際し、万が一に備えて養子を迎え、無嗣廃絶を免れようとしたのだろう。しかし、それは福嶋家の家督を譲るための養子ではなく、あくまで保険のような存在だったのではないか。また、慶長四年の段階では、家康はまだ有力な大名の一人に過ぎず、その縁談も閨閥形成の域を出るものではなかった。

ところが、家康が天下を取って、徳川家の姫との結婚が家督相続を意味する風潮が強まってくると、長男・正友を廃嫡して正之を嫡子に据えるという憶測が生まれてくる。

そこで、慶長「十二年正之乱行のことあるにより、正則そのむねを駿府（の家康）に言上して（正之を）殺害」して（『寛政重修諸家譜』）、長男・正友の家督相続を守った。そして、満天姫を正友に再縁させたのだが、正友は翌慶長一三年に急死してしまい、満天姫は里に帰されたのだろう。

第3節　秀吉の従兄弟／加藤清正

賤ヶ岳七本槍の一人

加藤主計頭《かずえのかみ》清正（一五六二～一六一一）は、尾張国愛知郡中村の加藤弾正左衛門清忠《だんじょうざえもんきよただ》（一五二七?～六四）の子に生まれる。幼名・虎之助《とらのすけ》。母は秀吉の伯母《おば》といい（『断家譜』）、秀吉の従兄弟にあたる。［図5-2］

清正は父を早くに失ったので、「清正の母は義弟が津島で刀鍛冶をしていたので、これを頼って清正を連れて津島へ移った。津島は中村から西へ十二キロ、津島神社の門前町である。清正は、この津島で十三歳まで義叔父の世話になった」という（『加藤清正のすべて』）。

天正二（一五七四）年に長浜に赴いて秀吉に仕え、天正四（一五七六）年に元服。近江長浜付近で一七〇石を与えられる。秀吉の中国経略に従い、初陣は天正九（一五八一）年の鳥取城攻めという。翌天正一〇年三月の備中冠山《かんむりやま》城攻めで一番槍の手柄を立て、一〇〇石を加増される。

図5－2：加藤清正家系図

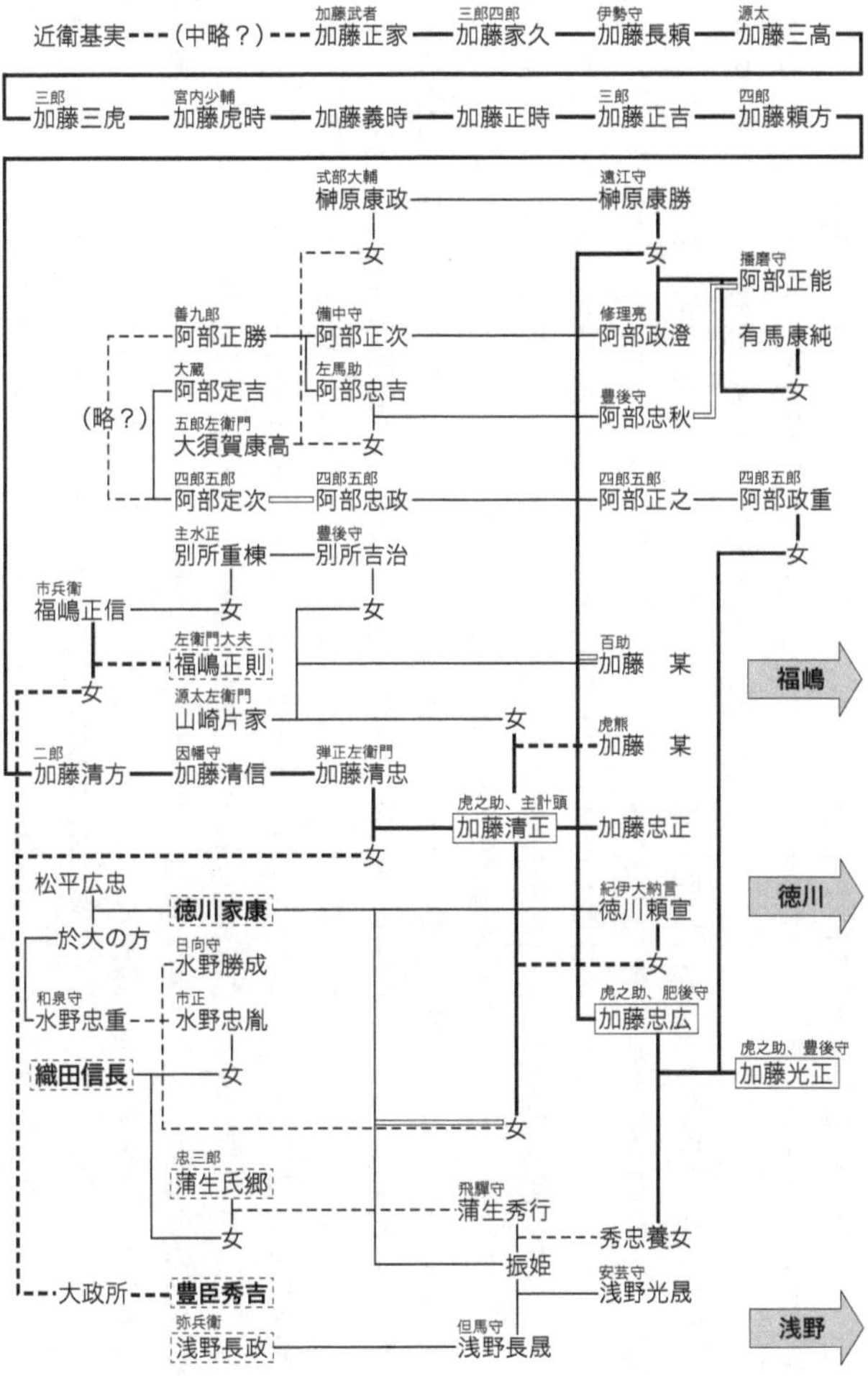
近衛基実
（中略？）
加藤武者
加藤正家
三郎四郎
加藤家久
伊勢守
加藤長頼
源太
加藤三高
三郎
加藤三虎
宮内少輔
加藤虎時
加藤義時
加藤正時
三郎
加藤正吉
四郎
加藤頼方
式部大輔
榊原康政
遠江守
榊原康勝
女
女
播磨守
阿部正能
善九郎
阿部正勝
備中守
阿部正次
修理亮
阿部政澄
有馬康純
大蔵
阿部定吉
左馬助
阿部忠吉
女
（略？）
豊後守
阿部忠秋
五郎左衛門
大須賀康高
女
四郎五郎
阿部定次
四郎五郎
阿部忠政
四郎五郎
阿部正之
四郎五郎
阿部政重
主水正
別所重棟
豊後守
別所吉治
女
市兵衛
福嶋正信
女
女
左衛門大夫
福嶋正則
百助
加藤　某
福嶋
女
源太左衛門
山崎片家
女
虎熊
加藤　某
二郎
加藤清方
因幡守
加藤清信
弾正左衛門
加藤清忠
虎之助、主計頭
加藤清正
加藤忠正
女
松平広忠
徳川家康
紀伊大納言
徳川頼宣
徳川
於大の方
日向守
水野勝成
女
和泉守
水野忠重
市正
水野忠胤
虎之助、肥後守
加藤忠広
織田信長
女
虎之助、豊後守
加藤光正
女
忠三郎
蒲生氏郷
飛騨守
蒲生秀行
女
秀忠養女
振姫
大政所
豊臣秀吉
安芸守
浅野光晟
弥兵衛
浅野長政
但馬守
浅野長晟
浅野

天正一一（一五八三）年の賤ヶ岳の合戦で「賤ヶ岳の七本槍」の一人に数えられ、三〇〇〇石を賜った。その後、小牧・長久手の合戦、四国征伐に参陣。

天正一五（一五八七）年の九州征伐に参陣。その後の国分けで肥後一国を与えられた佐々成政《さっさなりまさ》が失政の責を負わされて翌天正一六年閏五月に切腹すると、その跡を受け、北半分の肥後隈本《くまもと》（熊本）二五万石が清正に、南半分の肥後宇土《うど》二〇万石に小西行長が封ぜられた。

天正二〇（一五九二）年の朝鮮出兵では一万の兵を率いて、小西行長とともに先陣を任される（文禄の役）。韓国・朝鮮では今でも加藤姓が嫌われるというほどの奮迅ぶりだった。

明国《みんこく》（中国）と講和する段階で、秀吉の意向に忠実に沿おうとする清正と、現実的な落とし所を探る小西行長との路線対立が露《あら》わとなり、小西と石田三成の讒言《ざんげん》に遭って、清正は秀吉の勘気に触れ、文禄五（一五九六）年四月に日本へ召還、謹慎命令を受ける。

同文禄五年七月、京阪地方を大地震が襲い、謹慎中の清正が真っ先に伏見城に駆け付けたことで、感激した秀吉が清正の謹慎を解き、豊臣姓を与えたといわれている。

慶長二（一五九七）年二月、清正は再度朝鮮に出兵（慶長の役）、蔚山《ウルサン》城を死守した。翌慶長三年八月に秀吉が死去し、同年一一月に清正は帰還。慶長四（一五九九）年閏三月に福嶋正則・黒田長政・細川忠興等とともに三成襲撃へと動いた。

慶長五（一六〇〇）年の関ヶ原の合戦では九州に残り、小西行長の居城・宇土城、立花宗茂《たちばなむねしげ》の居城・柳川《やながわ》城を相次いで攻め落とし、合戦後に肥後一国五二万石に大幅加増された。

慶長一六（一六一一）年三月の家康と秀頼の二条城会見で、清正の動向が注目されるところとなった。家康は秀頼と同年代の九男・徳川義直《よしなお》、一〇男・徳川頼宣《よりのぶ》を同席させたが、清正は女婿・頼宣の供をして参加。豊臣系大名で他に参加したのは、義直の義父・浅野幸長《あさのよしなが》と藤堂高虎だけだった。

同年五月、肥後への帰途で発病して六月に急死した。享年五〇。余りの突然の死に、毒殺が噂された。

父は刀鍛冶？

清正の母は、秀吉の母（大政所）の姉妹といわれているが、従姉妹《いとこ》という説もあり、婚姻関係が二代にわたるという説もある。

「『諸系譜』の『太閤母公系』によると、秀吉の母と加藤清正の母は姉妹とされているのですが、秀吉の（母方の）祖父にあたる（刀鍛冶《かじ》師の関）兼員《かねかず》の妹が、加藤清正の祖父清信の妻であるとも書かれています。これが史実であれば、秀吉と加藤清正の家は二代に及ぶ縁談を重ねたことになります」（『豊臣秀吉の系図学』）。史実とは思えないが……。

その一方、「森山恒雄氏（熊本大教授など歴任）をはじめ、秀吉と清正の血縁関係を否定する見解もあります（『豊臣秀吉軍団一〇〇人の武将』所収「加藤清正　秀吉子飼の勇将」）。秀吉と清正は尾張中村の同郷なので、母親どうしは単なる近所づきあいの知り合いだったのではないかというのです」（『豊臣秀吉の系図学』）。
父・清忠は刀鍛冶という説が有名である。「『中興武家諸系図』（宮内庁書陵部所蔵）では、清正の父を清忠として『鍛冶を業とす』と記し」ている（『豊臣女系図』）。

しかし、現在流布している加藤家系図の多くは、清正の父祖は美濃出身の武士としている。『断家譜』では、祖父・加藤因幡守清信《いなばのかみきよのぶ》が斎藤道三に仕えて討ち死にし、父・加藤弾正左衛門清忠が信長に仕えて三八歳で討ち死にしたと記されている。

また、先祖について、『尾陽雑記』に藤原鎌足《ふじわらのかまたり》から藤原道長《ふじわらのみちなが》を経由して加藤清正に至る加藤家の系図が掲載されているが、全く信用できない。

偽系図というものは、途中まで正しい系図があって、それに架空の人物を継ぎ足して、本当の先祖に繋げていくというのが常套《じょうとう》手段なのであるが、この系図は鎌足から道長に続く系図が間違っている。それ以降も近衛《このえ》家の系図に九条《くじょう》家の人物が挿入されているなど、出来の悪い学生の試験解答のようである。

これとは別に、土岐《とき》氏の子孫とする系図もある。「『美濃国諸家系譜』などでは、土岐氏の支流明智氏から養子を迎え、その人が清正の直接の先祖となっています。（中略）清正も桔梗《ききょう》紋を併用しており、この系譜と符合します」（『豊臣女系図』）。しかし、桔梗紋を使っているのは、土岐氏の支流だからではない。「清正は軍監として従事した四国平定戦争の際に、清正に臣従することになった四国出身の武士や（中略）武器なども、四国の讃岐（香川県）の領主だった尾藤家のものも採用したという。清正の家紋としては『蛇の目』紋が有名であるが、『桔梗』紋も用いられている。これは、尾藤家の紋であり、清正は秀吉が尾藤家領を秀吉の直轄地としたとき、代官として尾藤家領を差配したことがあり、そうしたことから尾藤家紋入りのいろいろな武具、調度品などを使用することになった」ためだといわれている（『肥後の清正』）。

　したがって、桔梗紋を使っているから土岐氏の子孫なのかもしれない→土岐氏の子孫といえば明智氏が有名→明智家の子孫としておこう、という三段論法で偽系図が作られたと考えた方が無難だろう。

清正の妻／山崎氏

『寛政重修諸家譜』の山崎家の項に、山崎源太左衛門《やまざきげんたざえもん》片家《かたいえ》（初名・賢家、堅家とも。一五四七～九二）の長女に加藤清正の妻を載せている。

　山崎家は、宇多源氏佐々木支流と称し、近江国犬上《いぬがみ》郡山崎村を拠点とする。代々、佐々木氏の嫡流・六角《ろっかく》家に仕えていたが、片家は永禄六（一五六三）年に起こった六角家の御家騒動（観音寺《かんのんじ》騒動）に不服を唱え、山崎城に帰城。永禄一一（一五六八）年に信長が近江に侵攻すると、これに従った。本能寺の変では光秀に従ったが、すぐさま秀吉に鞍替《くらが》えして山崎城を安堵された。

　清正と片家の娘との結婚は天正一〇（一五八二）年頃で、「信長後継政権争いの中で山崎氏を秀吉傘下に取り込むための政略結婚であったことが推量できる」という（『加藤清正「妻子」の研究』）。正直なところ、山崎家がそれほどの実力者とも思えないのだが、いったんこの説に従っておこう。

なお、片家の長男・山崎左馬允《さまのじょう》家盛《いえもり》（一五六七〜一六一四）は池田《いけだ》恒興《つねおき》の三女と結婚し、家盛の長男・山崎甲斐守《かいのかみ》家治《いえはる》（一五九四〜一六四八）は池田長吉《ながよし》の養女と結婚した後、木下勝俊《きのしたかつとし》の娘と再婚している。池田長吉は恒興の三男で秀吉の養子になっていた時期があり、木下勝俊は北政所・寧の甥《おい》である。豊臣閨閥のエリートといってよい。

さらに片家の次女が別所豊後守吉治に嫁いでいるが、吉治は福嶋正則の甥にあたる。正則の姉が、吉治の父・別所重棟の妻だからだ。

後述するが、片家の四男・百助《ももすけ》は、「加藤肥後守清正が養子となり、のちゆへ《故》ありて父が許《もと》にかへ《帰》る」という（『寛政重修諸家譜』）。

清正の妻／水野氏

『加藤清正「妻子」の研究』によれば、「正室山崎氏も慶長の初め頃までに病気で亡くなったらしい」。

慶長四（一五九九）年四月、清正は水野《みずの》和泉守《いずみのかみ》忠重《ただしげ》の長女（清浄院《せいじょういん》。一五八二〜一六五六）を徳川家康の養女として後妻に迎えた。水野忠重は、家康の母・於大《おだい》の方の弟で、清正夫人は家康の従姉妹にあたる。

この縁談は、忠重の長男・水野日向守《ひゅうがのかみ》勝成《かつなり》が仲介したのだという。

勝成は武勇が過ぎて父から勘当され、天正一三（一五八五）年から秀吉に仕え、九州征伐後に肥後に留《とど》まって「佐々成政に属して天正の肥後国一揆を戦い、小西行長に属して加藤家とともに天草国衆一揆を戦った（中略）勝成が、家康にわが妹をと強く推薦したことが考えられる」という（『加藤清正「妻子」の研究』）。

清正の子女

『加藤清正「妻子」の研究』によれば、清正の子は以下の通りである。

・長男　加藤虎熊《とらくま》（？　～一五九七頃）
・次男　加藤主計頭《かずえのかみ》忠正《ただまさ》（一五九九～一六〇七）
・三男　加藤肥後守忠広《ただひろ》（一六〇一～一六五三）
・養子　加藤百助（山崎片家の子）慶長九年頃養子縁組みを解消し、山崎家に戻る。
・長女　榊原遠江守康勝《やすかつ》の妻、のち阿部《あべ》修理亮《しゅりのすけ》政澄《まさずみ》に再縁する。
・次女　紀伊徳川頼宣《よりのぶ》の妻

清正の長男・加藤虎熊の生年は不明だが、文禄の役で天正二〇（一五九二）年に清正が朝鮮に渡り、翌文禄二年に国許《くにもと》へ援軍を請うた際、二〇〇〇の兵を率いて朝鮮に渡った。文禄三

（一五九四）年の講和交渉では朝鮮王子と虎熊の人質交換が提案されたが、交渉が決裂し、実現に至らなかった。しかし、虎熊は慶長二（一五九七）年頃に死去したという（『加藤清正「妻子」の研究』）。

慶長の初年に長男・虎熊を失った清正は、正室山崎氏の弟・加藤百助を養子に迎えた。『続撰清正記』によれば、慶長五年九月の関ヶ原の役時に九州で東軍の清正が自分は大友義統《よしむね》軍に対する豊後へ向い、西軍に属する小西行長の宇土城攻めに向わせた一番備の大将が加藤百助であった」（『加藤清正「妻子」の研究』）。

しかし、慶長四（一五九九）年以降、清正に男子が相次いで生まれたため、慶長九（一六〇四）年頃、百助との養子縁組みを解消して山崎家に帰した。ところが、次男・加藤主計頭忠正は慶長一二（一六〇七）年に九歳の若さで早世してしまう。

嫡男・忠広

清正が慶長一六（一六一一）年に死去すると、三男・加藤肥後守忠広（一六〇一〜五三）が一一歳で家督を継いだ。慶長一八（一六一三）年に将軍・秀忠の養女との婚儀が決まり、翌慶長一九年四月に結婚した。

秀忠の養女は、家康の三女・振姫《ふりひめ》と蒲生秀行《がもうひでゆき》（氏郷《うじさと》の子）との間に生まれた長女である。

清正の死後、重臣の加藤美作守《みまさかのかみ》正次《まさつぐ》と加藤右馬允《うまのじょう》正方《まさかた》が対立し、家臣に内訌《ないこう》が起こったが、当然、幼主・忠広にはそれを抑える力はなかった。元和四（一六一八）年八月に将軍・秀忠臨席の下、江戸城西の丸で評定が行われ、加藤美作守は失脚。他藩預かりとなった。

そして、寛永九（一六三二）年五月、忠広の嗣子・**加藤豊後守光正**《ぶんごのかみみつまさ》（一六一七～三三）が家臣・広瀬庄兵衛を驚かせようと、江戸城攻撃を命じたとの戯《ざ》れ言が幕閣の耳に入り、謀叛《むほん》の疑いが掛けられて改易されてしまう。父・忠広は出羽庄内《しょうない》藩にお預かりとなり、光正は護送中に自害したという。

第4節　尾張津島衆／平野長泰

賤ヶ岳七本槍の一人

平野権平長泰《ごんべえながやす》（一五五九～一六二八）は、福嶋正則・加藤清正と同じく尾張出身であるが、福嶋・加藤が秀吉個人の人脈に頼って取り立てられた直臣であったのに対して、平野は父の代から織田家臣で、父子二代にわたる秀吉の与力だったようだ。
長泰の祖父・**平野入道万休**《まんきゅう》は尾張国海東郡津島の奴野《ぬのや》城（愛知県津島市天王通り）に生まれ、後述するように各地を転々とした後、津島に戻ったという。いわゆる津島衆で、平野家は「津島七党」の一つに数えられる名家である。

父・平野右京進《うきょうのしん》 長治《ながはる》（?～一六〇六）は信長・秀吉に仕えた（『寛政重修諸家譜』）。長治の妻は「堀田正定《まささだ》入道道悦《どうえつ》が女」（堀田孫右衛門正貞の娘）である。堀田家も「津島七党」の一つで、津島衆内部の婚姻である。津島衆、および堀田家については第8章で後述するが、秀吉は津島に縁が深く、津島衆の多くが近臣に取り立てられたようだ。

長泰は「賤ヶ岳七本槍」として三〇〇〇石を賜ったが、その後に加増されたのはわずか二〇〇〇石にしか過ぎず、結局、秀吉から与えられたのはわずか五〇〇〇石だった。

秀吉の死後、徳川家康に仕えたが、家禄《かろく》は現状維持。子孫は交代寄合《こうたいよりあい》となった。明治維新後の高直《たかなお》しで、実高《じつだか》（実際には）一万石あることが認められ、大和田原本藩を立藩した。

公家・船橋（清原）家の子孫を僭称

『寛政重修諸家譜』によれば、平野家は北条時政《ほうじようときまさ》の子孫が尾張国海東《かいとう》郡赤目《あかめ》（愛知県愛西《あいさい》市赤目町）の城主となり、横井越前守《えちぜんのかみ》 政持《まさもち》の子・主水正《もんどのかみ》宗長《むねなが》が、姉婿の平野主水正業忠《なりただ》から平野村を譲り受けて、平野を名乗ったのだという。

宗長の孫・平野万休は「奴野城（大橋家の居城?）に居す。のち織田右府《うふ》（信長）のために没落し、加賀国（石川県）にあり。其後《そのご》北条氏康に属して駿河国善徳寺の城（静岡県富士市の善得《ぜんとく》寺《じ》）に住し、又流浪して津嶋に還《かえ》り住す」という（『寛政重修諸家譜』。カッコ内は引用者註）。

万休の子・平野右京進長治は「実は船橋三位《ふなばしさんみ》枝賢《えだかた》（貞享《じょうきょう》呈譜に、枝賢が父業賢《なりかた》が男といひ《い》、今の呈譜には、業賢が父侍従宣賢《じじゆうのぶかた》が男とす）が男。万休が養子となる」という。

つまり、寛永時代（一六四一年頃）に幕府が各家から系図を集めた時、平野家は、長治が実は正三位・清原《きよはら》枝賢の子だと申告し、貞享時代（一六八〇年代）に系図を集めた時には清原業《なり》賢《かた》（枝賢の父）と訂正した。そして、寛政時代（一八〇〇年頃）には、侍従・清原宣賢《のぶかた》（業賢の父）の子だと訂正したということだ。ちなみに、家祖・宗長の姉婿の平野業忠は、宣賢の祖父・清原業忠のことだと主張している。［図5－3］

平野家の系図では「清原枝賢」のことを「船橋枝賢」と記しているが、舟橋姓を名乗ったのは、枝賢の孫・秀賢《ひでかた》の時からである。おそらく、平野村（愛知県稲沢《いなざわ》市平野町）の近くに舟橋村（稲沢市船橋町）があったことから、舟橋（船橋）姓で貴人を探し、その子孫を称したのであろう。

妻は土方雄久の娘

長泰の妻は土方河内守《ひじかたかわちのかみ》雄久《おひさ》（一五五三～一六〇八）の長女である（雄久は一般に「かつひさ」と呼ばれるが、『寛政重修諸家譜』では「おひさ」とふりがなが振られ、子の雄氏《かつうじ》以降は「かつ××」となっている）。

雄久は那古野《なごや》（名古屋市）に生まれ、織田信雄《のぶお》が北畠《きたばたけ》家の養嗣子になった際に附けられ、以来、信雄の側近となった。天正一八（一五九〇）年に信雄が配流されると、雄久は秀吉に仕え、越中新川郡《にいかわ》などに二万二〇〇〇石を与えられ、秀吉の死後は秀頼に仕えた。

長泰と義父・雄久は六歳しか違わない。『寛政重修諸家譜』によれば、長泰の妻には、兄の土方丹後守雄氏《かつうじ》（一五八三～一六三八）、弟・土方掃部頭雄重《かもんのかみかつしげ》（一五九二～一六二九）がおり、一五八五年くらいの生まれと推測される。長泰とはほぼ二回り（二四歳）違う。なぜ、こんな年の差カップルができたのか。

実は、慶長四（一五九九）年一〇月に雄久は家康暗殺の嫌疑をかけられ、常陸に流され、佐《さ》竹義重《たけよししげ》のもとで蟄居を命じられている。おそらく、この時、雄久は一〇代前半の娘を同僚の長泰に預けたところが、そのまま結婚してしまったのだろう。

嫡男・長勝

『寛政重修諸家譜』によれば、平野長泰には一男一女の子があった。

長男・平野権平長勝《ごんべえながかつ》（一六〇三～六八）は秀頼に仕え、大坂の陣の「開戦に先立ち、父の長泰は浅野長晟《ながあきら》らの協力を得て、大坂城中から長勝を呼び戻そうとしたが成功しなかった。このため駿府に伺候して自ら大坂城に入城することを願ったが許されず、福島正則、加藤嘉明、黒田長政らとともに江戸に留め置かれた」という（『大坂の陣　豊臣方人物事典』）。

長勝の伯父《おじ》・平野九郎右衛門長景《くろうえもんながかげ》、長勝の従兄弟・平野九郎右衛門長之《ながゆき》（長景の子）も大坂方についており、祖母の実家・堀田家の人物も多くが大坂城に籠城《ろうじょう》した。当時、長勝は一二

図5－3：平野家系図

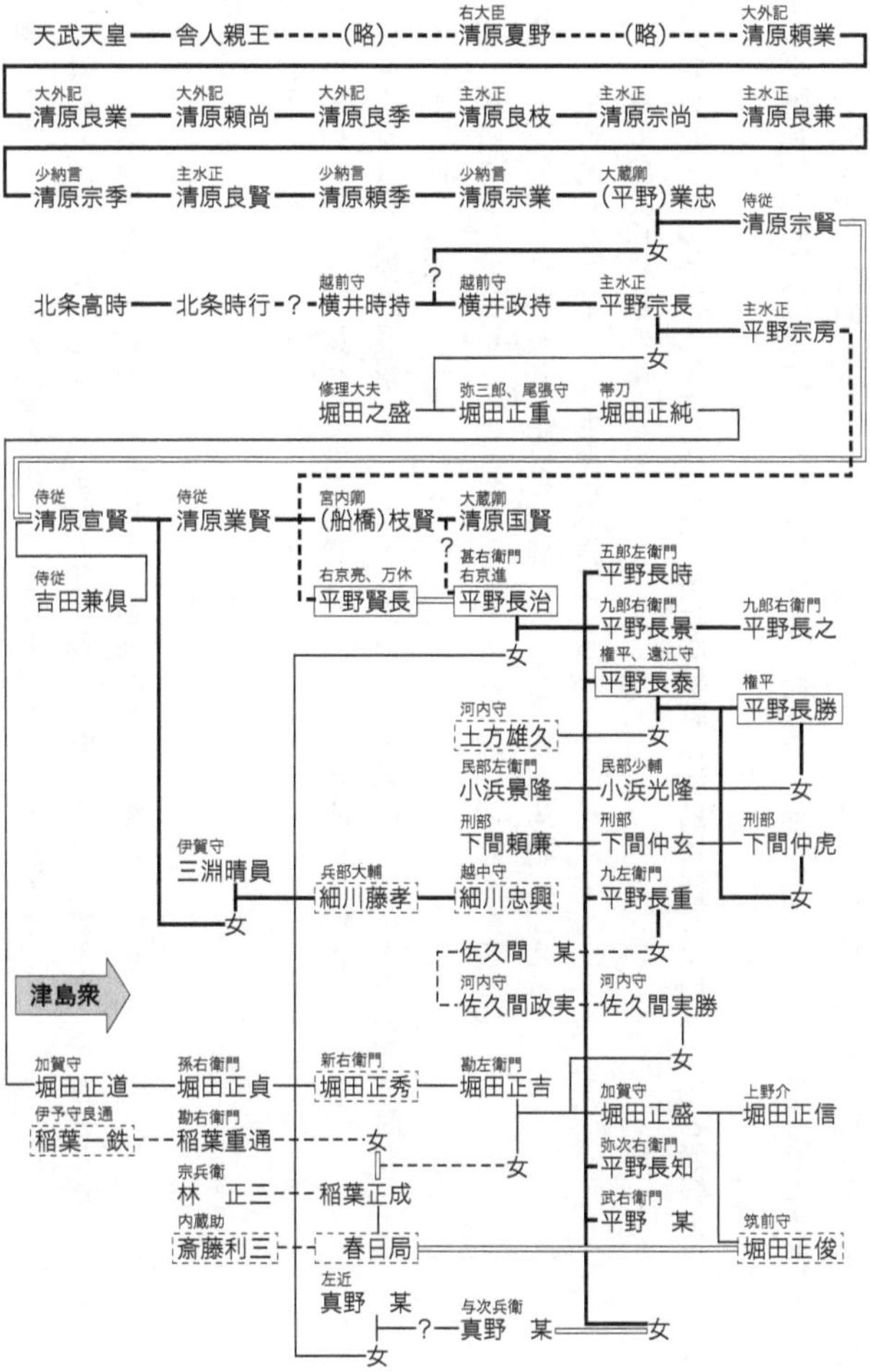
天武天皇
舎人親王
(略)
右大臣
清原夏野
(略)
大外記
清原頼業
大外記
清原良業
大外記
清原頼尚
大外記
清原良季
主水正
清原良枝
主水正
清原宗尚
主水正
清原良兼
少納言
清原宗季
主水正
清原良賢
少納言
清原頼季
少納言
清原宗業
大蔵卿
(平野)業忠
侍従
清原宗賢
女
?
北条高時
北条時行
?
越前守
横井時持
越前守
横井政持
主水正
平野宗長
主水正
平野宗房
女
修理大夫
堀田之盛
弥三郎、尾張守
堀田正重
帯刀
堀田正純
侍従
清原宣賢
侍従
清原業賢
宮内卿
(船橋)枝賢
大蔵卿
清原国賢
?
甚右衛門
右京進
侍従
吉田兼俱
右京亮、万休
平野賢長
平野長治
五郎左衛門
平野長時
九郎右衛門
平野長景
九郎右衛門
平野長之
女
権平、遠江守
平野長泰
権平
平野長勝
河内守
土方雄久
女
民部左衛門
小浜景隆
民部少輔
小浜光隆
女
刑部
下間頼廉
刑部
下間仲玄
刑部
下間仲虎
伊賀守
三淵晴員
兵部大輔
細川藤孝
越中守
細川忠興
九左衛門
平野長重
女
女
佐久間　某
女
河内守
佐久間政実
河内守
佐久間実勝
女
津島衆
加賀守
堀田正道
孫右衛門
堀田正貞
新右衛門
堀田正秀
勘左衛門
堀田正吉
加賀守
堀田正盛
上野介
堀田正信
伊予守良通
稲葉一鉄
勘右衛門
稲葉重通
女
女
弥次右衛門
平野長知
宗兵衛
林　正三
稲葉正成
武右衛門
平野　某
内蔵助
斎藤利三
春日局
筑前守
堀田正俊
左近
真野　某
?
与次兵衛
真野　某
女
女

〜三歳。とても、自分一人が城を出ることなどできなかったろう。
長勝は討ち死にすることなく赦《ゆる》され、父・長泰の跡を継ぎ、旗本として存続した。
なお、長泰の長女は西本願寺の坊官・下間刑部仲虎《しもつまぎょうぶなかとら》に嫁いでいる。

兄弟

平野長泰は六男一女の兄弟だったらしい。

・長男　平野五郎左衛門長時《ごろうざえもんながとき》（生没年不詳）　加藤清正に仕える。
・次男　平野九郎右衛門長景（？〜一六一五）秀頼に仕え、大坂の陣で討ち死に。
・三男　平野権平長泰（一五五九〜一六二八）
・四男　平野九左衛門長重《きゅうざえもんながしげ》（一五六〇〜一六五〇）織田信忠、秀吉に仕える。
・五男　平野弥次右衛門長知《やじえもんながとも》（生没年不詳）　細川忠利に仕える。
・六男　平野武右衛門《たけえもん》某（生没年不詳）
・長女　真野与次兵衛《よじべえ》某の養女

長兄の長時が加藤清正に仕えたのは、清正が幼時に津島に住んでいたことと無縁ではないだろう。

弟の平野長知が肥後熊本藩・細川家に仕えており、『細川忠利』では「平野家もまた細川家と同じく学問の家・清原家とつながる由縁を有しており、一族は忠利の家臣となって、以後代々、細川家中老クラスの要職を務めた」という説を載せている。しかし、清原家との由縁は僭称と思われ、はじめ兄の長時とともに肥後熊本藩・加藤家に仕え、加藤家改易の後に細川家に転仕したと考えた方が適切ではないかと思われる。

第5節　三河出身／加藤嘉明

賤ヶ岳七本槍の一人

加藤左馬助《さまのすけ》嘉明（一五六三〜一六三一）は、はじめ秀吉の養子・羽柴於次《おつぎ》秀勝（一五六八？〜八五）附《づ》きの小姓だった。於次秀勝は信長の子で、秀吉が播磨出兵する間、居城・長浜城を守るために天正五（一五七七）年頃に秀吉の養子にされたらしい。

ところが、嘉明は秀勝に暇乞《いとまご》いもせず、勝手に秀吉の播磨出兵について行ってしまう。秀吉の妻・寧はそれを知って激怒し、嘉明を長浜に戻すように手紙を送った。これに対し、秀吉は嘉明の志を認めて播磨にとどめ、参陣させて三〇〇石を与えた。嘉明もまた手柄を立てて秀吉の恩に報い、二〇〇石を加増されたという。

賤ヶ岳の合戦では「七本槍」の一人に選ばれ、三〇〇〇石を加増された。

天正一三（一五八五）年の四国征伐では水軍を率いて軍功をあげ、翌天正一四年に淡路志智城一万五〇〇〇石を賜った。天正一五（一五八七）年に淡路水軍を率いて九州征伐に従い、三万石に加増された。

天正一八（一五九〇）年の小田原征伐、天正二〇（一五九二）年の文禄の役でも水軍を率いて軍功をあげ、文禄四（一五九五）年に六万二〇〇〇石に加増された。慶長の役では朝鮮に出兵した諸将に厭戦《えんせん》気分がみなぎる中、撤退に反対し、伊予に三万七〇〇〇石を加増され、都合おおよそ一〇万石を領した。

慶長五（一六〇〇）年の関ヶ原の合戦では家康方につき軍功をあげたのみならず、毛利輝元が伊予を侵攻すると、留守部隊が居城・伊予国正木城（愛媛県伊予郡松前《まさき》町）を死守して撃退。これらの功により、伊予二〇万石を与えられた。慶長八（一六〇三）年に居城を正木から勝山に移して松山（愛媛県松山市）と改称した。

寛永四（一六二七）年に陸奥会津藩の蒲生忠知《がもうただとも》が減封され、伊予松山藩に移されると、代わりに嘉明が会津藩四三万五〇〇〇石に転封された。

実は三河生まれ

嘉明は三河国長良《ながら》（愛知県西尾《にしお》市上永良《かみながら》町・下永良町）出身で、父・加藤三之丞《さんのじょう》教明《たかあき》はもともと徳川家（旧姓・松平家）の家臣だった。［図5－4］

『寛政重修諸家譜』には、父・教明は「ゆへ《え》ありて三河をさり、諸国を武者修行し、其後《そののち》豊臣

図５－４：加藤嘉明家系図

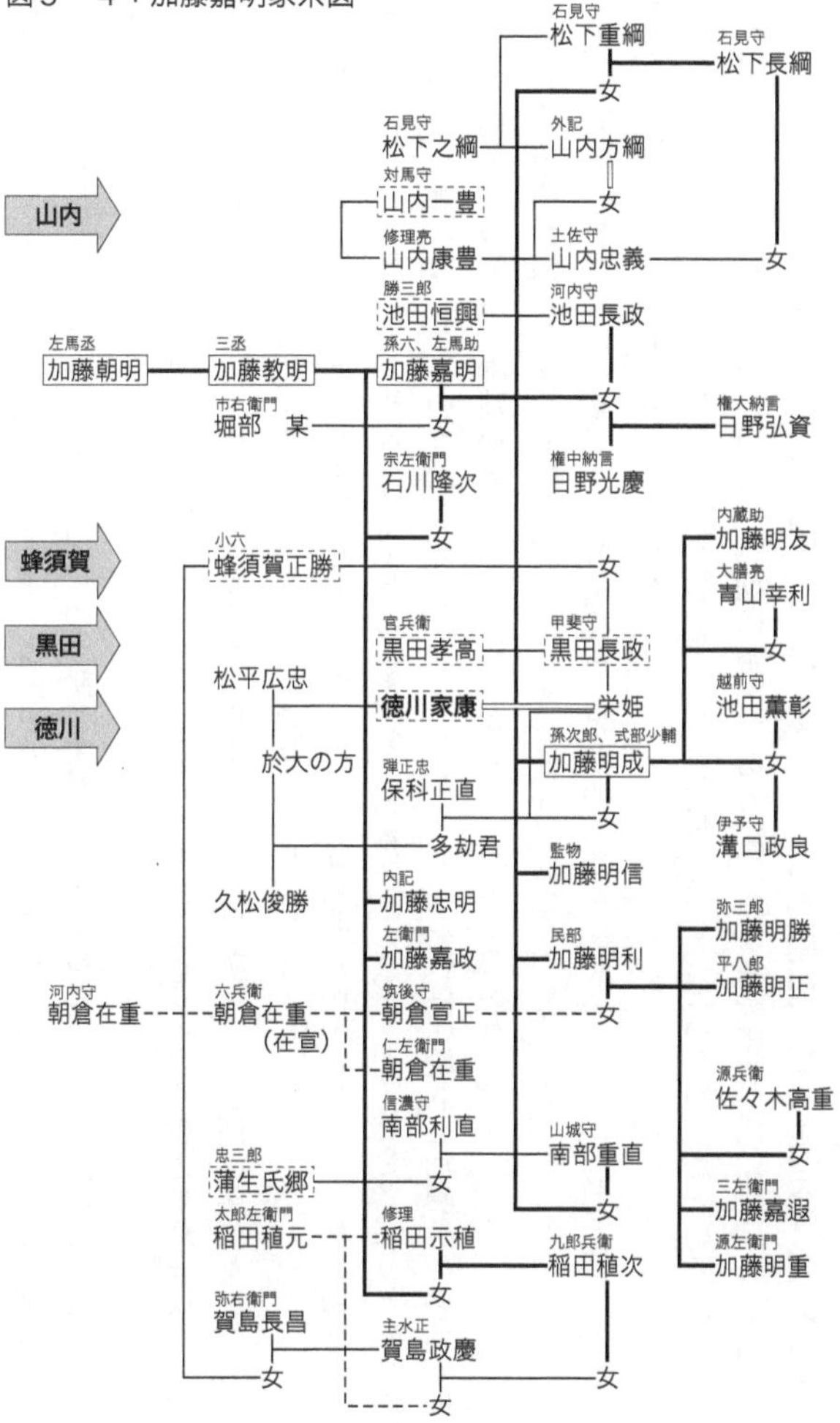
山内
蜂須賀
黒田
徳川
石見守 松下重綱
石見守 松下長綱
女
石見守 松下之綱
外記 山内方綱
対馬守 山内一豊
女
修理亮 山内康豊
土佐守 山内忠義
女
勝三郎 池田恒興
河内守 池田長政
左馬丞 加藤朝明
三丞 加藤教明
孫六、左馬助 加藤嘉明
女
市右衛門 堀部　某
女
権大納言 日野弘資
宗左衛門 石川隆次
権中納言 日野光慶
女
内蔵助 加藤明友
小六 蜂須賀正勝
女
大膳亮 青山幸利
官兵衛 黒田孝高
甲斐守 黒田長政
女
松平広忠
徳川家康
栄姫
越前守 池田薫彰
孫次郎、式部少輔 加藤明成
於大の方
弾正忠 保科正直
女
女
伊予守 溝口政良
多劫君
監物 加藤明信
久松俊勝
内記 加藤忠明
弥三郎 加藤明勝
左衛門 加藤嘉政
民部 加藤明利
平八郎 加藤明正
河内守 朝倉在重
六兵衛 朝倉在重
（在宣）
筑後守 朝倉宣正
女
仁左衛門 朝倉在重
源兵衛 佐々木高重
信濃守 南部利直
山城守 南部重直
女
忠三郎 蒲生氏郷
女
女
三左衛門 加藤嘉遐
太郎左衛門 稲田稙元
修理 稲田示稙
九郎兵衛 稲田稙次
源左衛門 加藤明重
女
弥右衛門 賀島長昌
主水正 賀島政慶
女
女
女

太閤につかへ《え》」たと記し、註記に「永禄六（一五六三）年一向《いっこう》門徒に一味し、のち三河国を退去す」と追記している。つまり、三河一向一揆で主君・家康に弓を引き、三河から退去せざるを得なくなったらしい。

家康は一揆に参加した家臣を赦そうとはせず、結局、本多佐渡守正信《ほんださどのかみまさのぶ》や渡辺半蔵守綱《もりつな》など、ごく一部の例外を除いて、一揆に参加した者の再出仕を認めなかった。三河に戻った家臣は、仕方なく他の家臣の下に附けられ、陪臣になった例が多い。

なお、愛媛県の郷土史家・日下部正盛《くさかべまさもり》氏が著した『加藤嘉明と松山城』では、父は岸姓で、嘉明は天正三（一五七五）年に加藤景泰（光泰の父）の養子になって加藤姓を名乗り、その推挙で秀勝の小姓になったという説を載せている。しかし、永良村は圧倒的に加藤姓の多い土地で、かつ松平家の家臣に岸姓が見当たらないことから、誤伝と思われる。

ただし、嘉明が天正三年に秀勝の小姓になったというのは正しいようだ。『寛政重修諸家譜』では、嘉明が秀勝に近侍しはじめた年を「時に十三歳」（数え年）と記し、生年から計算すると天正三年のことになる。

ここで問題になるのが、その頃、秀勝がまだ秀吉の養子になっていなかったという点だ。

秀勝が秀吉の養子になったのは「時期は不明であるが、およそ天正五～六年（一五七七～七八）ごろと考えられる」（『織田氏一門』）。筆者もそれくらいが順当であると考えているが、『寛政重修諸家譜』の記述が正しいのであれば、それより二年も前倒しだったことになる。

ただし、逆の考えもできる。嘉明は秀勝が養子になる前から近侍しており、養子縁組みにともなって秀吉麾下《きか》になったという発想である。筆者はむしろこちらの方が正しいと考えている。つまり、嘉明は秀勝附きとして長浜城に来たのに、秀勝に無断で播磨に行ってしまったのである。これでは秀勝の養母・寧が激怒するのも無理はない。

兄弟の地味な閨閥

嘉明は三男三女の兄弟で、弟たちの妻は不明。姉妹の嫁ぎ先で最も高名な人物はのちの阿波藩筆頭家老、淡路洲本《すもと》城代・稲田《いなだ》修理《しゆり》示稙《しげたね》（一五七七～一六五〇）という地味な閨閥である。稲田との縁談は、嘉明が永らく淡路を拠点にしていたからであろう。

・弟　加藤内記《ないき》忠明《ただあき》（生没年不詳）
・弟　加藤左衛門《さえもん》嘉政《よしまさ》（生没年不詳）
・姉　家臣・石川《いしかわ》宗左衛門《そうざえもん》隆次《たかつぐ》の妻
・妹　豊臣家臣・川口《かわぐち》兵左衛門《ひょうざえもん》某の妻
・妹　蜂須賀家家臣・稲田修理示稙の妻

嘉明の子女

『寛政重修諸家譜』によれば、加藤嘉明の妻は家臣・堀部《ほりべ》市右衛門《いちえもん》某の娘である。

ただし、この堀部氏が何者かはよくわからない。堀部姓は『愛知県姓氏歴史人物大辞典』にすら載っていないのだ。

なお、嘉明には三男三女がいた（★は嫡出）。

・長男★加藤式部少輔《しきぶのしょう》明成《あきなり》（一五九二～一六六一）　家督相続するが、領地を返納

・次男★加藤監物明信《あきのぶ》（生没年不詳）　家臣となる。

・三男★加藤民部少輔《みんぶのしょう》明利《あきとし》（一五九九～一六四一）　陸奥二本松《にほんまつ》藩三万石を分知

・長女★松下《まつした》石見守《いわみのかみ》重綱《しげつな》の妻

・次女★池田河内守《かわちのかみ》長政《ながまさ》（恒興の子）の妻、のち日野《ひの》権中納言《ごんちゅうなごん》光慶《みつよし》の妻

・三女　南部《なんぶ》山城守《やましろのかみ》重直《しげなお》の妻

嘉明の嫡男・**加藤式部少輔明成**（一五九二～一六六一）の妻は、保科《ほしな》弾正忠《だんじょうのちゅう》正直《まさなお》の四女で、家康の姪にあたる。家康が有力外様大名との政略結婚を進めていった一つである。

嘉明の死後、明成は会津藩四三万五五〇〇石を相続したが、家老・堀主水《ほりもんど》と不和に及び、寛永一六（一六三九）年に堀が出奔。翌寛永一七年に堀が明成の所業を大目付に訴え、詮議《せんぎ》の結果、寛永一八（一六四一）年に幕府が堀を加藤家に引き渡すと、明成は改易覚悟で堀を討ち果たし、領地を幕府に返上した。

明成の子・**加藤内蔵助《くらのすけ》明友《あきとも》**（一六二一～八三）に石見吉永《よしなが》藩一万石が与えられ、天和《てんな》二（一六八二）年に近江水口《みなくち》藩二万石に加増・転封となって、子孫は大名として存続した。

嘉明の三男・**加藤民部少輔明利**（一五九九〜一六四一）は、嘉明から陸奥二本松藩三万石を分知され、寛永四（一六二七）年に陸奥三春《みはる》藩三万石、翌寛永五年に再び二本松に転封された。妻は朝倉筑後守宣正《あさくらちくごのかみのぶまさ》の次女。『寛政重修諸家譜』では、宣正の祖父・朝倉河内守在重《ありしげ》を朝倉義景の従兄弟と称し、「越前国より駿河国安倍郡柿嶋にうつり住す」としているが、おそらく偽系図であろう。宣正は実務官僚で、妻が大老・土井利勝《どいとしかつ》の姉妹だったこともあって出世し、駿河大納言忠長《ただなが》（将軍家光の弟）の家老となり、遠江掛川《かけがわ》二万六〇〇〇石の大名となった。しかし、忠長の切腹により連座した。明利の嫡男・**加藤弥三郎明勝**《かとうやさぶろうあきかつ》（一六三四〜四六）は不行状で三〇〇〇石に減封され、子がないまま死去し、無嗣廃絶となった。

嘉明の長女は松下石見守重綱に嫁いだ。重綱は、秀吉が若かりし頃に仕えた松下石見守之綱《ゆきつな》の嫡男である。寛永四年に嘉明の三男・加藤明利が陸奥二本松藩から陸奥三春藩に転封した際、その跡に二本松に入部したのが重綱だった。そのため、両家の縁談が持ち上がったと思われるが、『寛政重修諸家譜』の記述を信じるならば、嘉明の長女は第一子で、一五九〇年前後の生まれと推察される。初婚ではないだろう。

第6節　近江出身／脇坂安治

賤ヶ岳七本槍の一人

脇坂中務少輔《なかつかさのしょう》安治（甚内《じんない》。一五五四〜一六二六）は旧浅井家臣・脇坂外介安明《がいすけやすあき》（?〜一五六八）の子として、近江国東浅井郡脇坂（滋賀県長浜市小谷丁野町《おだにようの》）に生まれた（一説に養子）。

信長に仕え、明智光秀の与力となり、永禄一二（一五六九）年の丹波黒井《くろい》城攻めにて、わずか一六歳で武功をあげた。これが秀吉の目にとまり、秀吉に懇請され、その与力とされた。秀吉は他家の家臣を引き抜くのが大好きで、「五奉行」の長束正家《なつかまさいえ》、新発田《しばた》藩主の溝口秀勝《みぞぐちひでかつ》がもともと丹羽長秀の家臣だったことは有名である。

天正四（一五七六）年に安治は一五〇石を与えられ、天正六年の三木城攻め、神吉《かんき》城攻めで武功をあげた。

天正一一（一五八三）年の賤ヶ岳の合戦で「賤ヶ岳七本槍」の一人に数えられ、山城国下津《しもつ》屋《や》および大井のうちで三〇〇〇石を与えられた。

翌天正一二年、小牧・長久手の合戦では伊賀上野《うえの》城を陥落させた。これには面白い話がある。ことの発端は、賤ヶ岳の合戦の後、秀吉が織田信雄の家臣・瀧川三郎兵衛雄利《たきがわさぶろうべえおとし》の子どもを人質にとって、安治に預けたことに遡《さかのぼ》る。小牧・長久手の合戦が起きると、雄利は妻が急病なので人質の子に一目会わせてほしいと偽った。どう考えても、タイミング的には嘘っぽちなのだが、人のいい安治はそれを鵜呑《うの》みにして人質を帰してしまう。雄利はこれ幸いと、子どもを連れて伊賀上野城に遁走した。当然、安治は秀吉の怒りを買い、これに発奮して伊賀上野に向かい、昼夜攻撃を仕掛けて遂には落城させてしまったのだという。

天正一三（一五八五）年七月に秀吉が関白に任ぜられると、慣例によって諸大夫一二名を置き、安治もその一人に撰ばれ、中務少輔に任ぜられた。

伊賀上野城陥落でみせた抜群の武功が認められ、天正一三年五月に摂津国能勢《のせ》郡のうちで一万石を与えられ、八月に大和国高取《たかとり》二万石、一〇月に淡路洲本三万石に転封。わずか半年足らずで禄高を三倍増にする大出世を遂げた。

天正一五年の九州征伐に参陣。天正一八（一五九〇）年の小田原征伐では九鬼嘉隆《くきよしたか》、加藤嘉明らと水軍を率い、文禄・慶長の役でも九鬼嘉隆、加藤嘉明らと水軍を率いている。

慶長五（一六〇〇）年の関ヶ原の合戦では、成り行き上、毛利・石田方に組み入れられてしまったが、嫡子・脇坂淡路守安元《あわじのかみやすもと》を家康の下に走らせて内通。戦場で小早川秀秋《ひであき》とともに裏切り、大谷吉継軍を壊滅させる。

慶長一四（一六〇九）年九月に伊予国大洲五万三五〇〇石に加増される。晩年は京都西洞院《にしのとういん》で隠棲《いんせい》し、寛永三（一六二六）年に死去した。享年七三。

子だくさんの安治

『寛政重修諸家譜』によれば、安治の妻は「西洞院宰相《にしのとういんさいしょう》某が女」という。西洞院というのは、桓武平氏の流れを汲《く》む公家《くげ》で、宰相とは参議の唐名である。世代的には西洞院時当《ときまさ》（一五三一～六六）、西洞院時慶《ときよし》（一五五二～一六四〇）が相当する。時慶は参議であるものの、安治と二歳しか違わず、世代的に難しい。時慶の先代・時当が世代的にはドンピシャなのだが、西洞院家は時当で絶家となり、時慶が再興した経緯がある。絶家になるくらいなら、戦国武将に娘を嫁がせるようなことはせず、婿養子をとるだろう。安治が晩年に西洞院に隠棲していたから、西洞院家に縁のある女性を娶《めと》ったことにしたのかもしれない。

なお、安治には八男七女がいる（★は嫡出）。ただし、その多くは家臣になったり、家臣の妻となっており、閨閥とは比較的縁遠い家系だったようだ。［図5－5］

・長男　脇坂甚内安忠《じんないやすただ》（生没年不詳）　早世。
・次男★脇坂淡路守安元（一五八四～一六五三）
・三男　脇坂主水正《もんどのかみ》安信（？　～一六三七）美濃のうち一万石。寛永九年改易。
・四男　脇坂内匠《たくみ》安重《やすしげ》（生没年不詳）兄の家臣となる。
・五男　脇坂佐渡守《さどのかみ》安経《やすつね》（？　～一六三二）安元の養子。池田長頼《ながより》に殺害される。
・六男　脇坂六右衛門《ろくえもん》安総《やすふさ》（？　～一六七七）上総国長柄郡のうち二〇〇〇石。
・七男　脇坂蔵人《くろうど》安成《やすなり》（生没年不詳）

図5－5：脇坂家系図

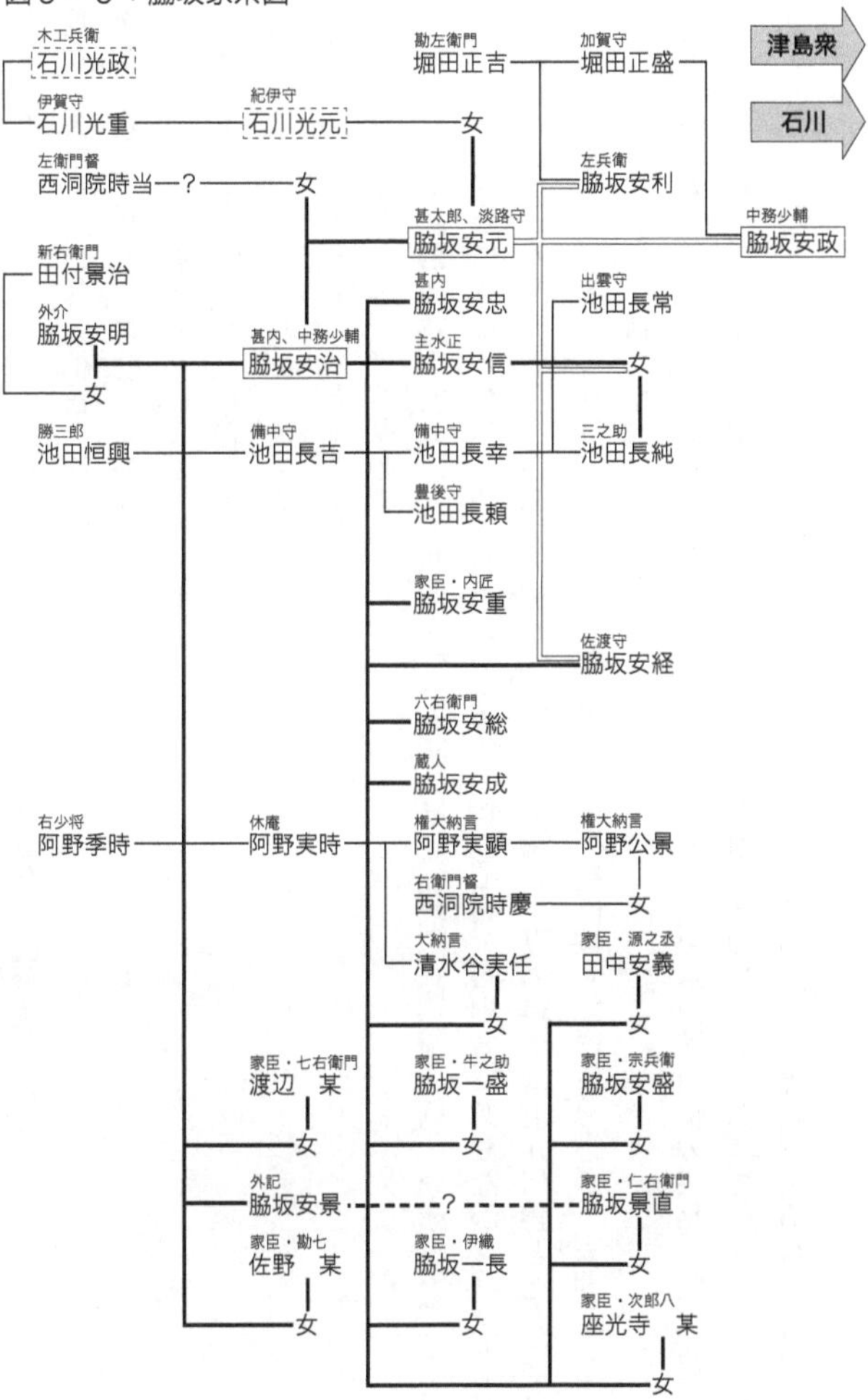
木工兵衛
石川光政
伊賀守
石川光重
紀伊守
石川光元
女
勘左衛門
堀田正吉
加賀守
堀田正盛
津島衆
石川
左衛門督
西洞院時当
？
女
左兵衛
脇坂安利
甚太郎、淡路守
脇坂安元
中務少輔
脇坂安政
新右衛門
田付景治
甚内
脇坂安忠
出雲守
池田長常
外介
脇坂安明
甚内、中務少輔
脇坂安治
主水正
脇坂安信
女
女
勝三郎
池田恒興
備中守
池田長吉
備中守
池田長幸
三之助
池田長純
豊後守
池田長頼
家臣・内匠
脇坂安重
佐渡守
脇坂安経
六右衛門
脇坂安総
蔵人
脇坂安成
右少将
阿野季時
休庵
阿野実時
権大納言
阿野実顕
権大納言
阿野公景
右衛門督
西洞院時慶
女
大納言
清水谷実任
家臣・源之丞
田中安義
女
女
家臣・七右衛門
渡辺　某
家臣・牛之助
脇坂一盛
家臣・宗兵衛
脇坂安盛
女
女
女
外記
脇坂安景
？
家臣・仁右衛門
脇坂景直
家臣・勘七
佐野　某
家臣・伊織
脇坂一長
女
家臣・次郎八
座光寺　某
女
女
女

京都妙心寺《みょうしんじ》の隣華《りんか》院《いん》

（生没年不詳）

・八男　僧　安済《あんさい》
・長女　公家・清水谷《しみずだに》大納言実任《さねとう》の妻
・次女　家臣・脇坂牛之助《ぎゅうのすけ》一盛《かずもり》の妻
・三女　家臣・脇坂伊織《いおり》一長《かずなが》の妻
・四女　家臣・田中源之丞《げんのじょう》安義《やすよし》の妻
・五女　家臣・脇坂宗兵衛《そうべえ》安盛《やすもり》の妻
・六女　家臣・脇坂仁右衛門《にえもん》景直《かげなお》の妻
・七女　家臣・座光寺《ざこうじ》次郎八《じろはち》某の妻

安治の嫡男・**脇坂淡路守安元《やすもと》**（一五八四～一六五三）は、通称を甚太郎といい、慶長五（一六〇〇）年に淡路守に叙任された。関ヶ原の合戦では当初、毛利・石田方にありながら、父とともに徳川方に裏切った。大坂冬の陣では藤堂高虎《とうどうたかとら》の隊に属し、夏の陣では土井利勝とともに天《てん》王寺《のうじ》方面を受け持った。元和元（一六一五）年に父・安治が隠棲して家督を継ぎ、大洲から信濃飯田《いいだ》藩五万五〇〇〇石に転封となった。

安元の妻は石川紀伊守光元《きいのかみみつもと》の娘である。石川（石河《いしこ》）家は豊臣家臣団屈指の実務官僚家系であるが（第7章参照）、光元の弟・一光《かずみつ》は「賤ヶ岳の七本槍」と同じ手柄をあげていながら、討ち死にしたため、選に漏れてしまった人物であることから、その関連で縁談が進められたのかもしれない。

もらい事故で嫡孫を喪う

安元に子がなかったため、五弟・**脇坂佐渡守安経**《やすつね》（?～一六三二）を養子とし、三弟・脇坂主水正安信の娘を養女として、池田三之助《さんのすけ》長純《ながずみ》に嫁がせた。

長純の祖父は、一時期、秀吉の養子になった池田備中守長吉《ながよし》である。

長純の兄・池田出雲守長常《ながつね》（一六〇九～四一）は病弱で、父とも不仲だったので、父の池田備中守長幸《ながよし》（一五八七～一六三二）が病に臥《ふ》して死を間近に控え、備中松山藩六万五〇〇〇石のうち、半分を次男の長純に与えたいとの意思を伝えた。

親族はおおむねこれに同意したが、寛永九（一六三二）年に長幸の弟・池田豊後守長頼が一人異議を唱え、評議の場で乱闘に及び、脇坂安経を殺害。脇坂安信、池田長純に深手を負わせた。長頼は死罪となり、安信は改易され、安元は養嗣子を喪《うしな》ってしまう。

安元は、堀田勘左衛門《かんざえもん》正吉《まさよし》の次男・脇坂左兵衛安利（一六一八～三六）を養子に迎えるが、父に先立って死去してしまったため、安利の甥《おい》にあたる**脇坂 中務少輔**《なかつかさのしょう》**安政**《やすまさ》（一六三三～九四）を養子に迎えた。

安政は寛文一二（一六七二）年に播磨龍野藩に転封となり、龍野（兵庫県たつの市）の町並みを整備するなど名君で知られる。また、堀田家出身であるので、外様大名だった脇坂家を譜代大名並みにするように願いを出した。ちなみに、安政の実弟は大老・堀田筑前守《ちくぜんのかみ》正俊《まさとし》である。

第7節　七本槍ではないが、藤堂高虎

七本槍ではなく、七人の主君

藤堂和泉守高虎《とうどういずみのかみたかとら》（一五五六〜一六三〇）は本書で定義した「豊臣家臣団」とは少し趣《おもむき》を異にする人物である。高虎は近江出身、浅井家旧臣であるが、浅井家滅亡後、秀吉に直接仕えたわけではなく、天正四（一五七六）年に秀吉の弟・秀長に仕え、秀吉に仕えたのは文禄四（一五九五）年というから、かなり新参者といってよい。［図5-6］

高虎は生涯七人の主君に仕えた（渡り歩いた）といわれ、その生き様は己《おのれ》の力を恃《たの》んで乱世を渡っていった戦国時代では武勇伝にもなったのだろうが、「貞婦二夫にまみえず」的な忠臣を礼賛した江戸時代には嫌われた。鳥羽《とば》・伏見の戦いで、合戦中に官軍に寝返った津藩藤堂家は「藩祖・高虎のように主君を替える」と悪口を叩《たた》かれ、高虎のイメージがさらに悪くなったらしい。

【高虎の主君】
・浅井長政　一五七〇〜
・浅井家臣・阿閉貞征《あつじさだゆき》　一五七二〜
・浅井家臣・磯野員昌《いそのかずまさ》　一五七三〜

図5－6：藤堂家系図

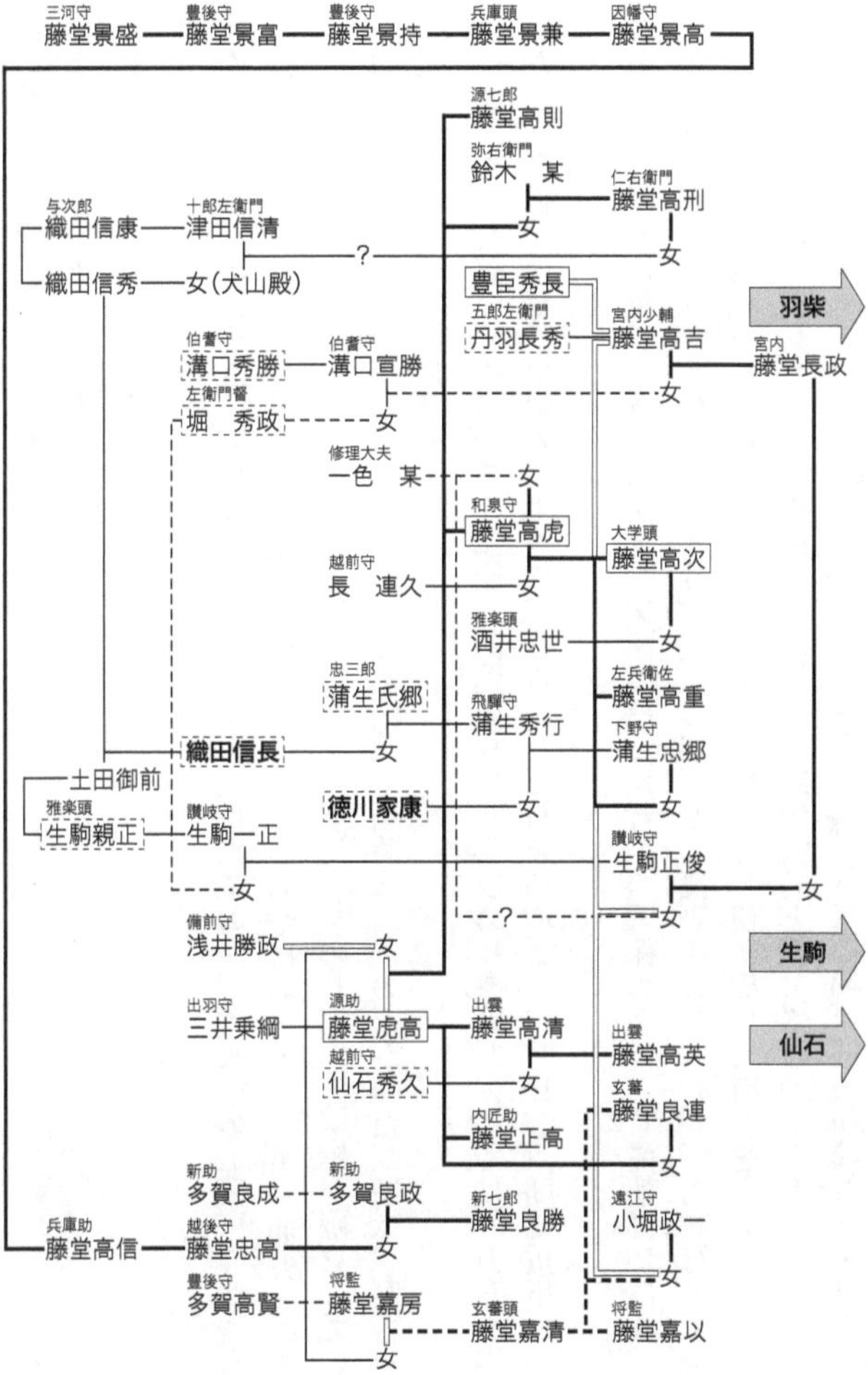
三河守 藤堂景盛
豊後守 藤堂景富
豊後守 藤堂景持
兵庫頭 藤堂景兼
因幡守 藤堂景高
源七郎 藤堂高則
弥右衛門 鈴木　某
仁右衛門 藤堂高刑
与次郎 織田信康
十郎左衛門 津田信清
女
?
女
織田信秀
女(犬山殿)
豊臣秀長
五郎左衛門 丹羽長秀
宮内少輔 藤堂高吉
羽柴
宮内 藤堂長政
伯耆守 溝口秀勝
伯耆守 溝口宣勝
女
左衛門督 堀　秀政
女
修理大夫 一色　某
女
和泉守 藤堂高虎
大学頭 藤堂高次
越前守 長　連久
女
雅楽頭 酒井忠世
女
忠三郎 蒲生氏郷
左兵衛佐 藤堂高重
飛驒守 蒲生秀行
下野守 蒲生忠郷
織田信長
女
土田御前
徳川家康
女
女
雅楽頭 生駒親正
讃岐守 生駒一正
讃岐守 生駒正俊
女
女
?
女
備前守 浅井勝政
女
生駒
出羽守 三井乗綱
源助 藤堂虎高
出雲 藤堂高清
出雲 藤堂高英
仙石
越前守 仙石秀久
女
玄蕃 藤堂良連
内匠助 藤堂正高
女
新助 多賀良成
新助 多賀良政
新七郎 藤堂良勝
遠江守 小堀政一
兵庫助 藤堂高信
越後守 藤堂忠高
女
女
豊後守 多賀高賢
将監 藤堂嘉房
玄蕃頭 藤堂嘉清
将監 藤堂嘉以
女

・員昌の養子・織田信澄《のぶすみ》　一五七五〜
・豊臣秀長・秀保《ひでやす》父子　一五七六〜
・豊臣秀吉　一五九五〜
・徳川家康〜家光　一六〇〇？〜

そんな高虎だが、豊臣秀長・秀保父子には二〇年近く仕えており、秀長への追慕は強かったといわれる。秀長には男子がなく、本能寺の変後に秀吉の策略で丹羽長秀の三男・仙丸《せんまる》（のちの藤堂宮内少輔高吉《くないのしょうたかよし》。一五七九〜一六七〇）を養子にもらった。しかし、豊臣政権が確立していくと、秀吉は甥の秀保を秀長の養子にすることを画策。当時まだ子のなかった高虎は、高吉を養子に貰《もら》い受け、一万石を加増された。

高虎は賤ヶ岳の合戦、紀伊国一揆《いっき》の鎮圧、四国の長曾我部攻めに参陣し、すでに一万石を賜っていたが、高吉との養子縁組みによって、さらに一万石を加増され、秀長家臣団で重臣に列した。

秀長の死後、高虎は養子・秀保に仕え、文禄の役では若年の秀保の名代として朝鮮に出兵。しかし、文禄四年に秀保が急死してしまう。高虎は出家して高野山に登ったが、秀吉はこれを惜しんで、親しい生駒親正《いこまちかまさ》を派遣して説得。高虎を還俗《げんぞく》させ、伊予板島《いたじま》七万石を与えた。

高虎は慶長の役にも出兵し、福嶋正則《ふくしままさのり》ら七本槍の武断派大名と親しくなったようだ。秀吉、前田利家《まえだとしいえ》が相次いで死去すると、慶長四（一五九九）年閏三月に福嶋正則・加藤清正《かとうきよまさ》・黒田長《くろだなが》政《まさ》・細川忠興《ほそかわただおき》等が石田《いしだ》三成《みつなり》襲撃へと動くが、高虎も同行したらしい。

　慶長五（一六〇〇）年の関ヶ原の合戦で家康方につき、同年伊予今治藩二〇万石に転封。慶長一三（一六〇八）年に伊勢津藩二二万九〇〇石に転封となった。晩年の家康から信頼を寄せられた謀臣で、元和元（一六一五）年の大坂夏の陣でも武功をあげ、五万石を加増され、元和三年に五万石の加増、弟・正高《まさたか》の旧領三〇〇〇石を併せて三二万三九〇〇石となった。支流に伊勢久居《ひさい》藩五万三〇〇〇石がある。

三井財閥と親戚？

藤堂家は近江国犬上《いぬがみ》郡藤堂村に住み、藤原氏の子孫とも中原《なかはら》氏とも伝えられ、詳細は不明。おそらく一介の土豪だったのだろう。

父・藤堂源助虎高《げんすけとらたか》（一五一六〜九九）は三井《みつい》出羽守乗綱《でわのかみのりつな》の子に生まれ、はじめ武田信虎《のぶとら》に仕えたが、のち近江の浅井備前守勝政《びぜんのかみかつまさ》に転じ、浅井家滅亡後に近江に隠棲したというが、定かではない。

　ちなみに、三井出羽守は、三井財閥の三井家の先祖にあたるのだが、両家が特段親しかったという噂は聞いたことがない。

高虎の妻子

『寛政重修諸家譜』によれば、高虎の妻は長越前守《ちょうえちぜんのかみ》連久《つらひさ》の娘というが、実は先妻として一色《いっしき》修理大夫《しゅりだいふ》の娘がいたらしい。いずれにせよ、主君はコロコロ変えたものの、女性関係に派手さはない。昨今のNHK大河ドラマの主人公は女性票を気にしてか、愛妻家が好まれる傾向にあるので、将来、高虎が取り上げられる日があるのかもしれない。

さて、高虎には二男二女、および一男三女の養子がいた（★は長氏の子）。

・長男★藤堂大学頭《だいがくのかみ》高次《たかつぐ》（一六〇一～七六）　妻は大老・酒井忠世《ただよ》の娘

・次男★藤堂左兵衛佐《さひょうえのすけ》高重《たかしげ》（生没年不詳）

・養子　藤堂宮内少輔高吉（一五七九～一六七〇）

・長女★蒲生《がもう》下野守《しもつけのかみ》忠郷《たださと》の妻、没後に伊勢一身田専修寺《いっしんでんせんじゅじ》堯朝《ぎょうちょう》に再縁する。

・次女　家臣・藤堂作兵衛《さくべえ》忠季《ただすえ》の妻

・養女　藤堂玄蕃頭《げんばのかみ》嘉清《よしきよ》の娘、小堀《こぼり》遠江守《とおとうみのかみ》政一《まさかず》（小堀遠州《えんしゅう》）の妻

・養女　松永《まつなが》伊勢守《いせのかみ》某の娘、家臣・藤堂仁右衛門《にえもん》高刑《たかのり》の妻

・養女　氏家《うじいえ》源左衛門《げんざえもん》某の娘、生駒《いこま》讃岐守《さぬきのかみ》正俊《まさとし》の妻

ただし、『三百藩家臣人名事典』では藤堂高刑の妻になった養女を、松永伊勢守某の娘ではなく、織田信清の娘としており、『江戸時代の設計者』では生駒正俊の妻になった養女を、氏家源左衛門某の娘ではなく、先妻・一色氏の妹としている。

養女の夫・生駒正俊は、高虎と親しく高野山から秀吉臣下に引き戻しに説得にいった生駒親正の孫にあたる。また、今一人の養女の夫・小堀遠州は、高虎の旧主・磯野員昌の外孫にあたる。高虎は策謀家といわれるが、意外に友情や恩義を大切にする人物だったのかもしれない。

高虎は天正一五（一五八七）年に豊臣秀長の養子・高吉を養子に迎えていたが、慶長六（一六〇一）年、四六歳にして待望の嫡男にめぐまれた。**藤堂大学頭高次**（一六〇一～七六）である。

第6章　秀次家臣団

第1節　近江から東海へ

天正一三年／近江八幡城主

天正一三（一五八五）年閏《うるう》八月、秀吉の甥《おい》・羽柴秀次（一五六八～九五）はわずか一八歳にして近江八幡四三万石の領主に登用された。この時、以下の部将が秀次附きの家臣とされた。

・田中《たなか》兵部大輔《ひょうぶだゆう》吉政《よしまさ》　　三万石（一五四八年、近江生まれ、三八歳）
・中村《なかむら》式部少輔《しきぶのしょう》一氏《かずうじ》　近江水口　六万石（生年不詳、尾張または近江生まれ）
・堀尾《ほりお》帯刀先生《たてわきせんじょう》可晴《よしはる》　近江佐和山　四万石（一五四三年、尾張生まれ、四三歳）
・山内《やまうち》対馬守《つしまのかみ》一豊《かつとよ》　近江長浜　二万石（一五四六年、尾張生まれ、四〇歳）
・一柳《ひとつやなぎ》伊豆守《いずのかみ》直末《なおすえ》　美濃大垣　二万五〇〇〇石（一五四六年、美濃生まれ、三三歳）

吉政のみ居城を持たず、筆頭家老として近江八幡城に住み、秀次を支えていたらしい。

当時、秀次は秀吉政権の中枢にあって、ほぼ京都に在住していたので、所領の支配は吉政が実質的に代行していたと推測される。

天正一八年／尾張清須

天正一八（一五九〇）年の小田原征伐で、徳川家康（三河・遠江・駿河・信濃・甲斐）が関東に転封された。家康の旧領には織田信雄（尾張・北伊勢）が入る予定だったが、信雄がこれを拒んだため、下野烏山《しもつけからすやま》二万石に大幅減封されてしまう。

代わって尾張に入国したのが秀次である。

これにともない、秀次附きの家臣が「秀吉にとって、潜在的に最大の脅威である関東の家康に対する備え」として「家康の旧領のうち三河から駿河にいたる交通路」に配置された（『検証・山内一豊伝説』）。

- 田中兵部大輔吉政　三河岡崎　五万七四〇〇石（一五四八年、近江生まれ、四三歳）
- 池田《いけだ》三左衛門《さんざえもん》輝政《てるまさ》　三河吉田　一五万二〇〇〇石（一五六四年、尾張生まれ、二七歳）
- 堀尾帯刀先生可晴　遠江浜松　一二万石（一五四三年、尾張生まれ、四八歳）
- 渡瀬《わたせ》左衛門佐《さえもんのすけ》繁詮《しげあき》　遠江横須賀《よこすか》　三万石（一五五五年、上野生まれ、三六歳）
- 松下《まつした》石見守《いわみのかみ》之綱《ゆきつな》　遠江久野　一万六〇〇〇石（一五三七年、遠江生まれ、五四歳）
- 山内対馬守一豊　遠江掛川　五万石（一五四六年、尾張生まれ、四五歳）
- 中村式部少輔一氏　駿河府中　一四万五〇〇〇石（生年不詳、尾張または近江生まれ）

一柳直末が小田原征伐で討ち死に。新たに池田輝政、松下之綱、渡瀬繁詮が附けられている。

池田輝政は秀次正室の兄弟。松下之綱は秀吉がかつて仕えた主君で、旧領の遠江に戻した温情人事であろう。関東出身（由良《ゆら》家）の渡瀬繁詮がなぜ起用されたのかはよくわからない。

この他に、文禄の役で朝鮮に出兵していた但馬出石五万七〇〇〇石の前野《まえの》但馬守《たじまのかみ》長康《ながやす》（一五二八～九五）が文禄二年八月頃に帰朝し、秀次の後見役となった。ちょうどお拾《ひろい》（豊臣秀頼）が生まれた頃である。秀吉と秀次の関係も微妙なものとなり、秀吉は前野に円滑な収束や、何らかの打開策を期待していたのかもしれない。

なお、天正二〇（文禄に改元。一五九二）年四月に加藤清正らが朝鮮に上陸し、いわゆる文禄の役が起こったが、秀次は国内にとどまり、秀次附きの諸将も朝鮮に渡ることはなかった。

文禄四年／秀次切腹

文禄四（一五九五）年七月、秀次は高野山で切腹。

城主クラスでは以下の五名が自刃を余儀なくされた。

- 前野但馬守長康　但馬出石城主　中村一氏にお預け、のち嫡子・景定《かげさだ》と自刃
- 渡瀬左衛門佐繁詮　遠江横須賀城主　佐《さ》竹義宣《たけよしのぶ》にお預け、のち自刃
- 服部采女正一忠《はっとりうねめのかみかずただ》　伊勢松坂《まつさか》城主　上杉景勝《うえすぎかげかつ》にお預け、のち自刃
- 山口半左衛門重勝《やまぐちはんざえもんしげかつ》　尾張星崎《ほしざき》城主　京都北野で自刃。娘は秀次側室
- 木村常陸介重茲《きむらひたちのすけしげこれ》　山城淀城主　摂津大門寺《だいもんじ》で自刃

ところが、秀次附きの家臣たちは、右の渡瀬を除き、全く罪を問われなかった。

筆頭家老の田中吉政に至っては、事件後に二万八〇〇〇石を加増されている。山内一豊も八〇〇〇石、中村一氏も五〇〇〇石を加増された。「事件後、秀次家臣であった大庭三左衛門・大山伯耆守・前野右衛門太郎・前野兵庫介らが石田三成へ転仕したこと」から、三成の関与を疑う声もある（『人物叢書　豊臣秀次』）。

なお、秀次改易後に福嶋正則が清須二四万石に封じられた。

慶長五年／関ヶ原の合戦

慶長五（一六〇〇）年九月、関ヶ原の合戦で旧秀次家臣団は一斉に家康方についた。

のみならず、小山評定で山内一豊が掛川城の開放を提案、一豊以外の諸将もこれに従い、東海道筋の諸城が徳川軍に明け渡された。

その結果、旧秀次家臣団は合戦後の論功行賞で大幅な加増に浴した（松下家は不詳）。

- 田中吉政　三河岡崎　五万七四〇〇石　→　筑後柳川　三二万五〇〇〇石
- 池田輝政　三河吉田　一五万二〇〇〇石　→　播磨姫路　五二万石
- 堀尾忠氏《ただうじ》　遠江浜松　一二万石　→　出雲松江　二四万石（可晴の子）
- 山内一豊　遠江掛川　五万石　→　土佐裏戸　二〇万二〇〇〇石
- 中村忠一《ただかず》　駿河府中　一四万五〇〇〇石　→　伯耆米子　一七万五〇〇〇石（一氏の子）

秀次家臣団の人脈構築

関ヶ原の合戦で旧秀次家臣団が果たした役割は小さくない。そして、それは、「秀吉に家康を牽制する役割を課せられていた秀次宿老ベルトが、反対に家康の行軍経路として一斉に機能したことになる」（『検証・山内一豊伝説』）。

旧秀次家臣団が歩調を合わせて行動した背景には、かれらの間に構築された緊密な関係があったからだという。

「（山内）一豊と（堀尾）忠氏は『常に親《したし》ミて家のこと大小となく謀る』関係であった。（中略）駿府の中村一氏は関ヶ原戦の直前に病死しており、子息の一忠が家康軍に参加していた。一忠はわずか十一歳で、一氏は嫡男の進退を一豊に預けていたらしい。つまり、駿府の中村、浜松の堀尾は、長老格の一豊と密に連絡を取りながら行動していたと思われるのである」（『検証・山内一豊伝説』）。

当然のことながら、このような信頼関係は婚姻関係にも発展していく。［図6－0］

山内一豊の甥・山内（安藤）可氏《よしうじ》の妻は、堀尾可晴の養女。一豊の弟・山内康豊《やすとよ》は、松下之綱の次男・方綱《かたつな》を婿養子に迎えている。また、中村一氏の妻は池田輝政の姉妹（森長可《ながよし》の未亡人）である。

第2節　田中吉政

秀次の筆頭家老

田中兵部大輔吉政（一五四八～一六〇九）は近江国浅井郡三川村《みかわ》（滋賀県長浜市三川町）に生まれ、浅井家の家臣・宮部《みやべ》継潤《けいじゅん》に仕えた。［図6－1］

宮部は秀吉の調略によって離反し、中国経略では因幡攻めの主将として活躍。因幡鳥取五万石を与えられた。吉政もその家臣として一五〇〇石を賜った。

秀吉は宮部継潤を調略するにあたって、甥（のちの豊臣秀次）を継潤の養子とした（実際には人質だったと考えられている）。

天正二（一五七四）年頃、秀次は別家を立て、天正一〇（一五八二）年頃に吉政は秀次附きに登用されたらしい。天正一二（一五八四）年四月の小牧・長久手の合戦では、秀次が率いる別働隊に参陣していた。ただし、天正一二年一〇月に吉政が丹波福知山の天寧寺《てんねいじ》あてに発給した文書が残っており、この時期、吉政が丹波亀山城主・羽柴於次《おつぎ》秀勝に附けられていた可能性があるという（『秀吉を支えた武将　田中吉政』）。

そして、天正一三（一五八五）年閏八月に秀次が近江八幡四三万石の領主に登用されると、吉政は秀次附きの筆頭家老となり、三万石の大名となった。秀次の幼少から仕えてきた信頼ゆ

図6－0：秀次家臣団の婚姻関係

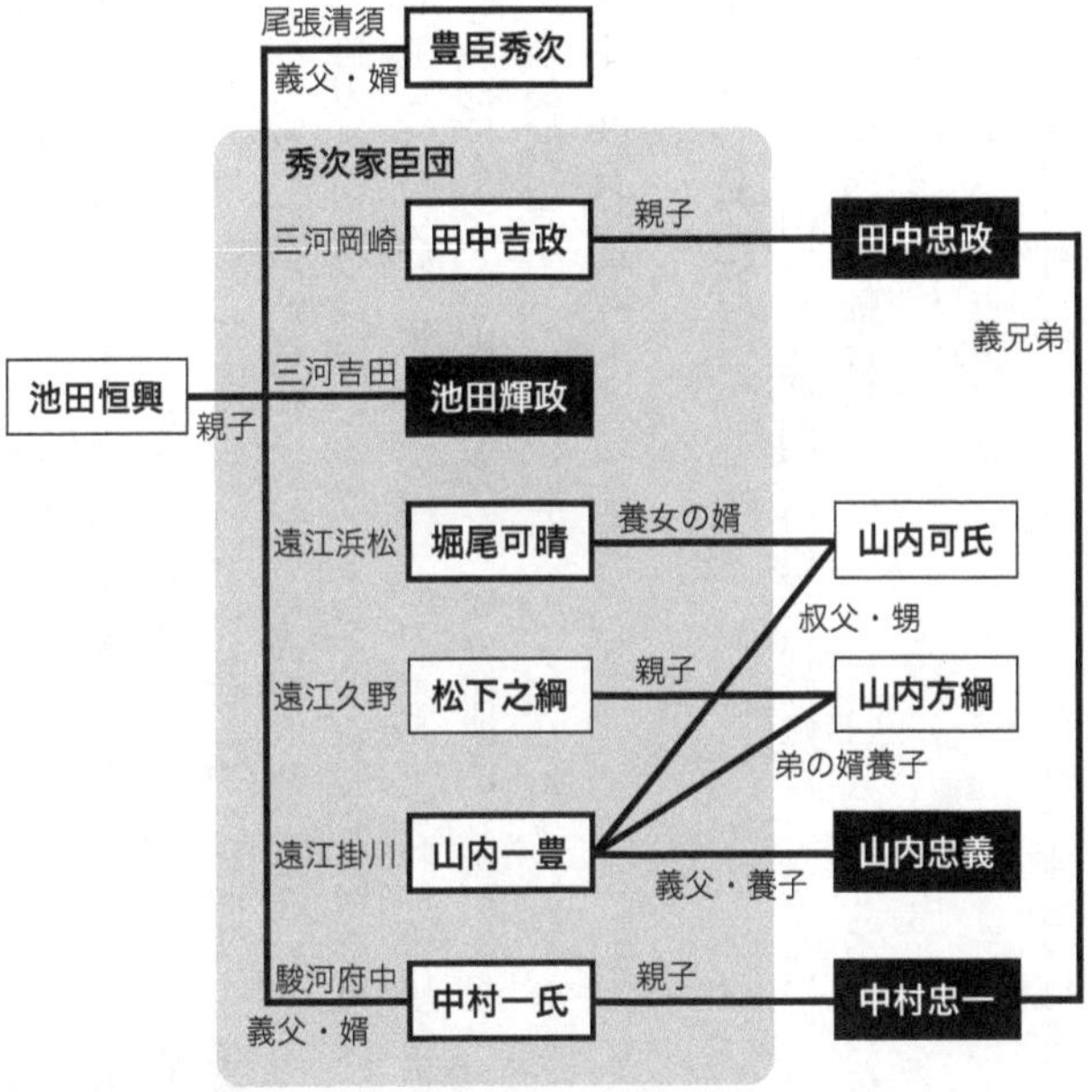

※網掛けの人物は徳川家の女婿であることを示す。

えの抜擢《ばってき》であろう。他の秀次附き家臣は城地を与えられたが、吉政のみ居城を持たず、京都に在住していた秀次に代わって、近江八幡の支配を代行していたと推測される。

天正一八（一五九〇）年に秀次が尾張清須に入国すると、吉政は三河岡崎城五万七四〇〇石に転封となった。ここでも吉政は秀次に代わって尾張清須の支配を代行していた。秀吉の信頼も厚く、吉政を美濃岐阜城に転封する構想もあったという。

秀次自刃後、吉政は連座することなく、むしろ加増を重ね、一〇万石余を領した。

慶長五（一六〇〇）年九月の関ヶ原の合戦で吉政は徳川方につき、戦場で石田三成軍と正面衝突しただけでなく、逃げ落ちた三成の捕縛にも功があった。これらの功績から、翌慶長六年四月、筑後柳川三二万五〇〇〇石へと大幅加増された。慶長一四（一六〇九）年二月、江戸に上る途中、伏見で客死した。享年六二。

吉政の子どもたち

吉政の妻は、国友与左衛門某の娘で従姉妹《いとこ》だったらしい。吉政には四男がいた。

・長男★田中民部少輔《みんぶのしょう》吉次《よしつぐ》（?～一六一七）父と不和となり京都に隠棲《いんせい》する。
・次男★田中主膳《しゅぜん》吉信《よしのぶ》（?～一六〇六）家臣となる。
・三男★田中久兵衛《きゅうべえ》吉興《よしおき》（?～一六二九）
・四男★田中筑後守《ちくごのかみ》忠政《ただまさ》（一五八五～一六二〇）家督を継ぐ。

図6－1：田中・中村家系図

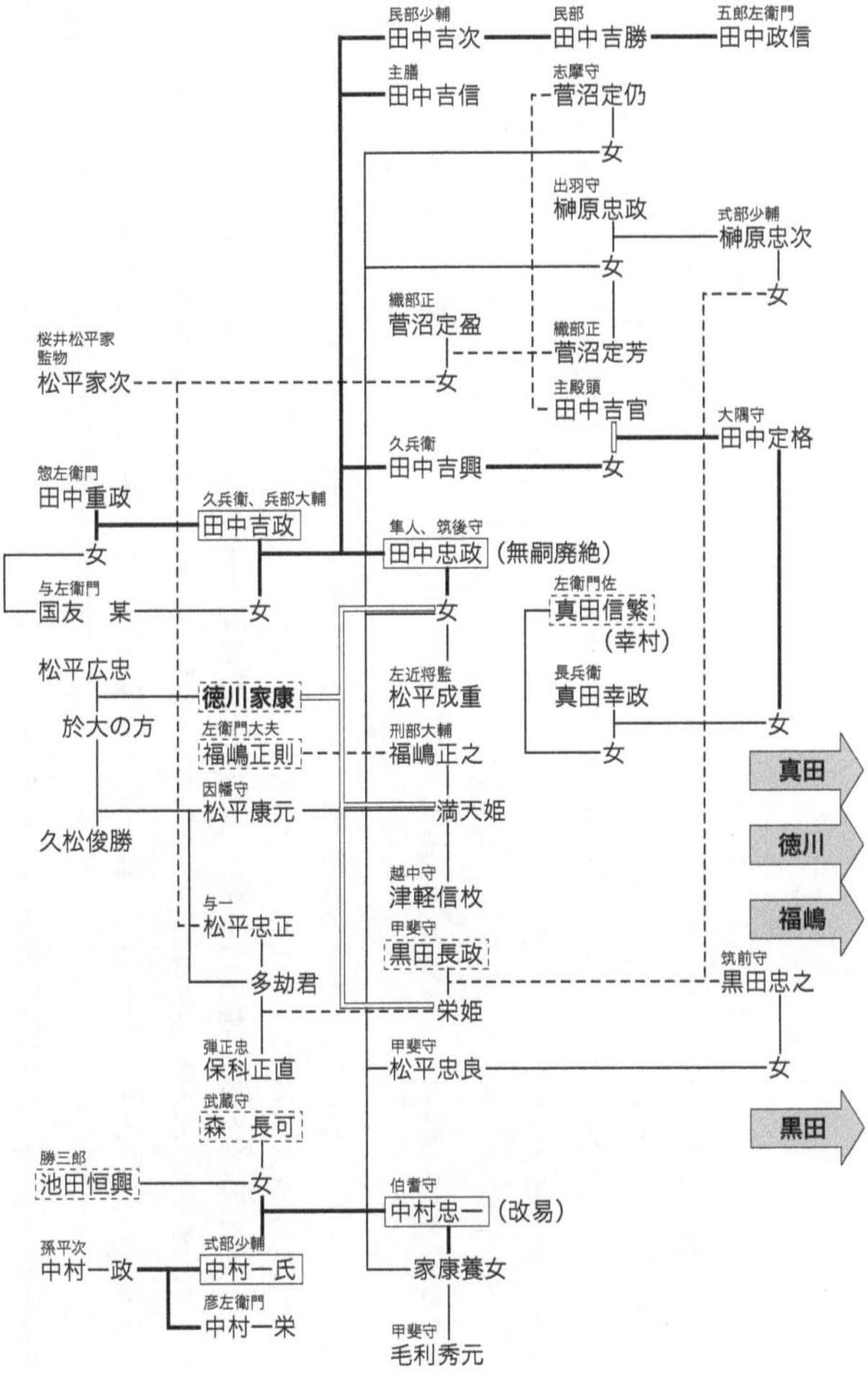
民部少輔
田中吉次
民部
田中吉勝
五郎左衛門
田中政信
主膳
田中吉信
志摩守
菅沼定仍
女
出羽守
榊原忠政
式部少輔
榊原忠次
女
女
織部正
菅沼定盈
織部正
菅沼定芳
桜井松平家
監物
松平家次
女
主殿頭
田中吉官
大隅守
田中定格
久兵衛
田中吉興
女
惣左衛門
田中重政
久兵衛、兵部大輔
田中吉政
隼人、筑後守
田中忠政
(無嗣廃絶)
女
与左衛門
国友　某
女
女
左衛門佐
真田信繁
(幸村)
松平広忠
徳川家康
左近将監
松平成重
長兵衛
真田幸政
於大の方
女
左衛門大夫
福嶋正則
刑部大輔
福嶋正之
女
真田
因幡守
松平康元
満天姫
久松俊勝
徳川
越中守
津軽信枚
与一
松平忠正
福嶋
甲斐守
黒田長政
筑前守
黒田忠之
多劫君
栄姫
弾正忠
保科正直
甲斐守
松平忠良
女
武蔵守
森　長可
黒田
勝三郎
池田恒興
女
伯耆守
中村忠一
(改易)
孫平次
中村一政
式部少輔
中村一氏
家康養女
彦左衛門
中村一栄
甲斐守
毛利秀元

長男・**田中民部少輔吉次**（？～一六一七）は父と不和となって都に隠棲し、末男・**田中筑後守忠政**（一五八五～一六二〇）が家督を継いだ。

二人の同母兄を押しのけて、忠政が嗣子に選ばれた理由は、「幼年より証人として江戸にいたり」、徳川家から信頼を得ていたからのようだ。久松松平因幡守康元《ひさまつまつだいらいなばのかみやすもと》の五女（家康の姪《めい》）を家康の養女として妻に迎えたが、大坂冬の陣で遅参したり、家中での揉《も》め事が幕府に取り上げられるなど、不行状を咎《とが》められていた。そのため、元和六（一六二〇）年に三六歳で死去すると、甥・田中民部《みんぶ》吉勝《よしかつ》を養子にすることが認められず、無嗣廃絶となったという（『秀吉を支えた武将　田中吉政』）。

三男・**田中久兵衛吉興**（？～一六二九）は忠政の家督相続に先立つこと九年、関ヶ原の合戦で大いに戦功をあげ、父とは別に近江国野洲郡、三河国田原、上野国新田《にった》のうちに二万石を与えられていた。子どもは一女のみで嗣子がいなかったので、元和八（一六二二）年に菅沼志摩《すがぬましまの》守定仍《かみさだより》の弟・**田中主殿頭吉官**《とのものかみよしすけ》（一六〇〇～五八）を婿養子に迎えた。忠政と定仍の妻はともに久松松平因幡守康元の娘で、両者は義兄弟にあたるため、菅沼家から養子をもらったのだろう。ところが、翌元和九年に吉官が部下の失態で改易され、新たに所領を賜るも、家禄《かろく》は五〇〇〇石となり、大名の列を離れた。

第3節　山内一豊

小説『功名が辻』で有名

山内対馬守一豊《やまうちつしまのかみかつとよ》（猪右衛門《いえもん》。一五四六〜一六〇五）は、黒田（愛知県一宮《いちのみや》市木曽川町黒田）城主・山内但馬守盛豊《たじまのかみもりとよ》（一五〇九〜五八？）の三男として生まれた。

父・盛豊は岩倉織田家の家老で、兄・十郎《じゅうろう》とともに信長との合戦で討ち死にした。『寛政重修諸家譜』によれば、弘治《こうじ》三（一五五七）年七月に岩倉で討ち死にと伝えるが、その翌年七月の浮野《うきの》（愛知県一宮市千秋《ちあき》町浮野）合戦で討ち死にしたと思われる（信長は永禄元［一五五八］年七月一二日に浮野合戦で岩倉織田家を破り、二、三ヶ月後に岩倉城を落としたが、『信長公記』にもその年がいつであるかの記述がなく、弘治三年〜永禄二年とする説がある）。

岩倉城陥落後、一豊は信長家臣の浅井《あさい》新八《しんぱち》らに仕えた後、信長に転仕したという。金ケ崎の退き口、姉川《あねがわ》の合戦で軍功があり、その後に秀吉に仕えた。『織田信長家臣人名辞典』では「本能寺の変後も秀吉の下で働き、次第に家臣と同列になる」と記され、それまでは信長の直臣で秀吉の与力であったという見解を寄せている。

『寛政重修諸家譜』によれば、一豊は倍々ゲームで石高を増やしていったという。

天正元年　　四〇〇石（近江長浜唐国《からくに》）

天正五年　二〇〇〇石（播磨国のうち）
天正一〇年　二五〇〇石（播磨国印南《いんなみ》郡で五〇〇石を加増）
天正一一年八月　二八六〇石（河内国交野《かたの》郡で三六〇石を加増）
天正一二年　五〇〇〇石（近江国高島郡長浜）
天正一三年六月　一万九八七〇石（若狭国西懸　高浜城）
天正一三年閏八月　二万〇〇〇〇石（近江長浜城）
天正一八年　五万〇〇〇〇石（遠江掛川城）

そして、面白いことに、この間、『寛政重修諸家譜』は封地と石高を記すのみで、一豊の戦歴、武功については一切記していない。武功に乏しい一豊のイメージはウソではなかったのであろう。

「秀次宿老ベルト」の盟主

一豊は賤ヶ岳の合戦、小牧・長久手の合戦に参陣し、天正一三（一五八五）年六月に若狭西懸一万九八七〇石に封ぜられ、高浜城主となった。

そして、同年閏八月に秀次附き家臣として近江長浜二万石に転封。天正一八（一五九〇）年に秀次が尾張清須に入国すると、一豊は遠江掛川城五万石に転封となった。

慶長五（一六〇〇）年七月、家康に従って諸将が上杉討伐に出陣し、小山評定で帰趨《きすう》を決した時、一豊は家康方に旗幟《きし》を鮮明にしたのみならず、「家康公が出馬を躊躇《ちゅうちょ》しているのは、上方への道筋が不安だからでしょう。ならば、私は掛川城を徳川家の家臣に明け渡し、さらに人質を差し出しましょう」と提案した。「ただ、小山での一豊の発言については、もともとは一豊の盟友・堀尾吉晴の子息である忠氏の発案であったという新井白石『藩翰譜』説がある。（中略）小山の軍議での一豊の発言は、『宿老ベルト』を代表してのものだったと想定するのは無理があろうか。もしそうであれば、秀吉に家康を牽制する役割も課せられた秀次宿老ベルトが、反対に家康の行動経路として一斉に機能したことになる。そのボタンを押したのが一豊だったとすれば、その功績は大である」（『検証・山内一豊伝説』）。

かくして、九月の関ヶ原の合戦で一豊は大した武功をあげなかったものの、一一月には土佐一国二〇万二〇〇〇石を拝領。大高坂山《おおだかさかやま》に城を築いて、河中山《こうちやま》と改称し、さらに高知と改称した。慶長一〇（一六〇五）年九月、一豊は土佐で死去した。享年六一。

「やまのうち」ではなく「やまうち」

「やまのうち　かずとよ」が「やまうち　かつとよ」と呼ばれるようになったのは、『功名が辻』が二〇〇六年のNHK大河ドラマで取り上げられてからである。

『寛政重修諸家譜』にも「やまうち」とルビが振られていたにもかかわらず、「やまのうち」と誤読されていたのは、山内家が鎌倉時代の名家・山内首藤《やまのうちすどう》氏の子孫を自称していたからであろう。

ややこしいことに、土佐藩・山内家の子孫も家々によって「やまうち」「やまのうち」を名乗っており、呼び方が統一していない。

山内首藤家の子孫？

『寛政重修諸家譜』によれば、山内刑部丞《ぎょうぶのじょう》経俊《つねとし》の子孫・山内弥六《やろく》貞通《さだみち》が九代将軍・足利義尚《よしひさ》に仕え、その末裔・山内但馬守《たじまのかみ》盛豊《もりとよ》はもともと丹波国橋爪《はしづめ》に住んでいたが、武者修行して尾張に至り、岩倉織田家の家老となって葉栗《はぐり》郡黒田村（愛知県一宮市木曽川町）に城を築いたという。［図6-2］

また、『寛政重修諸家譜』には、盛豊の父・山内孫太郎《まごたろう》久豊《ひさとよ》が一二代将軍・足利義晴《よしはる》に従って阿波、尾張に移り住んだという異説も載せていて、もう滅茶苦茶である。

『尾張群書系図部集』では、明徳《めいとく》二（一三九一）年に山内直通《なおみち》が尾張国中島郡浅井（愛知県一宮市浅井）の地蔵院に大般若経を奉納し、長禄《ちょうろく》元（一四五七）年に山内式部丞《しきぶのじょう》利通《としみち》が村山《むらやま》三河守《みかわのかみ》頼秀《よりひで》とともに尾張国中島郡中島の無量山長隆寺を再建した記事を載せており、山内家は土岐家の重臣・村山家の与力で、嘉慶《かきょう》二（一三八八）年頃に黒田村に進出してきたと推測している。

図6－2：山内家系図

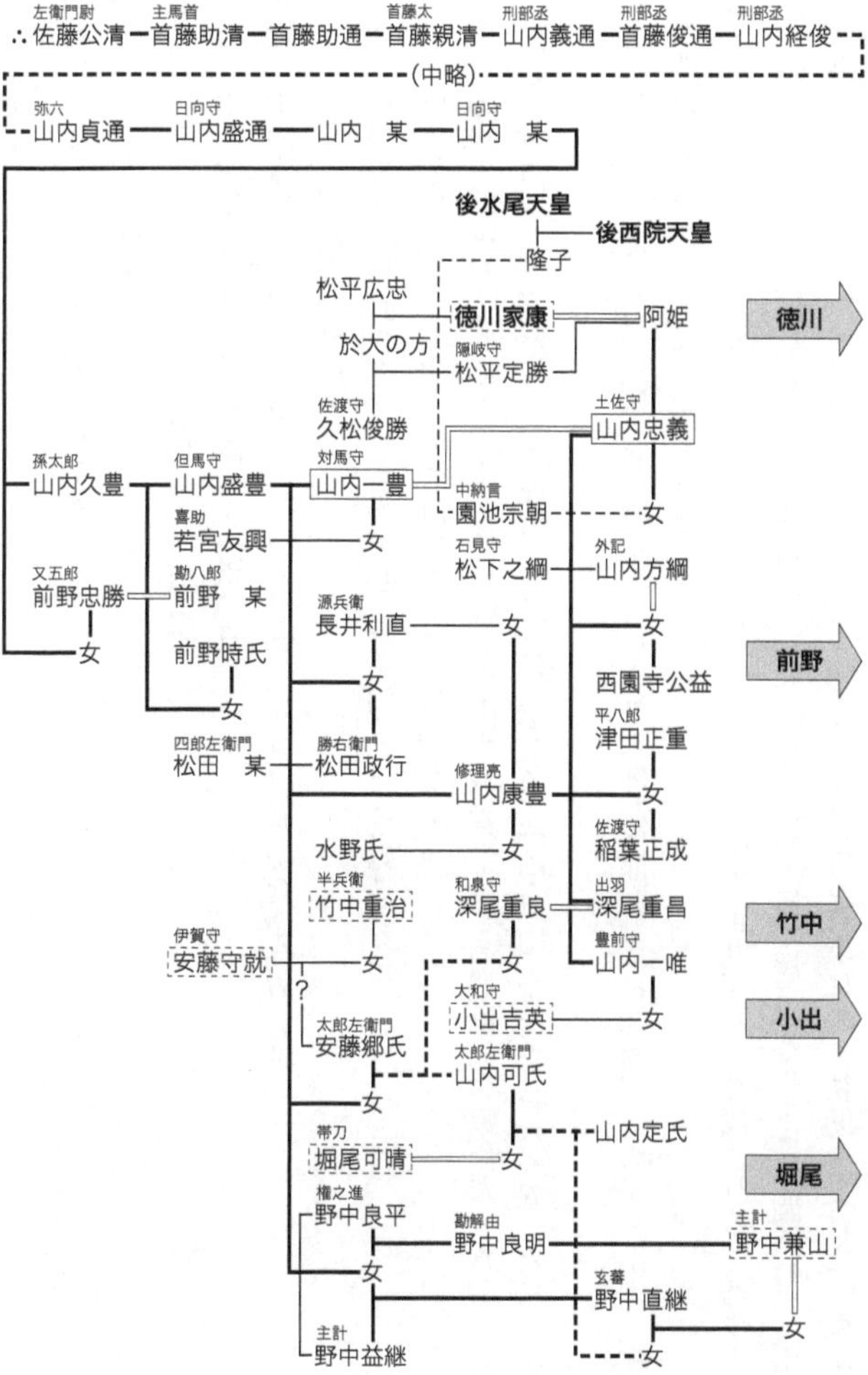
∴左衛門尉 佐藤公清
主馬首 首藤助清
首藤助通
首藤太 首藤親清
刑部丞 山内義通
刑部丞 首藤俊通
刑部丞 山内経俊
(中略)
弥六 山内貞通
日向守 山内盛通
山内　某
日向守 山内　某
後水尾天皇
後西院天皇
隆子
松平広忠
徳川家康
阿姫
於大の方
隠岐守 松平定勝
佐渡守 久松俊勝
土佐守 山内忠義
孫太郎 山内久豊
但馬守 山内盛豊
対馬守 山内一豊
中納言 園池宗朝
女
喜助 若宮友興
女
石見守 松下之綱
外記 山内方綱
又五郎 前野忠勝
勘八郎 前野　某
源兵衛 長井利直
女
女
女
前野時氏
女
西園寺公益
女
平八郎 津田正重
四郎左衛門 松田　某
勝右衛門 松田政行
修理亮 山内康豊
女
水野氏
女
佐渡守 稲葉正成
半兵衛 竹中重治
和泉守 深尾重良
出羽 深尾重昌
伊賀守 安藤守就
女
女
豊前守 山内一唯
?
大和守 小出吉英
女
太郎左衛門 安藤郷氏
太郎左衛門 山内可氏
女
山内定氏
帯刀 堀尾可晴
女
権之進 野中良平
勘解由 野中良明
主計 野中兼山
女
玄蕃 野中直継
女
主計 野中益継
女
徳川
前野
竹中
小出
堀尾

一豊の兄弟

一豊は少なくとも四男三女の兄弟だった。

・長男　山内左衛門大夫《さえもんだいふ》某（生没年不詳）
・次男　山内十郎某（一五四二～一五五七）
・三男　山内対馬守一豊（一五四六～一六〇五）
・四男　山内修理亮《しゅりのすけ》康豊《やすとよ》（一五四九～一六二五）　妻は長井源兵衛利直の娘
・長女　安藤太郎左衛門《たろうざえもん》郷氏《さとうじ》の妻
・次女　長井《ながい》源兵衛《げんべえ》利直《としなお》の妻、のち松田《まつだ》勝《しょう》右衛門《えもん》政行《まさゆき》に再縁する。
・三女　野中《のなか》権之進《ごんのしん》良平《よしひら》の妻、のち野中主計《かずえ》益継《ますつぐ》に再縁する。

まず、姉妹の話をしておくと、末の妹が嫁いだ野中家は、はじめ豊臣家の家臣だったが、のち山内家の家臣となり、孫には土佐藩きっての名家老・野中兼山《けんざん》（良継《よしつぐ》。一六一五～六三）が出た。

姉は美濃国本巣《もとす》郡北方《きたかた》城の安藤（安東ともいう）太郎左衛門郷氏《さとうじ》に嫁ぎ、その子・山内（安藤）太郎左衛門可氏《よしうじ》は土佐藩家老となった。

「天正八年郷氏は兄の友郷と織田信長にそむき、二人とも翌天正九年六月誅伐される。幼少の可氏は母とともに叔父婿の竹中半兵衛重治を頼り本巣郡岩手に幽居。天正十三年閏八月、（山内）一豊が再び近江長浜の城主となったので、招きにより母と長浜に赴き扶助を受けた。堀尾吉晴の養女を妻とし」たというのが、安藤家の公式見解らしい（『三百藩家臣人名事典』）。

姉婿・安藤郷氏は、西美濃三人衆の安藤伊賀守守就《もりなり》の近親（次男、もしくは弟）で、その縁から竹中半兵衛重治（守就の女婿）を頼ったというのだが、半兵衛は天正七（一五七九）年に病死しているので、天正九（一五八一）年六月以降に半兵衛を頼ることはできない。こうなると、守就の近親という出自も疑わざるをえない。

『美濃明細記』によれば、守就の弟は安藤将監《しょうげん》郷重《さとしげ》といい、蒲生氏郷《がもううじさと》に仕えて天正一三（一五八五）年に偏諱《へんき》を与えられたという。そして、守就の子として、長男・安藤平左衛門尚就《なおなり》、次男・安藤七郎守重《もりしげ》を載せ、「守重室は山内対馬守一豊の姉也」と記している。

ではなぜ、土佐藩家老の安藤家（明治維新後は伊賀家）は、家祖を守重ではなく、郷氏と呼んでいるのか。本当に郷氏という名前ならば、郷重のように蒲生氏郷から偏諱を賜ったと考えるべきであろう。しかし、郷氏は天正九年に死去しているので、辻褄《つじつま》が合わない。

可氏の在世時期、安藤家の残党として唯一人活躍していたのが郷重なので、その名前から安藤家の通字を「郷」と誤認した。そして、守就の次男の子孫を僭称《せんしょう》し、安藤郷氏（および兄の友郷）という人物を創り出したのではないか。つまり、守就の子孫というのも疑わしい。

弟・康豊の子女

山内家では長兄が早世。次兄がわずか一六歳で討ち死にしたため、一豊が家督を継いだ。一豊には女子がいたが、天正一三年の地震によりわずか六歳で死去してしまう。男子はいなかったので、甥（弟・康豊の長男）の国松、のちの山内土佐守忠義《とさのかみただよし》（一五九二～一六六五）を養子に迎えた。

末弟・康豊は、はじめ織田信忠に仕え、のち溝口伯耆守宣勝《みぞぐちほうきのかみのぶかつ》に転じた。しかし、一豊がどんどん出世し、天正一二（一五八四）年に五〇〇〇石を領すると、康豊を呼び寄せ、右腕としたようだ。兄・一豊は嗣子に恵まれなかったが、弟・康豊には少なくとも四男三女、および婿養子がいた。

・長男　山内土佐守忠義（一五九二～一六六五）　妻は家康養女。継室は園池宗朝《そのいけむねとも》の娘
・次男　山内吉兵衛政豊《きちべえまさとよ》（一五九八～一六二九）
・三男　深尾《ふかお》出羽《でわ》重昌《しげまさ》（一五九八～一六七二）　家臣・深尾重良《しげよし》の養子
・四男　山内豊前守一唯《ぶぜんのかみかずただ》（一六〇〇～一六六三）　妻は小出大和守吉英《よしひで》の娘
・養子　山内外記《げき》方綱《かたつな》（生没年不詳）松下之綱の次男。のち離縁する。
・長女　養子・方綱の妻、のち西園寺《さいおんじ》内大臣公益《きんます》に再縁する。
・次女　津田平八郎正重《つだへいはちろうまさしげ》の妻、のち稲葉佐渡守正成《いなばさどのかみまさなり》に再縁する。
・三女　家臣・山内（旧姓・酒井《さかい》）壱岐吉佐《いきよしすけ》の妻

前述のように、長男・忠義は一豊の養子となったが、忠義が生まれた時、父・康豊はすでに四四歳。かなり晩年の部類に入る。だから、長女に松下家から婿養子を迎えていたのだろう。

なぜ、養子を松下家から撰《えら》んだのかといえば、松下家が同じ秀次附《づ》きの家臣で、近隣の遠江久野城主だったからだろう。甥の山内（安藤）可氏の妻も、同じく秀次附きの家臣で、遠江浜松城主の堀尾《ほりお》可晴《よしはる》の養女を迎えている。山内一豊（もしくは康豊）は閨閥《けいばつ》形成を怠らない、意外に抜け目ない人物だったようだ。

さて、婿養子・方綱の生年は不詳であるが、実兄・松下右兵衛尉《うひょうえのじょう》重綱《しげつな》が天正七（一五七九）年生まれだから、一五八〇年代生まれだったことは想像に難くない。『寛政重修諸家譜』によれば、方綱は「のち故ありて（松下）家に帰る」と記されている。康豊に男子が次々と生まれたので、養子縁組みを解消したのであろう。

忠義は少なくとも慶長八（一六〇三）年までに伯父《おじ》・一豊と養子縁組みを済ませ、同年に伏見城で家康・秀忠父子に拝謁している。時に一二歳。

そして、その二年後に養父・一豊が死去してしまったので、実父・康豊が後見となった。

その後の山内家

康豊は別家を立てて、四男・山内豊前守一唯（一六〇〇〜六三）が家督を継いで、三〇〇〇石を領した。

しかし、宗家の土佐藩四代藩主・山内土佐守《とさのかみ》豊昌《とよまさ》（一六四一〜一七〇〇）に男子がなかったので、一唯の曾孫《ひまご》・山内民部《みんぶ》豊房《とよふさ》（一六七二〜一七〇六）がその家督を継ぎ、その家禄は収公されてしまった。

さらに、豊房の孫（実は甥）の山内土佐守豊常《とよつね》（一七一一〜一七二五）にも子がなく、名家老として名高い山内（深尾）主馬《しゅめ》規重《のりしげ》の子・山内土佐守豊敷《とよのぶ》（一七一二〜一七六八）を養子に迎えた。

ちなみに、規重は、康豊の三男・深尾重昌の曾孫にあたる。つまり、土佐藩主・山内家の家督は康豊の長男・忠義の子孫から、四男・一唯の家系に移り、最終的には三男・深尾重昌の子孫へとバトンタッチしていったわけだ。

第4節　中村一氏

三中老の一人

中村式部少輔一氏《しきぶのしょうゆうかずうじ》（孫平次《まごへいじ》。？〜一六〇〇）は早くから秀吉に仕え、天正初年に近江長浜で二〇〇石を与えられている。［図6-1］

天正一二（一五八四）年五月に和泉岸和田《きしわだ》城主となり、翌天正一三年に近江水口六万石を賜り、羽柴秀次に附けられた。天正一三年七月に秀吉が関白に任ぜられると、慣例によって諸大夫一二名を置き、一氏もその一人に撰ばれ、従五位下式部少輔に叙任された。

天正一八年の小田原征伐の後、駿河府中（＝駿府《すんぷ》。静岡市）一四万五〇〇〇石に転じた。慶長五年の関ヶ原の合戦では家康方についたが、その二ヶ月前に急病で死去した。

妻は池田恒興の娘

妻は池田《いけだ》恒興《つねおき》の長女で、森武蔵守長可《もりむさしのかみながよし》（一五五八〜八四）の元夫人である。

秀吉は池田家に非常に気を遣っており、恒興の次女は秀次の正室になっている。その娘を宛がわれたのは、一氏に信頼を寄せていた証《あかし》であろう。

一氏が関ヶ原の合戦の前夜に急死してしまい、遺児・中村伯耆守忠一《ほうきのかみただかず》（初名・一忠《かずただ》。一五九〇〜一六〇九）はまだ弱冠一三歳だったので、一氏の弟・中村彦左衛門《ひこざえもん》一栄が陣代となって参陣。

合戦後に伯耆米子《よなご》藩一七万五〇〇〇石に転封となり、忠一は久松松平因幡守康元《ひさまつまつだいらいなばのかみやすもと》の六女（家康の姪）を秀忠の養女として妻に迎えたが、慶長一四（一六〇九）年にわずか二〇歳で死去し、無嗣廃絶となってしまった。

第5節　堀尾可晴

三中老の一人

堀尾《ほりお》帯刀先生《たてわきせんじよう》可晴《よしはる》（吉晴。一五四三〜一六一一）は、幼名を仁王丸、通称を小太郎、茂助《もすけ》、帯刀先生といい、諱《いみな》は「可晴」または「吉晴」という。

可晴の同時代に濃尾国境で「可」の字を使う者が少なくない（森可成《よしなり》、金森可近《ありちか》〔のち長近《ながちか》〕）。美濃の斎藤新九郎利尚《としひさ》（一般には斎藤義龍）が弘治元（一五五五）年頃に斎藤新九郎范可《はんか》と改名した影響があるのではないかと秘《ひそ》かに思っている。可晴はのちに秀吉に仕え、偏諱を与えられて「吉晴」と名乗ったのだろう。

堀尾家は尾張国供御所《くごしょ》（御供所《ごくしょ》の誤り。愛知県丹羽郡大口《おおぐち》町豊田《とよた》）に住み、はじめ岩倉織田家に属した。『太閤記』では、秀吉が美濃斎藤家の居城・稲葉山城（岐阜城）を攻め落とす際に、猟師《りょうし》・堀尾茂助（可晴）に山道を先導されるシーンがある。岩倉織田家が滅ぼされた後、可晴ら堀尾一族は浪々の身となり、猟師で生計を繋《つな》いでいたというのだ。

ただし、『寛政重修諸家譜』では、父・堀尾弥助泰晴《やすけやすはる》（一五一六〜九九）の代に信長に仕えたと記されているので、真偽のほどは定かではない。

天正一三（一五八五）年に近江佐和山四万石を与えられ、小田原征伐の後、遠江浜松一二万石に転封。生駒親正《いこまちかまさ》、中村一氏とともに「三中老」の一人に数えられた。

慶長五（一六〇〇）年の関ヶ原の合戦では、子の忠氏を会津征伐に赴く家康に従わせた。

可晴は家康に促され、浜松から越前に向かう途中、三河池鯉鮒《ちりゅう》宿で旧知の水野《みずの》忠重《ただしげ》に歓待を受けたが、同席した加賀井《かがのい》秀望《ひでもち》が突如、忠重を斬殺《ざんさつ》したため、可晴は秀望を斬り伏せた（秀望は石田三成の意を受けて忠重もしくは可晴を暗殺しようとしたのだという）。この騒ぎで可晴自身も傷を負い、合戦不参加になったらしい。可晴は慶長一六（一六一一）年六月に死去した。享年六九。

可晴の妻

『寛政重修諸家譜』には可晴の正室の記載がない。ただし、嫡男・忠氏の項に「母は津田氏」との記載があるので、側室もしくは正室に準じる女性がおり、津田家の出身であることがわかる。

津田姓は、織田家の庶流に多く見られる。信長の近親で堀尾家に関係した女性を探すと、『群書系図部集』所収「織田系図」に、津田長門守高勝《たかかつ》（中川八郎右衛門重政、津田左馬允《さまのじょう》盛月《もりつき》の弟）の娘が「堀尾帯刀吉晴猶子《ゆうし》」と記されている。

堀尾家の系図には、可晴に養女がいたことを記したものはない。しかし、ここで思い出されるのは、山内一豊の甥・山内（安藤）可氏が「堀尾吉晴の養女を妻とし」ていたという記述である。

ここで、なぜ津田高勝の娘が堀尾可晴の猶子になったのかという疑問が湧く。いろいろな可能性はあるものの、高勝の近親（姉妹？）に可晴の側室がおり、そのツテを頼って可晴の猶子になったと考えるのが妥当であろう。

可晴の子女

『寛政重修諸家譜』では可晴の子女として二男二女を掲げているが、実際には二男四女だったらしい。『寛政重修諸家譜』が「堀尾河内守某が妻」と記しているのは、おそらく「堀尾因幡某の妻」と「野々村河内守某の妻」という二人の娘を一人と混同してしまったと思われる。

[図6－3]

・長男　堀尾金介《きんすけ》某　（一五七三～一五九〇）　小田原征伐で討ち死にする。
・次男　堀尾出雲守《いずものかみ》忠氏《ただうじ》　（一五七七～一六〇四）　妻は前田玄以《げんい》の娘
・長女　野々村河内守《かわちのかみ》某の妻
・次女　（不明）
・三女　石川主殿頭《いしかわとのものかみ》忠総《ただふさ》の妻
・四女　堀尾因幡《いなば》某の妻

長男・金介がわずか一八歳で死去してしまったので、次男・弥介が家督を継ぎ、徳川秀忠から偏諱を受けて**堀尾出雲守忠氏**（一五七七～一六〇四）と名乗った（『尾張群書系図部集』では「堀尾金助は堀尾修理亮《しゆりのすけ》方泰《かたやす》の子で、吉晴の養子（『熱田裁断橋物語』）」との説を載せている）。

慶長五年に家康が上杉討伐に東上し、小山で会議を開いた際、山内一豊が居城・掛川城を明け渡すことを提案し、土佐藩二〇万二〇〇〇石の基礎を築いたが、そもそも居城の提供を発案したのは忠氏だったという。会議の前の雑談で忠氏がこの案を語り、それを一豊が自らの案のように提案したのだ。ただし、忠氏は関ヶ原の合戦後、出雲松江二四万石を与えられたのだから、一豊が功績を一人で横取りしたとはいえない気がする。

さらに、家康は、忠氏に妹と徳川家の重臣・石川主殿頭忠総の縁談を勧めた。

徳川家臣の石川家といえば、石川数正《かずまさ》が有名であるが、忠総はその本家にあたる。数正の従《い》兄弟《とこ》・石川長門守《ながとのかみ》康通《やすみち》の子が改易されてしまったので、康通が甥（妹と大久保相模守《さがみのかみ》忠隣《ただちか》の子）の忠総を養子に迎えたのである。

孫の代に無嗣廃絶

慶長九（一六〇四）年八月、忠氏は父・可晴に先だって死去してしまう。享年二八。遺児・三之《さんの》助《すけ》、のちの**堀尾山城守《やましろのかみ》忠晴《ただはる》**（一五九九～一六三三）はわずか六歳。祖父・可晴が後見したが、その可晴も慶長一六（一六一一）年に死去。しかし、その前年、忠晴は徳川秀忠の養女（奥平《おくだいら》大膳大夫《だいぜんだいふ》家昌《いえまさ》の娘）を妻に迎え、慶長一九（一六一四）年の大坂冬の陣で武功をあげ、堀尾家も安泰かと思われた。ところが、寛永一〇（一六三三）年に忠晴は三五歳で死去。男子がいなかったため、無嗣廃絶となった。

五代将軍・綱吉《つなよし》はなぜか堀尾家の廃絶を惜しみ、忠晴の外孫にあたる石川主殿頭憲之《とのものかみのりゆき》（一六三四〜一七〇七）の三男・**堀尾式部《しきぶ》勝明《かつあき》**（一六六一〜八八）に堀尾家を再興させたが、子がないまま、元禄《げんろく》元（一六八八）年にわずか三〇歳で死去してしまったという。

一説には、前田玄以の曾孫《ひまご》・押小路《おしこうじ》権大納言公音《きんおと》（一六五〇〜一七一六）の次男・前田《まえだ》出雲守玄長《いずものかみはるなが》（一六八六〜一七五二）を取り立てて、一四〇〇石を与えて高家に列し、堀尾家の祭祀《さいし》を継がせたという。

図6－3：堀尾家系図

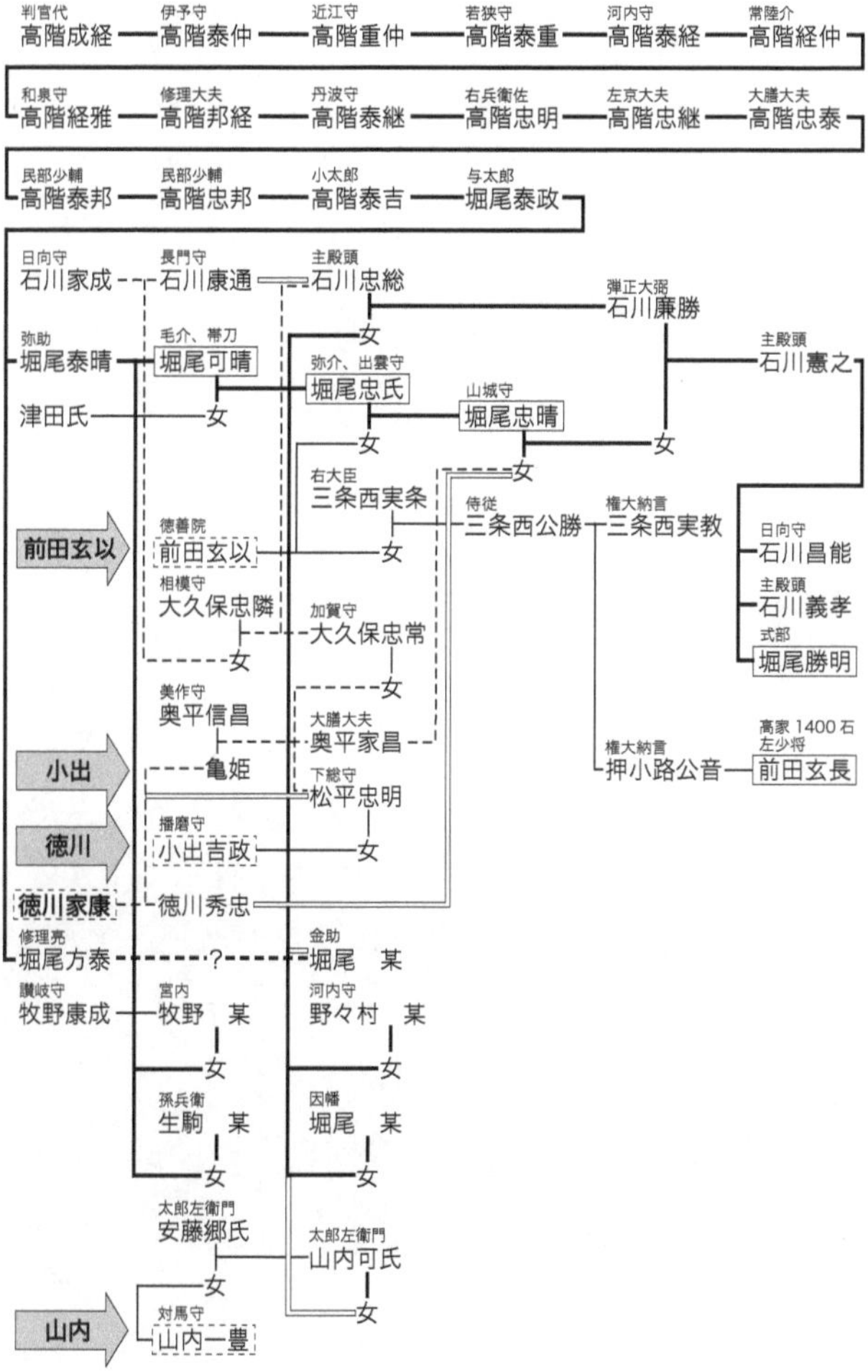
判官代 高階成経
伊予守 高階泰仲
近江守 高階重仲
若狭守 高階泰重
河内守 高階泰経
常陸介 高階経仲
和泉守 高階経雅
修理大夫 高階邦経
丹波守 高階泰継
右兵衛佐 高階忠明
左京大夫 高階忠継
大膳大夫 高階忠泰
民部少輔 高階泰邦
民部少輔 高階忠邦
小太郎 高階泰吉
与太郎 堀尾泰政
日向守 石川家成
長門守 石川康通
主殿頭 石川忠総
弾正大弼 石川廉勝
女
弥助 堀尾泰晴
毛介、帯刀 堀尾可晴
弥介、出雲守 堀尾忠氏
主殿頭 石川憲之
津田氏
女
山城守 堀尾忠晴
女
女
女
右大臣 三条西実条
侍従 三条西公勝
権大納言 三条西実教
前田玄以
徳善院 前田玄以
女
日向守 石川昌能
相模守 大久保忠隣
主殿頭 石川義孝
加賀守 大久保忠常
式部 堀尾勝明
女
女
美作守 奥平信昌
大膳大夫 奥平家昌
高家 1400 石 左少将
小出
亀姫
権大納言 押小路公音
前田玄長
下総守 松平忠明
徳川
播磨守 小出吉政
女
徳川家康
徳川秀忠
修理亮 堀尾方泰
?
金助 堀尾　某
讃岐守 牧野康成
宮内 牧野　某
河内守 野々村　某
女
女
孫兵衛 生駒　某
因幡 堀尾　某
女
女
太郎左衛門 安藤郷氏
太郎左衛門 山内可氏
女
女
山内
対馬守 山内一豊

第7章　六人衆から五奉行へ

第1節　豊臣家の家政担当

「五奉行」の淵源「六人衆」

秀吉政権の実務を担当していたのは、左に掲げる「五奉行」であることはよく知られている。

・**前田玄以**《げんい》（一五三九〜一六〇二）　美濃出身
・**浅野**《あさの》**長政**《ながまさ》（一五四七〜一六一一）　尾張出身　五奉行筆頭
・**増田**《ました》**長盛**《ながもり》（一五四五〜一六一五）　尾張出身（近江出身説あり）
・**石田**《いしだ》**三成**《みつなり》（一五六〇〜一六〇〇）　近江出身
・**長束**《なつか》**正家**（？　〜一六〇〇）　尾張出身（近江出身説あり）

この「五奉行」は、或《あ》る日突然、秀吉から職制を定められたわけではなく、豊臣家の家政を担当する「六人衆」のメンバーが世代交代し、再編されてメンバーが固定化していったものらしい。「六人衆」とは左の六人を指す。

・**寺沢広政**《てらさわひろまさ》（一五二五〜九六）　尾張出身

・蒔田広光《まいたひろみつ》（一五三三〜九五）　尾張出身
・小出秀政《こいでひでまさ》（一五四〇〜一六〇四）　尾張出身（第8章　秀頼附き）
・石川光重《いしかわみつしげ》（？　〜一五九六）　美濃出身
・伊藤秀盛《いとうひでもり》（生没年不詳）　美濃出身？
・一牛斎《いちぎゅうさい》能得《のうとく》（生没年不詳）　出身地不明

「六人衆の起源は、山崎の戦の戦後処理で在京していた石川光政《みつまさ》・伊藤秀盛の二人組が天正十一年十二月の光政の死でいったん消滅したのをきっかけに、姫路留守居衆の一牛斎・寺沢・蒔田・小出が加わって、伊藤・石川光重（光政の弟）の六人で集まったことが始まりである」（寺沢光世「秀吉の側近6人衆と石川光重」『日本歴史』。以下、寺沢論文と称す。カッコ内は引用者註）。

そして、この「六人衆」に「後に一牛斎・蒔田に代わって民部卿法印《みんぶきょうほういん》（前田）玄以・増田右《う》衛門尉《えもんのじょう》長盛が加わり、秀吉の晩年に石田（三成）・浅野（長政）・長束（正家）・増田・玄以の五奉行が成立する基となった」（寺沢論文）。

詳細は次章で述べるが、秀頼が生まれると、小出秀政と片桐且元《かたぎりかつもと》が秀頼附きの家臣とされ、秀吉が死去すると、片桐と石川光吉《みつよし》・一宗《かずむね》兄弟（光重の子）、石田正澄《まさずみ》（三成の兄）が奏者番（俗に「秀頼四人衆」）に撰《えら》ばれ、豊臣家の家政を任された。

「六人衆」「五奉行」の中核・石川家

秀吉の側近として豊臣家の家政を担っていたのは、「二人組」からはじまって「六人衆」、「五奉行」と変遷し、その死後は「秀頼四人衆」に継承されようとしていた。その主流を成していたのが、石川（石河《いしこ》）家である。［図7－0］

「二人組」の石川光政が死去すると、「六人衆」に実弟の石川光重が登用され、「秀頼四人衆」に光重の二人の子ども・石川光吉・一宗兄弟が選ばれた。

「五奉行」には石川家の人物が選ばれていないが、あの「石田三成が石川光重の後継者として光重の子の光元・光吉・一宗の後楯となった」「三成は信仰面で光重の影響を強く受け、（中略）三成の光重の政治的後継者としての自負があった」という（寺沢論文）。

のみならず、石川光吉・一宗兄弟は石田三成、大谷吉継《おおたによしつぐ》、真田《さなだ》信繁《のぶしげ》（幸村《ゆきむら》）と姻戚《いんせき》関係にあり、まさに豊臣家側近の本流にあった。

真田信繁が関ヶ原の合戦で毛利・石田方についたのは、父・昌幸が真田家延命策を考えたからではなく、石川家に繋《つな》がる豊臣家側近・次世代のホープだったからであろう。

第2節　豊臣家の家政を担う石川光政・光重

子孫は石河《いしこ》を名乗る

石川木工兵衛《もくべえ》光政（？～一五八三）は美濃国厚見郡加々嶋《かがしま》（岐阜市鏡島《かがしま》）出身である。

石川家は源大和守頼親《みなもとのやまとのかみよりちか》の子孫・物津冠者有光《ものつかじゃありみつ》が摂津から陸奥国石川郡泉に移り住み、石川を名乗った。有光の曾孫《ひまご》・三郎義季《さぶろうよしすえ》が承久《じょうきゅう》の乱で討ち死にしたので、その弟・二郎光治《じろうみつはる》が美濃国厚見郡市橋庄《いちはしのしょう》を賜ったと伝える。なお、江戸時代に至って、貞政《さだまさ》の代に姓を「石河《いしこ》」と改め、庶流もそれに従った。［図7－1］

父・石川木工兵衛光信《みつのぶ》（光延《みつのぶ》、家光《いえみつ》ともいう。？～一五六八）は斎藤道三に仕え、のち織田信長に転じた。

光政は早くから秀吉の与力とされた。秀吉からの信用が厚かったようで、天正一〇（一五八二）年六月、山崎の合戦の戦後処理を伊藤秀盛とともに任され（二人組）、光政の死後、「二人組」が「六人衆」に改編され、弟の光重がその一人となった。

夫人の実家はいずれも地味

光政の妻は益田《ますだ》某の娘というが、詳細は明らかでない。秀吉の家臣で益田といえば、蜂須賀

図７－０：文治派の婚姻関係

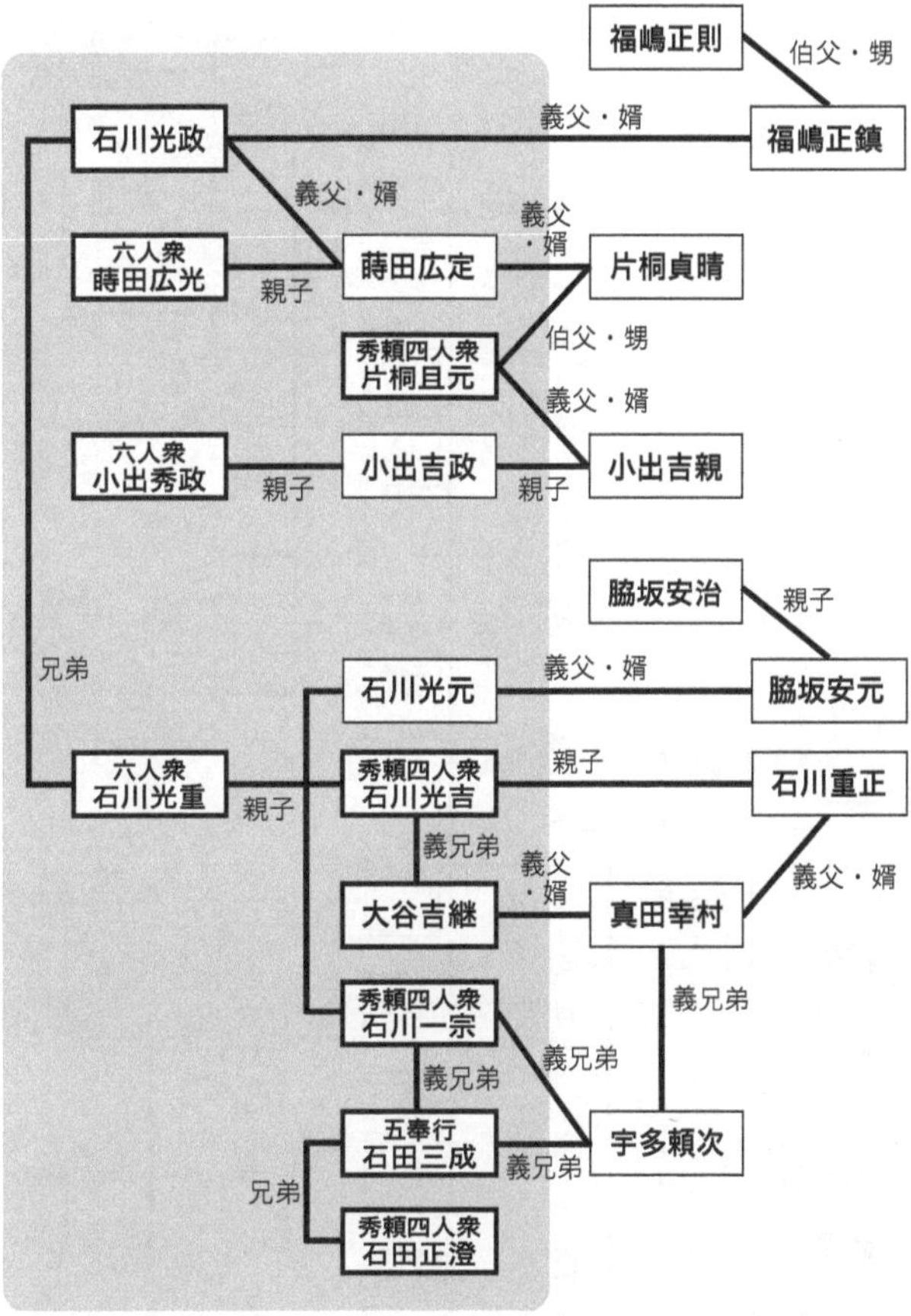

図7－1①：石川光政家系図

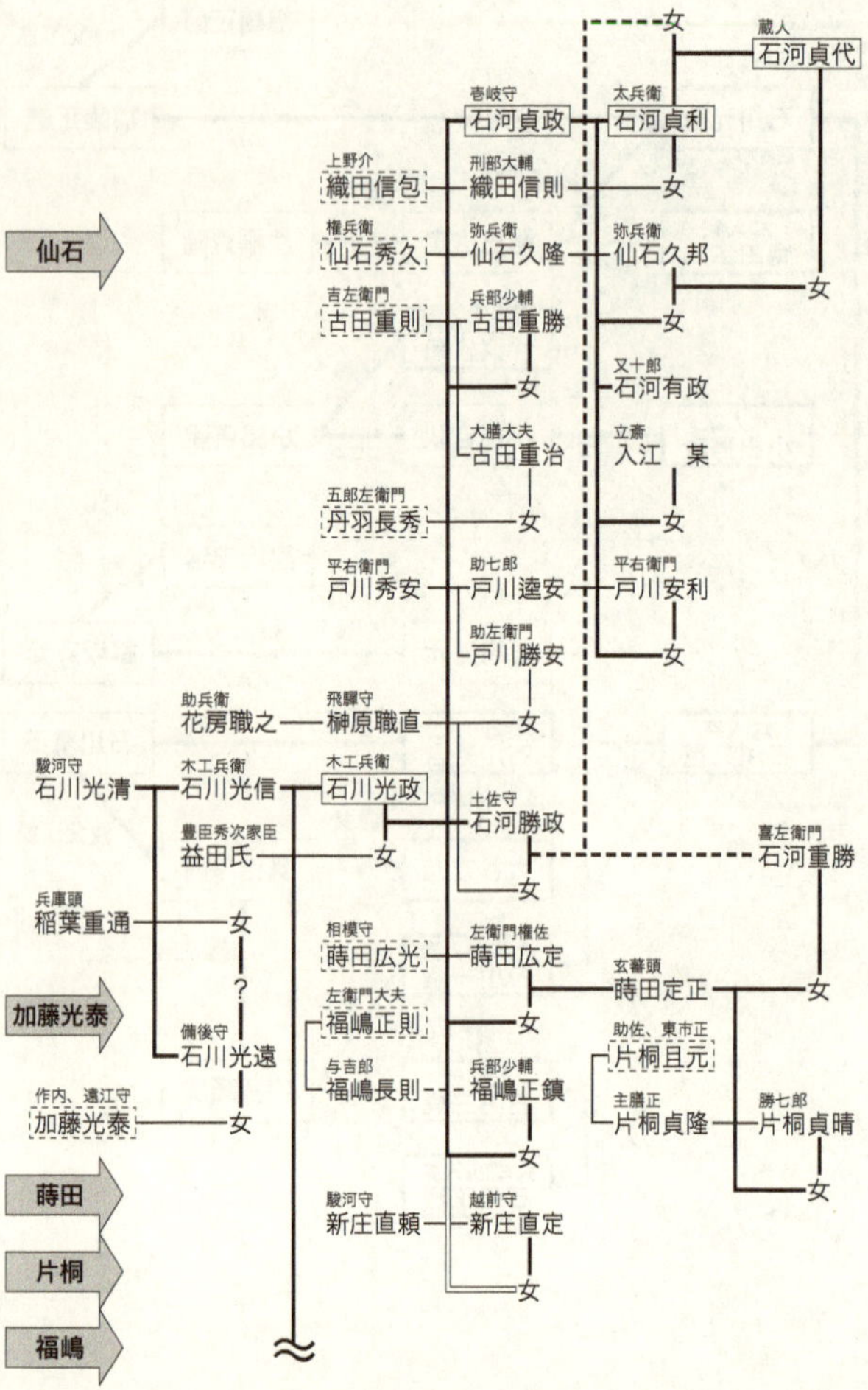

図7－1②: 石川光重家系図

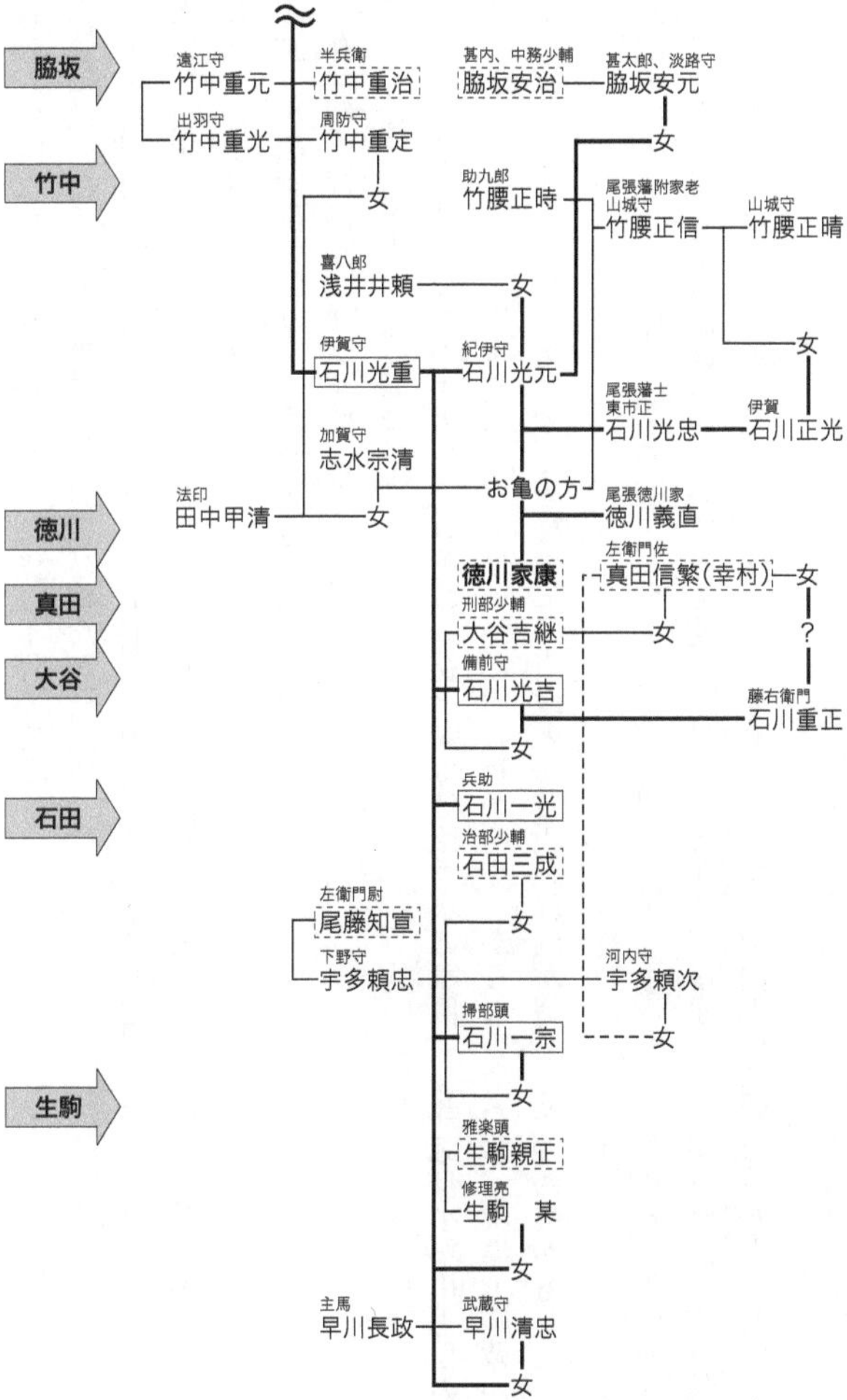

正勝夫人の実家が思い出されるが、関係は不詳である。

光政には少なくとも二男三女、および養女が一人いた。
・長男・石川壱岐守《いきのかみ》貞政（一五七五〜一六五七） 妻は松井藤四郎《まついとうしろう》某の娘
・次男・石川土佐守勝政《とさのかみかつまさ》（一五七七〜一六五九） 妻は府馬《ふま》某の娘、後妻は榊原職直《もとなお》の娘
・長女 古田兵部少輔重勝《ふるたひょうぶのしょうゆうしげかつ》の妻
・次女 福嶋兵部大輔《ふくしまひょうぶだゆう》某（福嶋兵部少輔正鎮《まさしげ》）の妻
・三女 蒔田権佐《ごんざ》某（蒔田左衛門権佐広定《さえもんごんのすけひろさだ》）の妻
・養女 新庄越前守《しんじょうえちぜんのかみ》某（新庄越前守直定《なおさだ》）の妻
光政と貞政・勝政兄弟の夫人はそれぞれ、益田某は豊臣秀次の家臣、松井某は小早川秀秋の家臣と伝えるのみで、府馬某についてはいかなる人物か全くわからない。なお、次男・勝政が小早川秀秋に仕えていたので、その縁で兄・貞政と松井氏の縁談が持ち上がったのかもしれない。

勝政の後妻の父・榊原飛騨守《ひだのかみ》職直（一五八六〜一六四八）は、宇喜多秀家の家老・花房助兵衛《はなぶさすけべえ》職之《もとゆき》の次男で、近親が榊原康政の側室に迎えられたことから、榊原姓を与えられた。榊原職直の娘との縁談は少々毛色が違っているが、全体的に豊臣家臣団内部の地味な閨閥《けいばつ》と評してよいだろう。

光政の長女は古田重勝（一五六〇〜一六〇六）に嫁いだ。古田重勝は美濃出身で秀吉に仕え、

文禄四（一五九五）年に伊勢松坂三万五〇〇〇石を賜った。慶長五（一六〇〇）年の関ヶ原の合戦で家康方につき、二万石を加増されたが、庶子の古田兵部少輔《ひょうぶのしょう》重恒《しげつね》（一六〇三～四八）に子がなく、無嗣断絶となった。なお、重勝の弟・古田大膳大夫《だいぜんだいぶ》重治《しげはる》（一五七八～一六二五）は丹羽長秀の女婿である。

次女の夫は『寛政重修諸家譜』に「福嶋兵部大輔某」と記されており、福嶋正則の甥《おい》・福嶋兵部少輔正鎮《まさしげ》（?～一六一六）だと考えられる。福嶋正鎮は秀長に仕え、「慶長十六年当時、知行六千五百石」（『大坂の陣　豊臣方人物事典』）。大坂夏の陣に兄・福嶋伊予守《いよのかみ》正守《まさもり》とともに豊臣方として茶臼山《ちゃうすやま》に参陣した。合戦後に落ち延びたが、その翌年に死去したという。

三女の夫は『寛政重修諸家譜』に「蒔田権佐某」と記されており、蒔田左衛門権佐広定（一五七一～一六三六）だと思われる。『寛政重修諸家譜』の蒔田広定の項では「継室は石河土佐守勝政が女」と記されているが、勝政は広定より年下なので、「勝政が姉」の誤りだろう。蒔田家は尾張国織津（愛知県稲沢市下津《おりづ》町）出身で、広定の父・蒔田相模守《さがみのかみ》広光《ひろみつ》（一五三三～九五）が信長・秀吉に仕えたという。

養女の夫は『寛政重修諸家譜』に「新庄越前守某」と記されており、新庄越前守直定（一五六二～一六一八）だと思われる。ただし、『寛政重修諸家譜』の新庄直定の項では「室は日野《ひの》中納言資友《ちゅうなごんすけとも》が女」と記されており、石川家との婚姻は記されていない。

光政の養女が先妻だったか、日野の娘が光政の養女になったのかもしれない。新庄家は近江国坂田《さかた》郡新庄の出身で、直定の父・新庄駿河守直頼《するがのかみなおより》（一五三五〜一六一二）は浅井家に仕え、浅井家滅亡後は信長・秀吉に仕え、関ヶ原の合戦後に常陸麻生《あそう》藩三万三〇〇〇石を与えられた。

総じて、豊臣家臣団の大名クラスとの縁組みをしていたことがわかる。

光政の子孫は旗本に

光政の子・貞政は秀吉に仕えて二〇〇〇石を与えられ、関ヶ原の合戦では家康方につき、浅野長政の陣に属して二〇〇〇石を加増された。

貞政の従兄弟《いとこ》・光吉・一宗兄弟は、片桐且元らとともに大坂城で庶務全般を差配しており、関ヶ原の合戦で石田・毛利方に与《くみ》して失脚した。

そのため、貞政は光吉・一宗兄弟の代わりに大坂城で秀頼に仕えていたらしい。しかし、慶長一九（一六一四）年に片桐且元が大坂城から追放された際、貞政もまた讒訴《ざんそ》によって城を去り、京都に移り住んだという。

弟・勝政ははじめ小早川秀秋に仕えたが、文禄元（一五九二）年に同僚の難波田《なんばた》筑後《ちくご》某を殺害して出奔。家康に仕え、秀忠附きとなった。寛永二年に大和国添下《そえしも》、摂津国兎原《うはら》、近江国蒲生のうちで五〇二〇石を安堵《あんど》され、子孫は旗本に列した。

「六人衆」の一人・光重

光政が死去した際、子の貞政はわずか七歳だったので、光政の弟・石川伊賀守《いがのかみ》光重《みつしげ》（？〜一五九六）が後見を務めた。

光重は通称を加介《かすけ》といい、のち伊賀守を名乗った。豊臣家の家政を担当する家臣「六人衆」の一人で、その役割は秀頼を輔弼《ほひつ》する「秀頼四人衆」として二人の息子（石川光吉・石川一宗兄弟）に引き継がれた。

尾張藩士の家系図を集めた『士林泝洄』によれば、光重には少なくとも四男二女がいた。

・長男　石川紀伊守《きいのかみ》光元《みつもと》（？〜一六〇一）
・次男　石川備前守《びぜんのかみ》光吉《みつよし》（？〜一六二六）　貞清《さだきよ》ともいう。秀頼四人衆
・三男　石川兵助《ひょうすけ》一光《かずみつ》（？〜一五八三）　貞友《さだとも》ともいう。
・四男　石川掃部頭《かもんのかみ》一宗《かずむね》（？〜一六〇〇）　頼明《よりあき》ともいう。秀頼四人衆
・長女　生《い》駒《こま》修理亮某の妻
・次女　早川《はやかわ》武蔵守《むさしのかみ》（清忠《きよただ》？）の妻

長男・光元の子は尾張藩祖の異父弟

光重の長男・石川紀伊守光元（？〜一六〇一）は秀吉に仕え、播磨国龍野五万三〇〇〇石を賜った。慶長五年の関ヶ原の合戦で毛利・石田方についたが、藤堂高虎の助命嘆願により赦《ゆる》さ

れ、翌慶長六年六月に死去した。

光元の側室・お亀の方（相応院。一五七三～一六四二）は、はじめ美濃斎藤家の家臣・竹腰助《たけのこしすけ》九郎正時《くろうまさとき》に嫁ぎ、竹腰山城守正信《まさのぶ》（一五九一～一六四五）を産んで死別。その後、光元の側室となり、石川東市正光忠《いちのかみみつただ》（太八郎。一五九四～一六二八）を産んだのちに離縁された。文禄三（一五九四）年に徳川家康に見初められて側室となり徳川義直（一六〇〇～五〇）を産んだ。

光忠は八歳にして父を失ったため、お亀の方に引き取られ、養育された。

慶長一二年に義直が尾張清須藩主（のち名古屋に移転）になると、異父兄・竹腰正信は附家《つけが》老《ろう》に登用され、翌慶長一三年に光忠も家康に召し出され、慶長一五（一六一〇）年に美濃・摂津で一万三〇〇石を賜った。慶長一七（一六一二）年に名古屋城代を命じられ、尾張藩政に参与。子孫は美濃国中島郡駒塚《こまづか》を居所として家老職を務め、四代・正章《まさあき》の代に本家に従って「石河」に改姓した。

次男・光吉は石田三成、真田幸村の女婿？

光重の次男・石川備前守光吉《みつよし》（三吉《みつよし》。？～一六二六）は一般に備前守貞清と呼ばれる。

秀吉に仕え、尾張犬山一二万石を賜った。秀吉の死後、弟・一宗らとともに「秀頼四人衆」を構成した。慶長五年の関ヶ原の合戦では毛利・石田方についたが、死罪を免れ、改易された。宗林と号し、京都に隠棲《いんせい》したと伝えられる。

『石田三成のすべて』『真田幸村のすべて』によれば、石田三成の次女および真田信繁（幸村）の七女がそれぞれ石川光吉に嫁いでいるのだという。

これについて、当の石川家（石河家）に伝わる家系図などによれば、「石川光吉（貞清＝宗林）は大谷吉継の妹婿（北政所の側近東殿局の娘婿）であり、石川光吉の末弟・石川一宗夫人（長野殿、芳園院殿）は石田三成夫人（無量院殿）の妹」（『石田三成とその子孫』）と記されているらしい。こちらの説の方が信頼できる。

なお、光吉の子・石川藤右衛門《とうえもん》重正《しげまさ》が真田信繁の女婿という説もあり、重正と光吉を誤認した可能性は否定できない。

三男・一光は「賤ヶ岳の九本槍」の予定だった

三男・**石川兵助一光**《かずみつ》（?〜一五八三）は貞友ともいい、秀吉の馬廻《うままわ》りを務めた。賤ヶ岳の合戦で一番槍《いちばんやり》の功をあげ、本来なら「賤ヶ岳の九本槍」の一人にあげられるべきだったのだが、討ち死にを遂げ、撰《せん》から漏れてしまった。

その功は遺児に与えられるべきだったが、一光には子がなかったので、代わりに末弟の四男・長松に対して一〇〇〇石が与えられた。

長松は成人して、**石川掃部頭一宗**《かもんのかみかずむね》（?〜一六〇〇）と名乗り、のちに一万石を賜った。一般に掃部頭頼明《よりあき》と呼ばれており、秀頼から偏諱《へんき》を受けたのかもしれない。

秀吉の死後、一宗は兄・光吉らと奏者番に撰ばれ、豊臣家の庶務全般を任された。慶長五年の関ヶ原の合戦では毛利・石田方につき、切腹を命じられた。

第3節　六人衆／蒔田広光

蒔田広光

蒔田相模守広光（一五三三～九五）は、通称を平左衛門といい、従五位下相模守に叙任された。諱は広光。久勝《ひさかつ》とも書く。なお、苗字《みょうじ》は蒔田と書いて「マイタ」と読む。もっとも現在、子孫は「マキタ」を名乗っている。［図7－2］

尾張国織津（中島郡下津《おりつ》村。愛知県稲沢市下津町）の出身。下津はもともと岩倉織田家が拠点としていた地であり、岩倉織田家の家臣だったと考えてよさそうだ。岩倉織田家は代々「広」を通字にしており、諱の「広光」は岩倉織田家から偏諱を賜ったものだろう。

『寛政重修諸家譜』によれば、広光の妻は「木下 備中守《びっちゅうのかみ》 某が女」という。

木下備中守といえば、荒木村重《あらきむらしげ》（一五三六～八六）の小姓で、木下姓を与えられた木下備中守重堅《しげかた》（？～一六〇〇）が思い浮かぶが年齢的に難しい。重堅の生年は不詳だが、村重の小姓であれば、村重より若年と考えられる。一方、広光の子は元亀二（一五七一）年生まれなので、

図７－２：蒔田家系図

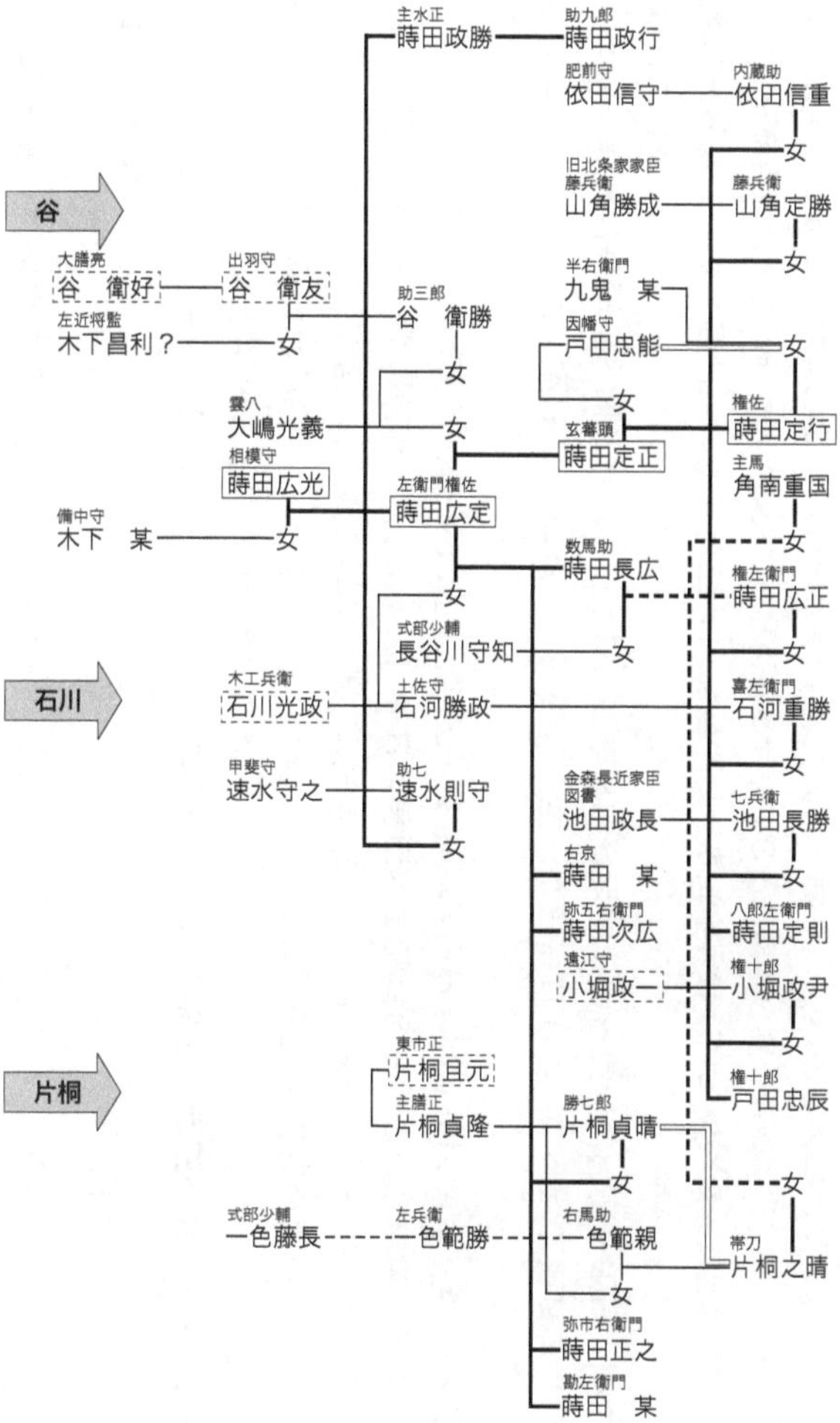
谷
石川
片桐
主水正
蒔田政勝
助九郎
蒔田政行
肥前守
依田信守
内蔵助
依田信重
女
旧北条家家臣
藤兵衛
山角勝成
藤兵衛
山角定勝
女
大膳亮
谷　衛好
出羽守
谷　衛友
助三郎
谷　衛勝
半右衛門
九鬼　某
左近将監
木下昌利？
女
因幡守
戸田忠能
女
女
女
雲八
大嶋光義
女
権佐
蒔田定行
玄蕃頭
蒔田定正
相模守
蒔田広光
主馬
角南重国
左衛門権佐
蒔田広定
備中守
木下　某
女
女
数馬助
蒔田長広
女
権左衛門
蒔田広正
式部少輔
長谷川守知
女
女
木工兵衛
石川光政
土佐守
石河勝政
喜左衛門
石河重勝
女
甲斐守
速水守之
助七
速水則守
金森長近家臣
図書
池田政長
七兵衛
池田長勝
女
右京
蒔田　某
女
弥五右衛門
蒔田次広
八郎左衛門
蒔田定則
遠江守
小堀政一
権十郎
小堀政尹
女
東市正
片桐且元
権十郎
戸田忠辰
主膳正
片桐貞隆
勝七郎
片桐貞晴
女
女
式部少輔
一色藤長
左兵衛
一色範勝
右馬助
一色範親
帯刀
片桐之晴
女
弥市右衛門
蒔田正之
勘左衛門
蒔田　某

世代的に無理があるからだ。

嫡子・広定

広光の長男・蒔田主水正政勝《もんどのかみまさかつ》(?〜一六〇七)は別家を立て、次男の蒔田左衛門権佐《さえもんごんのすけ》広定(一五七一〜一六三六)が跡を継いだといわれている。

広定は秀吉の小姓として仕え、天正一八(一五九〇)年七月に小田原征伐を終え、北条氏政・氏照《うじてる》兄弟が自刃した際、二〇歳の若さで検使役を拝命している。翌天正一九年八月には河内で一〇四石を与えられ、文禄元(一五九二)年には肥前名護屋城の東二の丸の警備、文禄三(一五九四)年には伏見築城の工事を分担し、河内・伊勢・備中で一万一六石を賜った(『太閤家臣団』)。

慶長五(一六〇〇)年の関ヶ原の合戦で、広定は毛利・石田方に与して伊勢安濃津《あのつ》城攻めに加わり、合戦後に高野山で蟄居《ちっきょ》した。その後、浅野幸長の取りなしで赦され、備中浅尾《あさお》一万石を与えられた。

妻は大嶋《おおしま》雲八光義《みつよし》の娘で、後妻に石川木工兵衛光政の娘を迎えている(『寛政重修諸家譜』では「石河土佐守勝政が女」としているが、年齢的にあわないので、姉妹の誤りだろう)。

蒔田家と石川家の縁談は、いうまでもなく「六人衆」人脈から来るものと思われる。

広定の子女

広定には六男一女があった（☆は大嶋氏、★は石川氏の子。それ以外は母不明）。

・長男☆蒔田玄蕃頭定正《げんばのかみさだまさ》（一五九一～一六四〇）
・次男　蒔田右京《うきょう》某（生没年不詳）松平《まつだいら》右衛門佐《えもんのすけ》（黒田忠之《くろだただゆき》？）の家臣
・三男★蒔田数馬助長広《かずまのすけながひろ》（一六〇一～一六五二）
・四男　蒔田弥五右衛門次広《やごえもんつぐひろ》（生没年不詳）
・五男　蒔田弥市右衛門正之《やいちえもんまさゆき》（生没年不詳）池田家臣
・六男　蒔田勘左衛門《かんざえもん》某（生没年不詳）
・長女　片桐勝七郎《しょうしちろう》貞晴《さだはる》の妻

広定の嫡男・**蒔田玄蕃頭定正**《げんばのかみさだまさ》（一五九一～一六四〇）は、弟・**蒔田数馬助長広**《かずまのすけながひろ》（一六〇一～五二）に三〇〇〇石を分知して、大名の列から外れたが、文久《ぶんきゅう》三（一八六三）年に一万石に高直しして大名に列した。

広定の長女の夫・片桐貞晴（？～一六五〇）は片桐且元の甥にあたる。且元もまた豊臣家の家政担当だったので、その関係から縁談が進んだのだろう。なお、貞晴の養子・片桐帯刀之晴《たてわきゆきはる》（一六三七～一七〇五）も蒔田長広の娘と結婚している。

第4節　六人衆／寺沢広政

寺沢広政

寺沢越中守広政（一五二五〜九六）は、通称を藤右衛門といい、天正一四（一五八六）年に従五位下越中守に叙任された。諱は広政。広正、弘政とも書く。『武功夜話』によれば、尾張国丹羽郡於久地《おくち》村（愛知県丹羽郡大口町小口《おぐち》）の出身らしい。［図7－3］

天正一〇（一五八二）年頃、姫路城の留守居役に任ぜられ、「天正十三年に本願寺が天満川崎に移る時に『秀吉ノ御分国にて、竹木ヲキラスル奉行』として尽力した・方広寺大仏普請にも深く関わっており、また播磨の諸社寺を復興するなど、六人衆の長老として宗教政策を担当した」（寺沢論文）。

しかし、天正二〇（一五九二）年の気候不順で、「寺沢弘政は河内国茨田郡（現大東市・門真市）内の代官所の取水・排水の件で隣領の代官の小出秀政《こいでひでまさ》と喧嘩に及んだ。これを妬んだ小出は大坂帰陣中の秀吉に寺沢の木奉行としての材木管理の不行届を訴えたため、秀吉は寺沢を勘当にし、知行六万石を没収したのである」（寺沢論文）。

図7−3：寺沢家系図

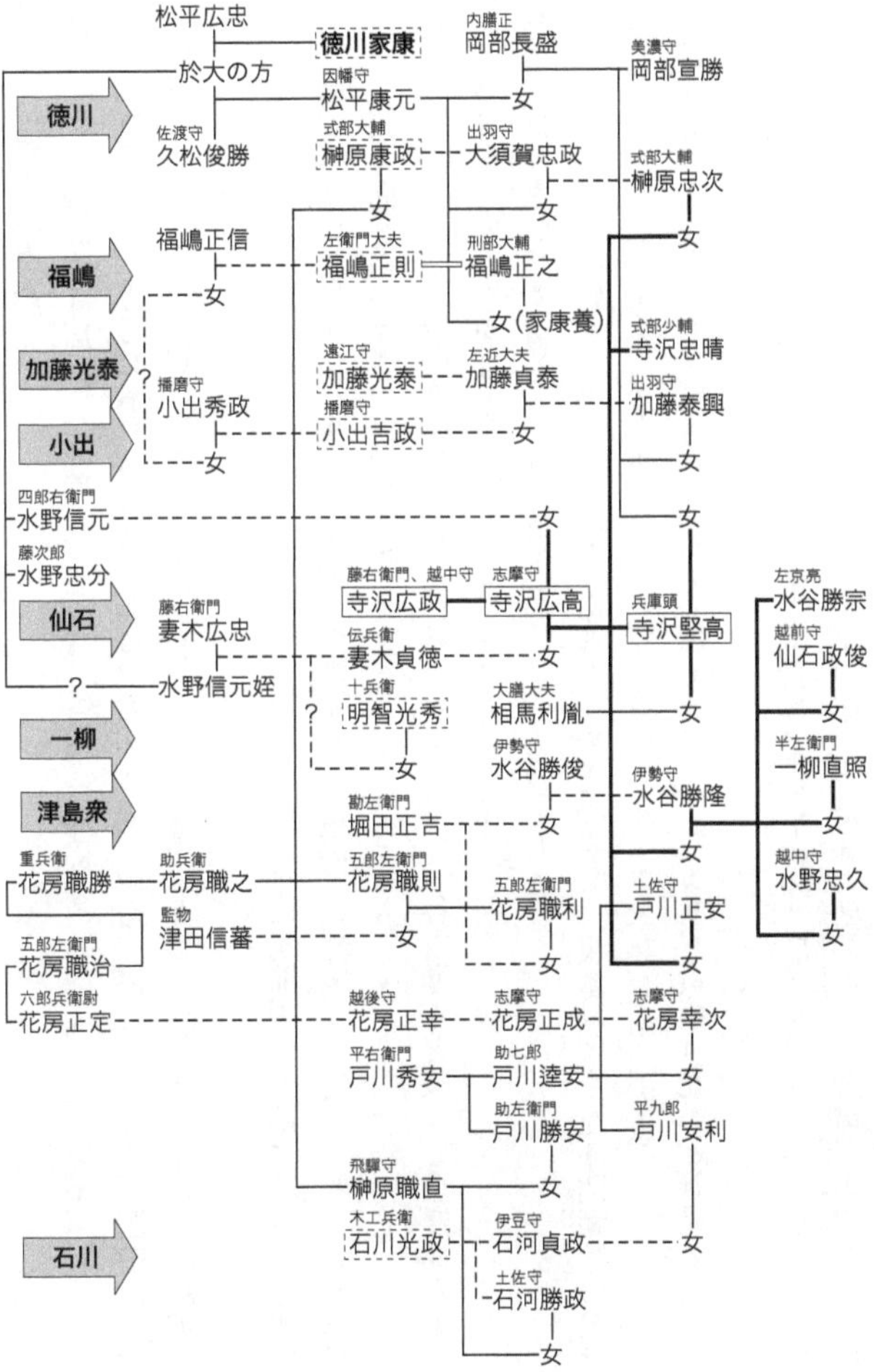
徳川
福嶋
加藤光泰
小出
仙石
一柳
津島衆
石川
松平広忠
徳川家康
於大の方
佐渡守
久松俊勝
因幡守
松平康元
式部大輔
榊原康政
内膳正
岡部長盛
美濃守
岡部宣勝
出羽守
大須賀忠政
式部大輔
榊原忠次
福嶋正信
左衛門大夫
福嶋正則
刑部大輔
福嶋正之
女(家康養)
式部少輔
寺沢忠晴
遠江守
加藤光泰
左近大夫
加藤貞泰
出羽守
加藤泰興
播磨守
小出秀政
播磨守
小出吉政
四郎右衛門
水野信元
藤次郎
水野忠分
藤右衛門、越中守
寺沢広政
志摩守
寺沢広高
兵庫頭
寺沢堅高
藤右衛門
妻木広忠
伝兵衛
妻木貞徳
水野信元姪
十兵衛
明智光秀
大膳大夫
相馬利胤
伊勢守
水谷勝俊
伊勢守
水谷勝隆
左京亮
水谷勝宗
越前守
仙石政俊
半左衛門
一柳直照
越中守
水野忠久
勘左衛門
堀田正吉
重兵衛
花房職勝
助兵衛
花房職之
五郎左衛門
花房職則
五郎左衛門
花房職利
土佐守
戸川正安
監物
津田信蕃
五郎左衛門
花房職治
六郎兵衛尉
花房正定
越後守
花房正幸
志摩守
花房正成
志摩守
花房幸次
平右衛門
戸川秀安
助七郎
戸川逵安
助左衛門
戸川勝安
平九郎
戸川安利
飛騨守
榊原職直
木工兵衛
石川光政
伊豆守
石河貞政
土佐守
石河勝政
女
?

嫡子・広高と水野家

広政の子・寺沢志摩守広高《しまのかみひろたか》（一五六三〜一六三三）は、通称を忠次郎といい、天正一七（一五八九）年に従五位下志摩守に叙任された。諱ははじめ正成《まさなり》、のち広高と改称した。肥前唐津《からつ》六万石を賜り、父・広政と同様に宗教政策に通じ、「長崎を拠点として造船とキリスト教政策を担当した」（寺沢論文）。

また、文禄・慶長の役で武功をあげ、慶長三（一五九八）年に筑前国怡土《いと》郡に二万石を加増される。翌慶長四年に島津家で伊集院忠棟《ただむね》の内乱が起きた際、島津家久《いえひさ》の援兵として差し向けられた。九州方面を担当する実務官僚といえよう。

慶長五（一六〇〇）年の関ヶ原の合戦では徳川方につき、大谷吉継隊を破って翌慶長六年に肥後国天草《あまくさ》郡にて四万石を加増され、併せて一二万石を領する。

広高の妻は妻木《つまき》伝兵衛《でんべえ》貞徳《さだのり》（一五四四〜一六一八）の娘である。

妻木家といえば、明智光秀の妻の実家であるが、光秀の義父・妻木勘解由左衛門《かげゆざえもん》範熙《のりひろ》の名は妻木家の系図にない。妻木家の系図によれば、貞徳の父・妻木藤右衛門《とうえもん》広忠《ひろただ》（一五一四〜八二）の娘が光秀の妻なのだという（『明智光秀のすべて』）。つまり、貞徳は光秀と義兄弟にあたるということだ。

また、『寛政重修諸家譜』によれば、貞徳の「母は水野《みずの》下野守《しもつけのかみ》信元《のぶもと》が姪」というが、これはかなり怪しい。信元の生年は不詳だが、すぐ下の弟・水野藤九郎《とうくろう》信近《のぶちか》、水野織部《おりべ》忠守《ただもり》がともに大永五（一五二五）年生まれなので、信元の姪《めい》は貞徳と同世代（もしくはその下）と考えられる。信元に年の離れた兄か姉がいれば、あるいは信元と同年代の姪がいても不思議ではないが、信元には早世した兄が一人、あとは七人の弟と六人の妹という家族構成なので、それも考えづらい。

ただし、広高の妻が水野家と縁があることは間違いなさそうだ。『断家譜』では広高の子・忠晴《ただはる》、堅高《かたたか》の母を「水野藤次郎忠分《ただちか》（信元の弟。一五三七～七八）女《のむすめ》」としている。つまり、この説に従えば、広高の妻は水野信元の姪になるのだ。しかし、『寛政重修諸家譜』の水野家の項では、水野下野守信元（?～一五七五）の娘に「寺沢志摩守広盛が室」を掲げており、『系図纂要』では「寺沢志摩守広高室」としている。広高の妻は、信元の姪ではなく娘である可能性が高い。

広高の子女

広高には二男三女がいた（★は妻木氏の子）。

- ・長男★寺沢式部少輔《しきぶのしょう》忠晴《ただはる》（一六〇〇～二二）
- ・次男★寺沢兵庫頭《ひょうごのかみ》堅高《かたたか》（一六〇九～一六四七）
- ・長女★水谷伊勢守《みずのやいせのかみ》勝隆《かつたか》の妻（先妻は酒井左衛門尉《さえもんのじょう》家次《いえつぐ》の娘）
- ・次女★榊原式部大輔《しきぶだゆう》忠次《ただつぐ》の妻（先妻は黒田甲斐守《くろだかいのかみ》長政《ながまさ》の娘）

・三女★戸川《とがわ》土佐守《とさのかみ》正安《まさやす》の妻

広高の長男・忠晴が父に先立って死去したため、次男・寺沢兵庫頭堅高（一六〇九～四七）が家督を継いだ。堅高は幼名を晴《はる》といい、寛永元（一六二四）年に従五位下兵庫頭に叙任された。

寛永一〇（一六三三）年に家督を継ぎ、寛永一四（一六三七）年に島原《しまばら》の乱が勃発《ぼっぱつ》すると、江戸に参勤中の堅高は急ぎ引き返し、島原藩主・松倉長門守勝家《まつくらながとのかみかついえ》らと乱の鎮圧に努めた。しかし、乱がおさまった後に失政の責を問われ、天草四万石を収公され、出仕をとどめられる。正保《しょうほう》四（一六四七）年に自殺。嗣子がなかったため、無嗣廃絶となった。

堅高の妻は岡部《おかべ》内膳正《ないぜんのかみ》長盛《ながもり》の娘。その母は久松《ひさまつ》松平因幡守康元《いなばのかみやすもと》の長女で、家康の姪にあたる。康元の娘たちは、家康の養女となって豊臣系有力大名との政略結婚に利用された。寺沢家は、家康・秀忠の養女が嫁ぐほどの家系ではないが、二番手クラスに位置づけられていたのだろう。なお、堅高は、後妻に相馬大膳大夫《だいぜんだいふ》利胤《としたね》の長女を迎えているが、その縁談の背景は不明である。

第5節　五奉行／前田玄以

僧侶出身？

前田玄以《げんい》（一五三九〜一六〇二）は民部卿法印《みんぶきょうほういん》、徳善院《とくぜんいん》、半夢斎《はんむさい》と号し、俗名を前田孫十郎《まごじゅうろう》基勝《もとかつ》という。美濃出身の僧侶《そうりょ》で、もともとは尾張小松寺《こまつじ》の住職だとも、比叡山の僧侶だったともいうが、定かではない。［図7－4］

信長に仕え、天正三（一五七五）年頃には信忠附《づ》きとなり、七〇〇〇石を知行した。本能寺の変の際、信忠から遺児・三法師《さんほうし》（のちの織田秀信《ひでのぶ》）を委《ゆだ》ねられ、秘《ひそ》かに二条城を脱出して清須に逃れ、長谷川丹波守《たんばのかみ》とともに傅役《もりやく》となった。

のちに京都奉行に任ぜられ、京都の政務を担い、天正一三（一五八五）年に丹波亀山五万石を与えられる。「五奉行」の一人となり、慶長五（一六〇〇）年九月の関ヶ原の合戦では、石田・毛利方につき大坂城の留守を勤めたが、所領は安堵され、慶長七（一六〇二）年五月に死去した。享年六四。

玄以の子女

前田玄以の妻は、信長の京都所司代・村井長門守貞勝《ながとのかみさだかつ》の娘である。

福嶋正則の弟・福嶋掃部頭《かもんのかみ》高晴《たかはる》（一五七三〜一六三三）も貞勝の女婿といわれているので、玄以と高晴は親子ほども年齢が違うのだが、義兄弟にあたるらしい。ちなみに谷口克広氏は「貞勝の年まれは、一五二〇年頃かそれ以前と考えるのが自然であろう」と推察している（『信長の天下所司代』）。玄以には三男五女がいた（★は嫡出）。

・長男★前田左近将監《さこんしょうげん》秀以《ひでもち》（一五七六〜一六〇一）
・次男　前田主膳正《しゅぜんのかみ》茂勝《しげかつ》（生没年不詳）
・三男★前田半右衛門《はんえもん》信勝《のぶかつ》（一五八一〜一六一三）
・長女★三条《さんじょう》　西《にし》右大臣《うだいじん》実条《さねえだ》の妻
・次女★堀尾《ほりお》出雲守《いずものかみ》忠氏《ただうじ》の妻
・三女★石川主殿頭《いしかわとのものかみ》忠総《ただふさ》の妻
・四女　堀尾家家臣・一瀬《いちのせ》仁左衛門《にざえもん》某の妻
・五女　稲葉《いなば》右京亮《うきょうのすけ》貞通《さだみち》の妻

長男は廃嫡、次男は乱心

長男の前田左近将監秀以《ひでもち》（一五七六〜一六〇一）は通称を半右衛門、左近将監、諱ははじめ智勝《のりかつ》、のち秀吉から羽柴姓と偏諱を与えられ、秀以と名乗った。「同（慶長）五年の関ヶ原合戦以前に、父玄以によって廃嫡され、弟茂勝に代わられたという」（『羽柴を名乗った人々』）。

図7－4：前田玄以家系図

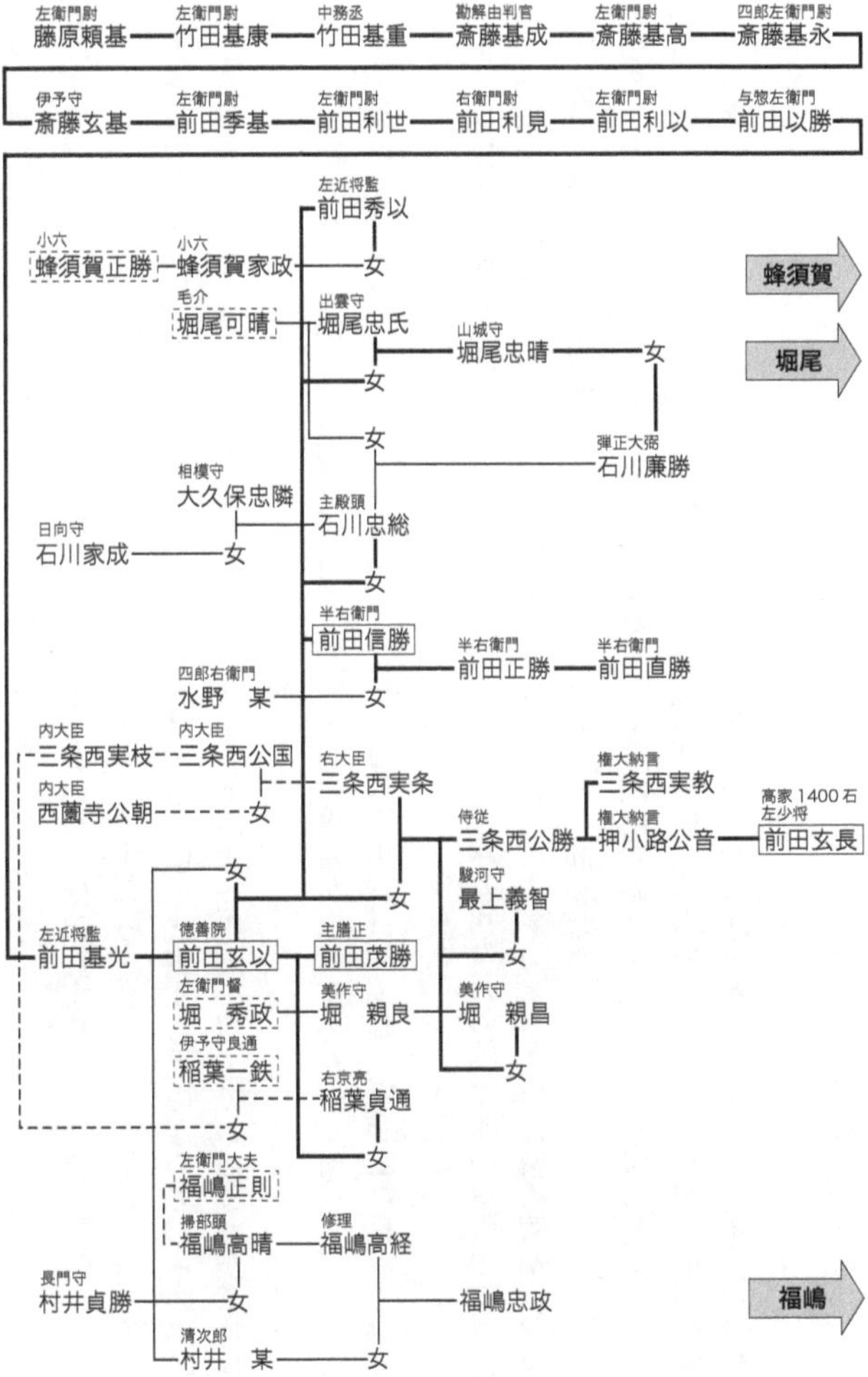
左衛門尉
藤原頼基
左衛門尉
竹田基康
中務丞
竹田基重
勘解由判官
斎藤基成
左衛門尉
斎藤基高
四郎左衛門尉
斎藤基永
伊予守
斎藤玄基
左衛門尉
前田季基
左衛門尉
前田利世
右衛門尉
前田利見
左衛門尉
前田利以
与惣左衛門
前田以勝
左近将監
前田秀以
女
小六
蜂須賀正勝
小六
蜂須賀家政
蜂須賀
毛介
堀尾可晴
出雲守
堀尾忠氏
山城守
堀尾忠晴
女
堀尾
女
女
弾正大弼
石川廉勝
相模守
大久保忠隣
主殿頭
石川忠総
日向守
石川家成
女
女
半右衛門
前田信勝
半右衛門
前田正勝
半右衛門
前田直勝
四郎右衛門
水野　某
女
内大臣
三条西実枝
内大臣
三条西公国
右大臣
三条西実条
権大納言
三条西実教
内大臣
西園寺公朝
女
侍従
三条西公勝
権大納言
押小路公音
高家 1400 石
左少将
前田玄長
女
女
駿河守
最上義智
左近将監
前田基光
徳善院
前田玄以
主膳正
前田茂勝
女
左衛門督
堀　秀政
美作守
堀　親良
美作守
堀　親昌
伊予守良通
稲葉一鉄
女
右京亮
稲葉貞通
女
女
左衛門大夫
福嶋正則
掃部頭
福嶋高晴
修理
福嶋高経
長門守
村井貞勝
女
福嶋忠政
福嶋
清次郎
村井　某
女

その翌年の慶長六（一六〇一）年閏《うるう》一〇月に死去。享年二六。

『寛政重修諸家譜』には秀以の妻子について記載がないが、蜂須賀家政《いえまさ》の長女を「前田左近某が妻」と記し、『断家譜』では玄以の長男・羽柴左近大夫《さこんだいふ》忠利《ただとし》（秀以のことと思われる）の妻を蜂須賀彦右衛門家政の娘と記している。蜂須賀家は豊臣家臣を代表する重臣なので、その婚姻には秀吉の意向が強く働いていたと考えられ、秀吉が前田玄以を高く買っていたことが示唆される。

秀以が廃嫡され、前田家の家督は次男・前田主膳正茂勝《しげかつ》が継いだのだが、慶長七（一六〇二）年に丹波八上《やかみ》藩に転封となり、慶長一三（一六〇八）年六月に乱心して家臣を殺害し、改易されてしまった。

三男・前田半右衛門信勝（一五八一～一六一三）は、慶長五年九月の関ヶ原の合戦で家康に従い、小山会議に参陣。父・玄以が大坂城を守っていたため、そのまま江戸に留め置かれ、慶長七年に丹波桑田《くわた》、船井《ふない》両郡のうちに一〇〇〇石を賜り、旗本に列した。

信勝の「妻は水野四郎右衛門《しろうえもん》某が女」である。水野四郎右衛門といえば、家康の伯父・水野四郎右衛門信元（?～一五七五）が思い当たる。信元には一〇人の娘がいるのだが、前田信勝の妻はいない。一〇人のうちのいずれかが再婚したのか、或《ある》いは同姓同名の水野四郎右衛門がいたのかもしれない。

第6節　五奉行／石田三成

優秀すぎる実務官僚

石田治部少輔三成《じぶのしょうゆうみつなり》（一五六〇～一六〇〇）は近江国坂田郡北郷里《きたごうり》村石田（滋賀県長浜市石田町）の土豪・石田藤左衛門正継《とうざえもんまさつぐ》の次男に生まれ、幼名を佐吉《さきち》といい、諱ははじめ三也《みつなり》、のちに三成と改名した。［図7－5／A］

幼年時に寺に預けられ、天正二（一五七四）年頃に秀吉に取り立てられる。寺に寄った秀吉にぬるい茶を出し、最後に熱い茶を出した逸話は有名である（当時はガスコンロがないから、最初から熱い茶が出せなかっただけだと思うのは、筆者だけであろうか）。

天正一三（一五八五）年七月に秀吉が関白に任ぜられると、慣例によって諸大夫一二名を置き、三成もその一人に撰ばれ、従五位下治部少輔に叙任された。

翌天正一四年から天正一六（一五八八）年まで、三成は小西隆佐《りゅうさ》（行長《ゆきなが》の父）とともに堺《さかい》の奉行に任ぜられ、天正一五年の九州征伐では兵站《へいたん》奉行として活躍した。

天正一八（一五九〇）年の小田原征伐で、三成は大谷吉継《おおたによしつぐ》・長束正家《なつかまさいえ》らとともに一万五〇〇〇の兵を率いて五月に上野《こうずけ》の館林《たてばやし》城を攻め降し、ついで七月に武蔵の忍《おし》城を水攻めにするも、なかなか落城させることができず、大失態を演じている（映画『のぼうの城』でも有名）。小田原征伐が終わると、浅野長政とともに奥州に下り、検地に従事。

やはり、三成は部将ではなく、吏僚として有能だったのだろう。

しかし、秀吉の「晩年の暴走」を忠実に支える三成は、諸将から恨みを買うことになる。

文禄の役で三成は船奉行を命じられ、天正二〇（一五九二）年六月に朝鮮に渡った。翌文禄二年五月に明の講和使節をともなって帰国した。

その後、明国との講和が成り、一時的に朝鮮での戦闘は休止されたが、明側の実務担当者は講和交渉を本国に報告しておらず、日本に派遣した講和使節も偽物だったらしい。

そこで、文禄四（一五九五）年四月頃から明との正式な講和交渉がはじまり、場所を名護屋に移して三成は小西行長、大谷吉継とともに講和を進めた。ちなみに、三成・行長は、この動きに反した加藤清正《かとうきよまさ》を秀吉に讒訴《ざんそ》し、秀吉の怒りを買った清正は翌文禄五（一五九六）年四月に朝鮮から日本に召還され、謹慎を余儀なくされる。

文禄四年七月、関白秀次が自刃。「事件後、秀次家臣であった大庭三左衛門・大山伯耆守・前野右衛門太郎・前野兵庫介らが石田三成に転仕したことも、わずかとはいえ気がかりなところである」（『人物叢書　豊臣秀次』）との指摘があり、三成が関与したという噂がある。仮に三成が関与していたとしても、それは奸臣《かんしん》・謀臣というわけではなく、秀吉の意を汲《く》んだ忠実な実務担当者としての働きであろう。

ちなみに、三成はその翌月に近江佐和山一八万石を与えられている。

図7－5／A：石田家系図

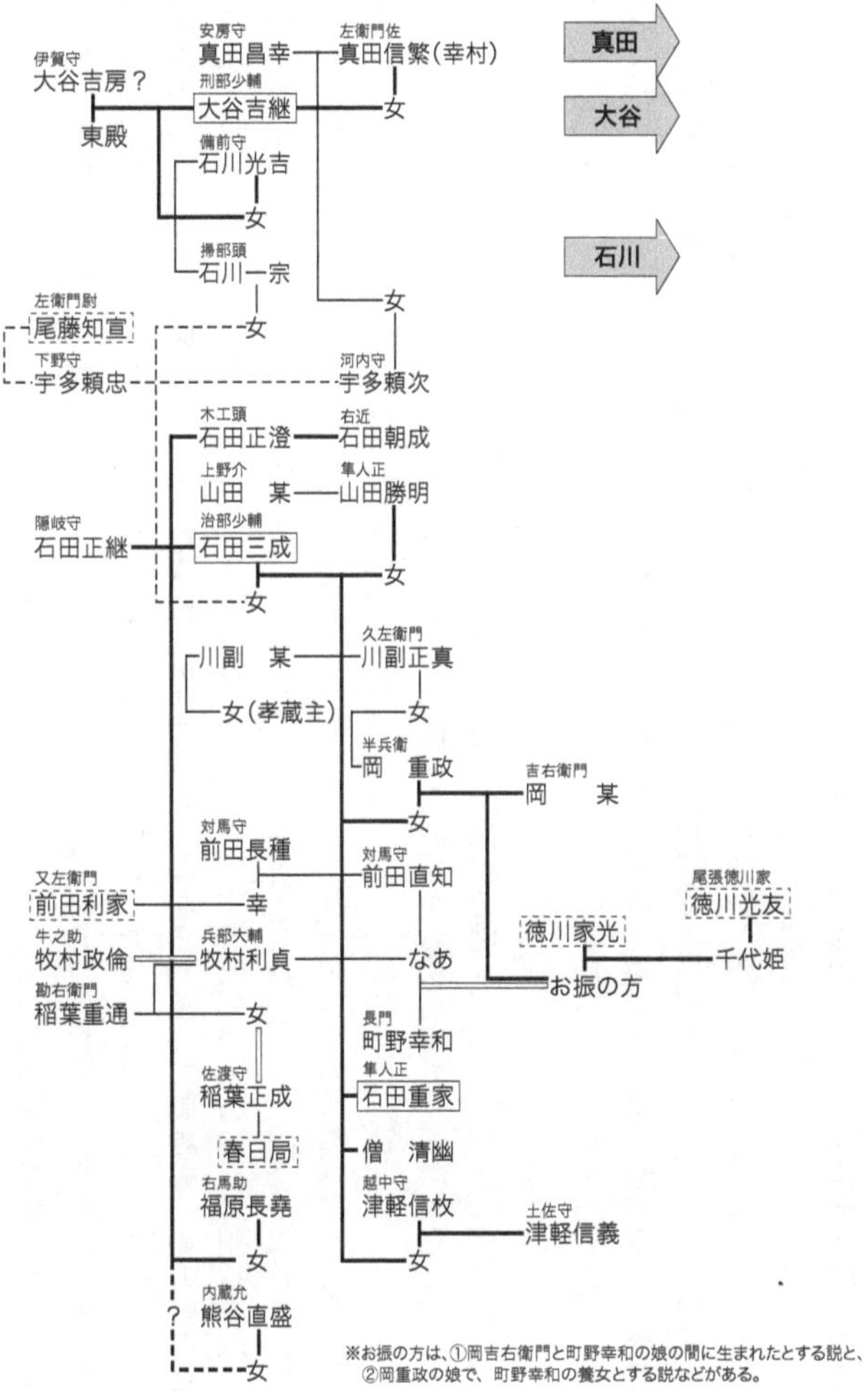

※お振の方は、①岡吉右衛門と町野幸和の娘の間に生まれたとする説と、
②岡重政の娘で、町野幸和の養女とする説などがある。

翌文禄五年九月に明との講和が破れ、慶長二（一五九七）年に再び日本軍が朝鮮に渡海（慶長の役）。その際に福原長堯《ふくはらながたか》・垣見一直《かきみかずなお》・熊谷直盛《くまがいなおもり》・早川長政《はやかわながまさ》・竹中重利《たけなかしげとし》・毛利高政《もうりたかまさ》らの目付が附けられた。このうち、福原・熊谷は三成と姻戚関係があったという。

慶長の役で苦戦する諸将は、秀吉の意向に反すると知りながら、あえて戦線縮小の方針を合議決定する。これが目付の福原長堯らから秀吉に伝えられ、主導的立場にあった蜂須賀家政《はちすかいえまさ》・黒田長政《くろだながまさ》が謹慎処分、同調した加藤清正・藤堂高虎《とうどうたかとら》らが譴責《けんせき》処分を蒙《こうむ》った（『関ヶ原合戦と大坂の陣』）。目付の早川長政・竹中重利は同調したために改易され、かれらの所領は福原長堯に与えられた（『天下分け目の関ヶ原の合戦はなかった』）。

ここでも、福原の近親にあたる三成が、朝鮮に渡った諸将から反目を受ける結果となる。八月に秀吉が死去すると、三成は朝鮮に渡海した軍の撤収を図り、九月に博多《はかた》に下向。朝鮮から帰還した蜂須賀家政・黒田長政は加藤清正を誘って、福原・垣見・熊谷の三目付の報告が虚偽であるとして、三成に三人の処分を迫るとともに、家康ら五大老にも訴えた。

ところが、三成が三人を処分しようとしなかったため、朝鮮帰還組は不満を鬱積《うっせき》させ、慶長四（一五九九）年閏三月に前田利家が死去すると、蜂須賀家政・黒田長政・加藤清正・福嶋正《ふくしままさ》則《のり》・細川忠興《ほそかわただおき》・藤堂高虎、および浅野幸長《あさのよしなが》の七将が三成を襲撃した（蜂須賀・藤堂の代わりに、加藤嘉明《かとうよしあき》・池田輝政《いけだてるまさ》とする説もあるが、後述するように蜂須賀が七将の一人であることは間違いない）。

三成は急場を凌《しの》いで脱出したが、徳川家康の調停によって、佐和山城での謹慎を余儀なくされた。また、五大老は蜂須賀家政・黒田長政に宛てて、三目付の報告を虚偽と認めた。

この事件を平和裏に収めたことから、家康の声望は高まり、伏見城に入城し、秀吉後の豊臣政権を事実上主宰することになった（その後、家康暗殺計画が露見して、家康は伏見城から大坂城に移った）。

慶長五（一六〇〇）年六月、上杉討伐のため、家康は大坂を発《た》って会津に向かった。

翌七月、五奉行のうち三人（増田長盛・長束正家・前田玄以）は家康不在の大坂城に、五大老の一人・毛利輝元を招聘《しょうへい》。輝元は石田三成・大谷吉継を大坂城に呼び戻し、増田・長束・前田が家康に対する弾劾状「内府《だいふ》ちがひの条々」を発して、家康の追討を宣言。同月、小早川秀秋らが、徳川家臣・鳥居元忠《とりいもとただ》、深溝松平《ふこうずまつだいら》家忠《いえただ》らが守る伏見城を総攻撃して陥落させる。伊勢方面に毛利秀元《もうりひでもと》を、美濃方面に安国寺恵瓊《あんこくじえけい》・長束正家・石田三成を遣わした。

従来、関ヶ原の合戦は三成が首謀したものだといわれているが、実際は毛利輝元《もうりてるもと》が首謀者だという説が浮上している（『天下分け目の関ヶ原の合戦はなかった』）。筆者も家康に対決するには三成では力不足であり、毛利ぐらいでなければ難しいと感じる。

一方、家康が率いる軍勢は、大坂城の挙兵を知って下野《しもつけ》の小山《おやま》で軍議をこらし、反転して東上。八月に福嶋正則・池田輝政らの先陣が毛利・石田方の岐阜城を攻略。対する毛利・石田方は九月に伊勢方面軍が美濃方面軍と合流。九月一五日に関ヶ原で徳川方と合戦に及び敗退。三成は秘かに敗走した。

合戦後、小早川秀秋は行きがかり上、伏見城を攻撃したことを詫《わ》び、三成の居城・佐和山城への攻撃を申し出た。佐和山城には三成の父・石田隠岐守正継《おきのかみまさつぐ》、兄・石田木工頭正澄《もくのかみまさずみ》、義父・宇多《うだ》下野守《しもつけのかみ》頼忠《よりただ》らが籠城《ろうじょう》。秀秋は井伊直政《いいなおまさ》・田中吉政《たなかよしまさ》・脇坂安治《わきさかやすはる》らと佐和山城を攻撃したが、なかなか落城せず、家康は開城を勧告。三成敗走を知って、石田父子は佐和山城の開城を決意したが、講和交渉を聞いていなかった田中吉政が城内に突入。九月一八日、石田一族は自決した。家康は近江出身の田中吉政に三成の探索・捕縛を命じた。

一方、敗走した三成は、かつて情けをかけた百姓・与次郎太夫《よじろうたゆう》によって岩窟《がんくつ》に匿《かくま》われていたが、下痢を起こして起居も不自由な状態だった。しかも、与次郎太夫が匿っていることを名主に知られてしまい、三成の同意を得て田中吉政に連絡、九月二一日、捕縛されるに至った(『人物叢書 石田三成』)。

三成と旧知の吉政は、三成の病気が回復した後、九月二五日に大津の家康陣に三成を伴った。一〇月一日、三成は安国寺恵瓊・小西行長らとともに京都六条河原で処刑された。享年四一。

ミツナリではなく、カヅシゲ?

肥前松浦藩の大名・松浦清《まつらきよし》(号・静山《せいざん》。一七六〇~一八四一)が著した『甲子夜話《かっしやわ》』によれば、伊勢(三重県)津の藩主・藤堂主計《かずえ》、ならびに石川定一郎から聞いた話として、伊勢の一身田《いっしんでん》(三重県津市一身田町)にある専修寺《せんじゅじ》(一向寺)は、三成と関係の深い寺で、三成の書いた仮名文を数通伝えているが、すべてカヅシゲと書いてあるという。しかし、渡辺世祐《よすけ》氏が『稿本石田三成』を書かれたさい、専修寺へ行って調査されたところでは、三成の書いた仮名文は一通もなかったという。

それに三成は、当初は『三也』と自署している。『三』には『カズ』と読む名のりはあるが、『也』は『シゲ』とは読まない。したがって、通説のとおり、『ミツナリ』と読むのが無難であろう」（『石田三成のすべて』）。

筆者は「カヅシゲ」と記した書類がある以上、それに従うべきだと考えていた。しかし、そもそも父「正継」、兄「正澄」で、なぜ「三成」一人が諱《いみな》に「正」の字を使っていないのかと考え、石川光吉《みつよし》（三成の義弟・石川一宗《かずむね》の兄）が一時期「三吉《みつよし》」と名乗っていたことに行き着いた。光吉が三吉と名乗っていたのと同様、光吉の父・石川光重《みつしげ》も三重と名乗り、三成に偏諱を与えたのではないだろうか。ちなみに三成の子は重家、重成といい、光重の影響を感じさせる。

三成の妻

石田三成の妻は、宇多下野守頼忠の娘である。

頼忠は旧名を尾藤《びとう》久右衛門《きゅうえもん》といい、秀吉の家臣・尾藤甚右衛門知宣《じんえもんとものぶ》（？〜一五九〇）の弟である。知宣は天正一二（一五八四）年に但馬豊岡城主となり、翌天正一三年六月に四国征伐の功にて讃岐で五万石を与えられたが、天正一五（一五八七）年の九州征伐で島津軍に攻められた宮部《みやべ》継潤《けいじゅん》を助けなかったことを咎《とが》められて改易される。天正一八（一五九〇）年の小田原征伐で知宣は秀吉の勘気に触れて殺害されたため、頼忠は宇多姓に改姓したといわれる。

一説には、頼忠の娘を真田昌幸（一五四七〜一六一一）の妻、信繁（幸村。一五六七？〜一六一五）の母として、信繁を三成の甥とする。しかし、信長が足利義昭を奉じて上洛《じょうらく》する頃（一五六八年）、豊臣家臣（宇多頼忠）の娘が信濃の国衆に嫁ぐことは考えられず、誤りと考えるべきであろう。［図7-5／B］

三成の子女

『石田三成とその子孫』によれば、三成には三男三女があったという。

・長男　石田隼人正重家《はやとのかみしげいえ》（一五八六？〜一六八六）
・次男　石田隼人正重成《しげなり》（一五八七〜一六四一）
・三男　僧侶・深長坊《しんちょうぼう》清幽《せいゆう》（一五九五〜一六七六）
・長女（一五七九〜一六四七）石田家臣・山田《やまだ》隼人正勝重《はやとのかみかつしげ》（のち松平忠輝《ただてる》家老）の妻
・次女（一五八三〜一六六一）蒲生《がもう》家臣・岡半兵衛《おかはんべえ》重政《しげまさ》の妻
・三女（一五九二〜一六二三）北政所の養女。弘前藩主・津軽信枚《つがるのぶひら》の側室

三成の長男・**石田隼人正重家**（一五八六？〜一六八六）は、慶長四（一五九九）年に三成が佐和山に隠棲《いんせい》すると、父に代わって秀頼に仕えた。諱の「重」の字は、石川光重にあやかったの

図7－5／B：石田家系図

※巷間に伝わる系図

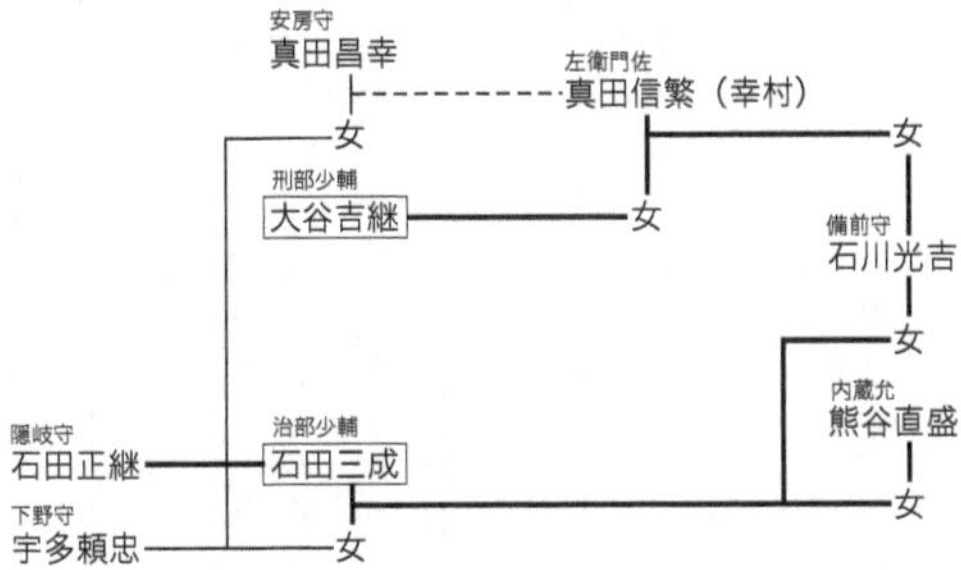

だろうか。翌慶長五年の関ヶ原の合戦で三成が敗走すると、「石田家の重臣津山甚内は、石田家の嫡男である重家を守るために城外に逃し、三成が伯蒲《はくほ》恵稜《えりよう》を招いて創建した京都妙心寺の塔頭《たっちゅう》寿聖院《じゅしょういん》に入れた。重家は伯蒲恵稜の勧めによって剃髪し出家して謹慎の意を表し、そして伯蒲恵稜は重家の所在を京都所司代の奥平信昌を通じて家康に届け出て助命を求めたという。徳川家は重家に対して出家している身であることを理由に助命している。（中略）重家は出家の身として子をもうけず、寿聖院の第三世、済院宗享大禅師となって天寿を全うした」（『戦国武将　敗者の子孫たち』）。

次男といわれている**石田隼人正重成**は「大坂城から津軽に亡命し」、「津軽に亡命した後、杉山源吾某と名前を改めている」という（『石田三成とその子孫』）。しかし、兄弟が同じ通称名を同時期に使うわけがないので、津軽家臣・杉山氏が三成の末裔《まつえい》を僭称《せんしょう》し、重家をモデルとして先祖・重成を創ったと考えた方が合理的だと思う。

なお、『石田三成とその子孫』の著者・白川亨《しらかわとおる》氏は、同書で「石田三成という方は、隼人という称が好きなようで、庶子を含めると四人に隼人の通称を名乗らせている」と記しているが、長男以外の隼人はみな創造上の人物だと考えた方が適切だろう。

三男の**深長坊**《しんちょうぼう》**清幽**《せいゆう》（一五九五～一六七六）は幼名を左吉といい、「三成の兄石田正澄は家臣の津田清幽《きよふか》父子に左吉を託して城外に出した。津田清幽は脇坂家旗奉行村瀬《むらせ》忠兵衛《ちゅうべえ》を生け捕り、脇坂家に対し佐和山城攻撃の不義を訴え、左吉の助命を約束させた上で家康が本陣を敷いた平田山（滋賀県彦根市内、現在の雨壺山）に向かったという。左吉は出家を条件として助命され、深長坊清幽と称し甲斐国河浦山薬王寺（山梨県西八代郡市川三郷町上野）の第十六世住職となった」（『戦国武将　敗者の子孫たち』）。

三成の次女は北政所（秀吉の正室）に仕え、北政所の側近・孝蔵主《こうぞうす》の縁者（甥の義弟）にあたる岡半兵衛《おかはんべえ》重政《しげまさ》に嫁いだ。

三成の三女は北政所の養女となり、「孝蔵主の尽力で」（『戦国武将　敗者の子孫たち』）慶長一五（一六一〇）年に弘前《ひろさき》藩主・津軽越中守信枚（一五八六～一六三八）の側室となり、嫡男・津軽土佐守信義（一六一九～五五）を産んだという。

混乱する婚姻関係

なお、『石田三成のすべて』掲載の系図では、以下の子女を掲げている。

・長男　石田隼人正重家　京都寿聖院第三世　法号・宗享
・次男　杉山《すぎやま》源吾《げんご》　敗戦後、津軽深見村に隠れ、津軽家客分として扶持《ふち》を受ける。
・三男　石井《いしい》八郎《はちろう》　備中小田郡吉田村に帰農し、庄屋を相務める。
・娘　熊谷《くまがい》内蔵允《くらのじょう》直盛《なおもり》の妻　豊後安芸城主
・娘　石川《いしかわ》兵蔵《ひょうぞう》貞清《さだきよ》（光吉《みつよし》）の妻　尾張犬山城主
・娘　津軽信枚の側室　弘前藩主
・娘　箕浦《みのうら》平左衛門《へいざえもん》の妻　阿波の人
・娘　佐藤《さとう》三益《さんえき》の妻　紀州藩医

正直なところ、長男・重家と熊谷直盛の妻、石川貞清の妻以外は、全て偽系図（創造上の人物）と考えられる。

そして、『石田三成とその子孫』によれば、三成の娘が熊谷直盛の妻、石川貞清の妻というのも怪しいという。石川家（石河家）に伝わる家系図などによれば、「石川光吉（貞清＝宗林）は大谷吉継の妹婿（北政所の側近・東殿局の娘婿）であり、石川光吉の末弟・石川一宗夫人（長野殿、芳園院殿）は石田三成夫人（無量院殿）の妹」らしい（『石田三成とその子孫』）。［図7－5／C、表7－1］

また、『石田三成とその子孫』では、熊谷直盛は年齢的に三成の女婿ではなく、妹婿とするのが妥当で、「『古今武家盛衰記』に『熊谷直盛は石田が婿にて……』と記述されているのを渡辺世祐氏が『石田三成の婿』と誤解したに過ぎない」と記している。

第7節　三成の盟友・大谷吉継

義に厚い名将

大谷刑部少輔吉継《ぎょうぶのしょうよしつぐ》（紀之介《きのすけ》、吉隆《よしたか》。一五六五？〜一六〇〇）は「六人衆」でも「五奉行」でもないが、その系統に属する人物で、かつ石川・石田家と閨閥を構成しているので、ここで掲げておこう。

大谷吉継は幼くして秀吉の小姓となり、天正一三（一五八五）年七月に秀吉が関白に任ぜられると、慣例によって諸大夫一二名を置き、吉継もその一人に撰ばれ、従五位下刑部少輔に叙任された。

天正一七（一五八九）年九月に越前敦賀城主・蜂屋頼隆《はちやよりたか》が嗣子なく死去すると、その跡を受け、越前敦賀五万石を与えられた。

翌天正一八年三月に小田原征伐に参陣し、石田三成らと上野館林城、武蔵忍《おし》城を攻略した。

図7－5／C：石田家系図

※『石田三成とその子孫』より作成

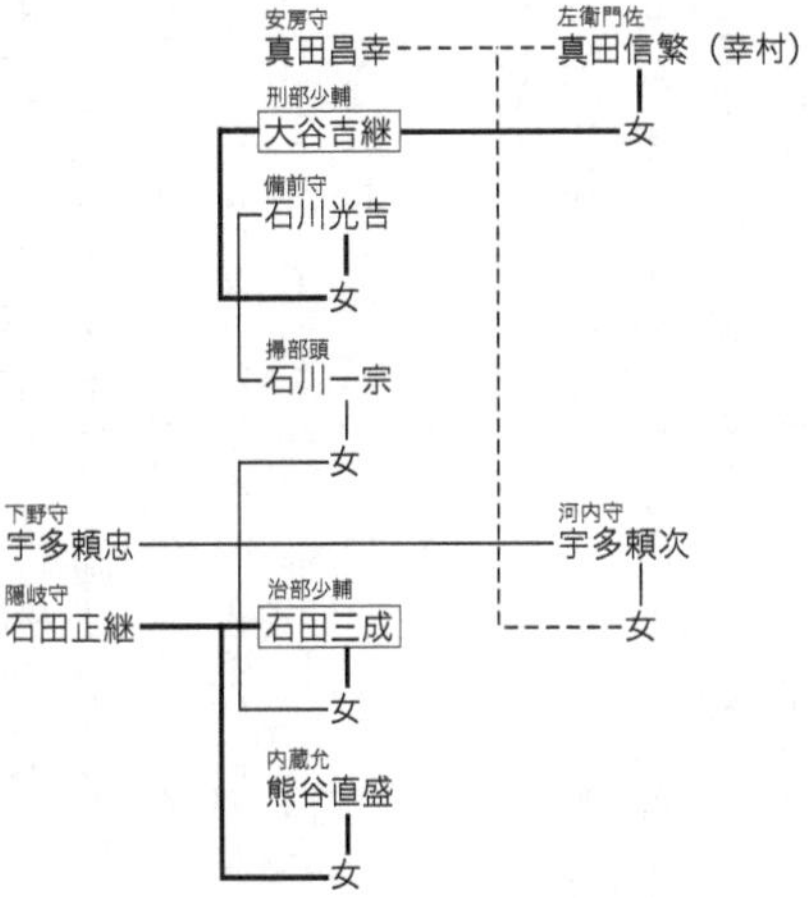

表7－1：石田三成の子女の異同

	『石田三成のすべて』	『石田三成とその子孫』
息子	石田隼人正重家	石田隼人正重家
息子	杉山源吾	石田隼人正重成（杉山源吾）
息子	石井八郎	
息子		僧侶・深長坊清幽
娘	熊谷直盛の妻	
娘	石川貞清の妻	
娘		石田家家臣・山田隼人正勝重の妻
娘		蒲生家家臣・岡半兵衛重政の妻
娘	津軽信枚の側室	津軽信枚の側室
娘	箕浦平左衛門の妻	
娘	佐藤三益の妻	

合戦後は出羽庄内三郡（山形県東田川郡《ひがしたがわ》、西田川郡、飽海郡《あくみ》）の検地に従事。検地に反対する一《いっ》揆《き》や九戸《くのへ》政実《まさざね》の乱の鎮圧に動員された。天正二〇年、文禄の役の際には石田三成、増田長盛とともに船奉行として物資輸送などを指揮した。

慶長五年に家康が会津征伐に出陣すると、病気と称して参陣を断り、石田三成、毛利輝元らとともに挙兵。関ヶ原の合戦では西軍の中核を成したが、小早川秀秋が率いる軍勢に側面攻撃されて、大谷軍は壊滅状態に陥り、吉継は自刃した。

吉継は天正一四年頃から重病に罹患《りかん》し、文禄三年頃には日常業務にも差しつかえるほどの眼疾を患っていたようだ。

豊後生まれ？

大谷吉継の母親は東殿《ひがしどの》といって、北政所（寧）の侍女である。

しかし、父親は不明で、どこで出生したかも定かでない。

秀吉のご落胤という説すらある。ともあれ、あれほど有名な武将であるから、当然幾つかの説があり、大きく分けて豊後出生説と近江出生説がある。

有名なのが豊後出生説で、それによると、大谷吉継は豊後の大友宗麟《そうりん》（義鎮《よししげ》。一五三〇～八七）の家臣・大谷盛治《もりはる》の子で、宗麟の没後に各地を流浪し、石田三成の仲介で姫路城主・羽柴秀吉に仕えたという。

ただし、「吉継や東殿（吉継の母）が天正十一（一五八三）年以前に秀吉の周辺に居たことは確実で、（中略）豊後大友氏の家臣に大谷氏を見いだせないとの指摘があり」（『大谷吉継』）、豊後説は成立しえないのではないかと考えられる。

一方、近江出生説はさらにいくつかの説があり、一つ目が在原《ありわら》姓大谷十郎《じゅうろう》行吉《ゆきよし》の末裔が南近江の甲賀郡に住み、六角《ろっかく》家に仕えた大谷吉房《よしふさ》を父とするものである。『姓氏家系大辞典』に掲載された系図では、鎌倉時代以降、代々「吉」の字を通字としているが、吉継の名は秀吉から偏諱を与えられたことが容易に想像できるから、父祖の代から「吉」を通字としているとは考えがたい。［図7-6］

二つ目が、先述の大谷行吉の末裔で近江国伊香《いか》郡大谷村（滋賀県長浜市余呉《よご》町小谷《おおたに》）に住む大谷庄作《しょうさく》某が、八幡神社で子宝が授かるように祈念し、生まれたのが大谷吉継という。

三つ目が、比叡山延暦寺《えんりゃくじ》の坊官・大谷家の関係者というものである。

地理的には、長浜近辺の大谷庄作《しょうさく》の子が、長浜城主・羽柴秀吉に取り立てられたというのが、最も妥当のように思われるが、全く確証がない。

実の男子はなく、養子が二人

大谷吉継には娘がおり、真田信繁（幸村）の妻となっている。養子が二人いるが、実の男子はいなかったらしい。妻妾《さいしょう》は存在の有無からして不明だが、娘がいたから妻はいたのだろう

（無責任な言い方だが、それくらい情報がないということだ）。

養子の大谷大学助《だいがくのすけ》吉治《よしはる》（吉勝《よしかつ》、吉胤《よしたね》。？～一六一五）は、一説に実弟だという。

関ヶ原の合戦では、眼疾で目の見えない吉継に代わって大谷軍を指揮し、吉継自刃の後「大学助らは敦賀に戻り再起を期そうとしたが、敦賀城の留守居も不穏な動きを見せたため断念し、大坂に落ちのびたと軍記類は伝える」（『大谷吉継』）。

「大坂の陣が起こると大坂城に入城。夏の陣では道明寺の戦いに参加。さらに天王寺口の決戦では真田信繁隊の前線で戦うが、越前福井藩の松平忠直《ただなお》軍との戦闘中、忠直家老の本多富正《とみまさ》の配下により討たれた」（『豊臣大坂城』）。

もう一人の養子は、木下山城守《やましろのかみ》頼継《よりつぐ》。大谷吉継の養子だというのに、なぜか木下姓を名乗っている。一説によれば、甥だという。

娘婿は真田幸村

二〇一六年のNHK大河ドラマ『真田丸』の主人公・真田信繁（幸村）が、大谷吉継の女婿となり、大谷吉継・石田三成と緊密な関係にあったことが描かれていたが、閨閥の上では事実のようだ。

幸村という名前は講談で附《つ》けられた名前で、実名は真田左衛門佐《さえもんのすけ》信繁《のぶしげ》（一五六七～一六一五）という。父は信濃上田の国衆・真田安房守《あわのかみ》昌幸《まさゆき》で、昌幸は武田信玄《しんげん》にかわいがられ、その

図7－6：大谷家系図

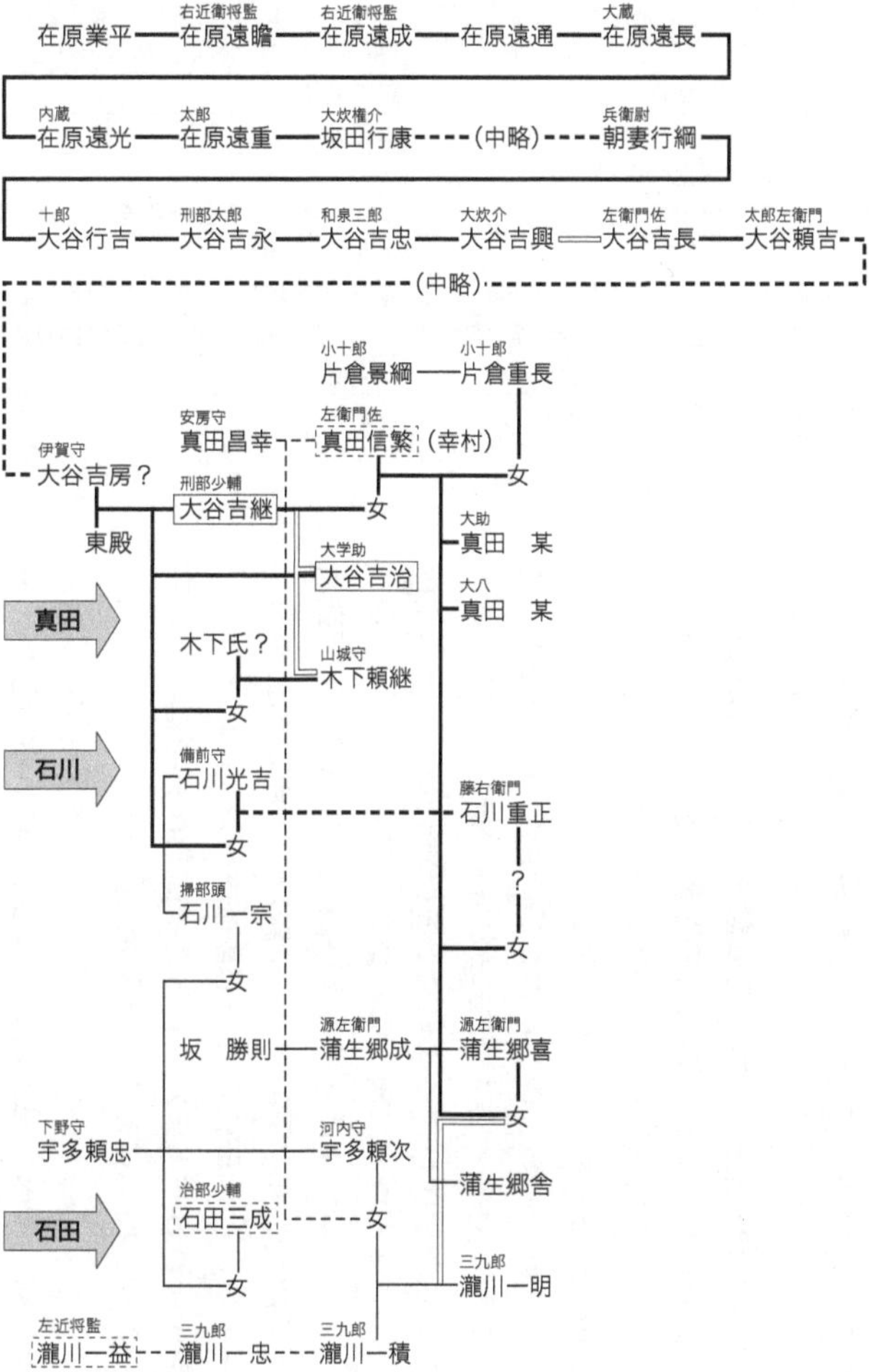
右近衛将監
大蔵
在原業平
在原遠瞻
在原遠成
在原遠通
在原遠長
内蔵
太郎
大炊権介
兵衛尉
在原遠光
在原遠重
坂田行康
(中略)
朝妻行綱
十郎
刑部太郎
和泉三郎
大炊介
左衛門佐
太郎左衛門
大谷行吉
大谷吉永
大谷吉忠
大谷吉興
大谷吉長
大谷頼吉
(中略)
小十郎
片倉景綱
片倉重長
安房守
真田昌幸
真田信繁
(幸村)
伊賀守
大谷吉房？
刑部少輔
大谷吉継
女
東殿
大助
真田　某
大学助
大谷吉治
大八
真田
木下氏？
山城守
木下頼継
石川
備前守
石川光吉
藤右衛門
石川重正
？
掃部頭
石川一宗
坂　勝則
源左衛門
蒲生郷成
蒲生郷喜
下野守
宇多頼忠
河内守
宇多頼次
蒲生郷舎
治部少輔
石田三成
石田
三九郎
瀧川一明
左近将監
瀧川一益
瀧川一忠
瀧川一積

表7－2：真田幸村の子女の異同

	田中誠三郎「真田幸村と真田昌幸」『真田幸村のすべて』所収	小林計一郎「真田幸村さまざま」『真田幸村のすべて』所収
長男	真田大助幸昌	真田大助
次男	真田大八（片倉久米之介守信）	真田大八
三男	三好左馬之介幸信	
長女	阿菊　郷士・石合十蔵重定の妻	すへ　郷士・石合十蔵道定の妻
次女	於市　（早世）	いち　（早世）
三女	阿梅　伊達家家臣・片倉小十郎重長の妻	梅　伊達家家臣・片倉小十郎重長の妻
四女	あぐり　蒲生家家臣・蒲生源左衛門郷喜の妻	あくり　蒲生家家臣・蒲生源左衛門郷喜の妻
五女	なほ　岩城但馬守宣隆の妻	（不明）
六女	阿菖蒲　伊達家家臣・田村定広の妻	しよふ
七女	おかね　石川備前守貞清（光吉）の妻	かね　石川備前守貞清（光吉）の妻

弟・武田典厩《てんきゅう》信繁にあやかって次男の名を信繁にしたといわれている。

天正一三（一五八五）年頃から信繁は秀吉の下に出仕し、吉継の娘と結婚したのは「文禄三年のことと推定されている」（『大谷吉継』）。豊臣家臣としてのキャリアを順調に進み、文禄三（一五九四）年に従五位下左衛門佐に叙任され、豊臣姓を賜ったという。

慶長五年の関ヶ原の合戦では、実兄・真田伊豆守信之《いずのかみのぶゆき》が徳川家臣の本多忠勝《ほんだただかつ》の女婿だったことから徳川方についたが、信繁は大谷吉継の女婿であったから毛利・石田方についたといわれている。［図7－7］

信繁は上田城で父・昌幸とともに、秀忠の進軍を阻止して大いに武名を上げた――ことが裏目に出て、死罪は免れたものの、高野山に追放。大坂冬の陣が近づくと大坂城に入城。勇猛果敢に戦い、大坂夏の陣で討ち死にした。

ちなみに信繁の子女も混乱が多い。小林計一郎編

図7－7：真田家系図

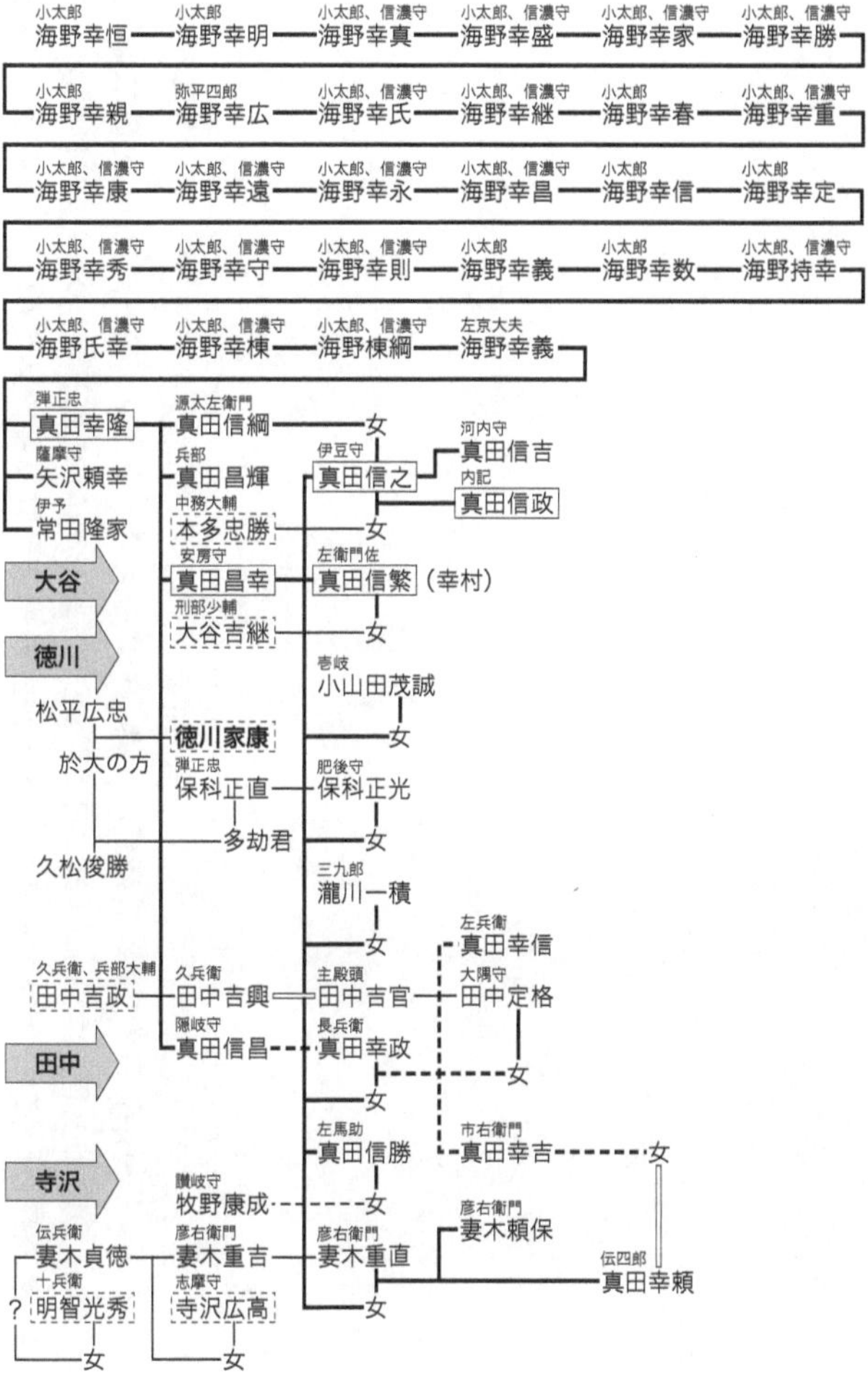

小太郎
海野幸恒
小太郎
海野幸明
小太郎、信濃守
海野幸真
小太郎、信濃守
海野幸盛
小太郎、信濃守
海野幸家
小太郎、信濃守
海野幸勝
小太郎
海野幸親
弥平四郎
海野幸広
小太郎、信濃守
海野幸氏
小太郎、信濃守
海野幸継
小太郎
海野幸春
小太郎、信濃守
海野幸重
小太郎、信濃守
海野幸康
小太郎、信濃守
海野幸遠
小太郎、信濃守
海野幸永
小太郎、信濃守
海野幸昌
小太郎
海野幸信
小太郎
海野幸定
小太郎、信濃守
海野幸秀
小太郎、信濃守
海野幸守
小太郎、信濃守
海野幸則
小太郎
海野幸義
小太郎
海野幸数
小太郎、信濃守
海野持幸
小太郎、信濃守
海野氏幸
小太郎、信濃守
海野幸棟
小太郎、信濃守
海野棟綱
左京大夫
海野幸義
弾正忠
真田幸隆
薩摩守
矢沢頼幸
伊予
常田隆家
源太左衛門
真田信綱
女
伊豆守
真田信之
河内守
真田信吉
内記
真田信政
兵部
真田昌輝
中務大輔
本多忠勝
女
大谷
安房守
真田昌幸
左衛門佐
真田信繁（幸村）
刑部少輔
大谷吉継
女
徳川
壱岐
小山田茂誠
女
松平広忠
徳川家康
於大の方
弾正忠
保科正直
肥後守
保科正光
多劫君
女
久松俊勝
三九郎
瀧川一積
女
左兵衛
真田幸信
久兵衛、兵部大輔
田中吉政
久兵衛
田中吉興
主殿頭
田中吉官
大隅守
田中定格
隠岐守
真田信昌
長兵衛
真田幸政
田中
女
女
市右衛門
真田幸吉
女
左馬助
真田信勝
寺沢
讃岐守
牧野康成
女
彦右衛門
妻木頼保
伝兵衛
妻木貞徳
彦右衛門
妻木重吉
彦右衛門
妻木重直
伝四郎
真田幸頼
十兵衛
?
明智光秀
志摩守
寺沢広高
女
女
女

『真田幸村のすべて』という書籍では、四章に相当する「真田幸村と真田昌幸」（田中誠三郎執筆）と九章に相当する「真田幸村さまざま」（小林計一郎執筆）でそれぞれ「幸村の子どもたち」「幸村の妻と子」を掲げていて、その内容が一致していないくらいだ。［表7－2］

第８章　秀頼家臣団

第１節　六人衆、五奉行、秀頼四人衆

傅役および「秀頼四人衆」、詰番衆

文禄二（一五九三）年に秀頼が生まれると、以下の二名が秀頼附きとなった。
・片桐東市正且元《かたぎりいちのかみかつもと》（近江出身。賤ヶ岳七本槍の一人）
・小出播磨守秀政《こいではりまのかみひでまさ》（尾張出身。秀吉の義叔父）
そして、慶長三（一五九八）年八月に秀吉が死去すると、翌慶長四年一月、秀頼は正式に豊臣家の家督を継承。奏者番に以下の四名（俗に「秀頼四人衆」）が撰《えら》ばれ、豊臣家の庶務全般を任された。
・片桐東市正且元（近江出身。賤ヶ岳七本槍の一人）
・石川備前守光吉《びぜんのかみみつよし》（美濃出身。貞清《さだきよ》ともいう）
・石川掃部頭一宗《かもんのかみかずむね》（美濃出身。光吉の弟。頼明《よりあき》ともいう）
・石田木工頭正澄《もくのかみまさずみ》（近江出身。三成の兄）

また、詰番衆が二番編成され、その番頭は以下の二名であった。

・杉原《すぎはら》伯耆守《ほうきのかみ》長房《ながふさ》（尾張出身。北政所・寧の従兄弟《いとこ》）
・大野《おおの》修理《しゅり》大夫《だいぶ》治長《はるなが》（尾張出身。茶々の乳母・大蔵卿局《おおくらきょうのつぼね》の子）

さらに、秀頼の馬廻《うままわり》衆・小姓衆は七組編成で、「七手組」と呼ばれ、その組頭は以下の七名であった。

・速水《はやみ》甲斐守《かいのかみ》守久《もりひさ》（近江出身）
・伊東《いとう》丹後守《たんごのかみ》長次《ながつぐ》（尾張出身。長久の子）
・堀田図書頭《ずしょのかみ》長正（尾張出身。平野長泰の叔父）
・真野《まの》蔵人頭《くろうどのとう》一綱《かつつな》（尾張出身）
・野々村《ののむら》伊予守《いよのかみ》吉安《よしやす》（尾張出身）
・中島《なかじま》式部少輔《しきぶのしょう》氏種《うじたね》（尾張出身）
・青木《あおき》民部少輔《みんぶのしょう》一重《かずしげ》（美濃出身）

小出・片桐体制から片桐単独首班へ

ところが、慶長五（一六〇〇）年九月の関ヶ原の合戦で、「五奉行」のうち、石田三成、増田長盛、長束正家が改易される。また、「秀頼四人衆」も四人のうち、石田正澄、石川兄弟の三人が改易され、片桐且元一人が重責を担う形になってしまう。かくして、翌慶長六年二月に片桐且元が豊臣家の家老となる。

関ヶ原の合戦後、「家康への取次は、何ごとも家康の宿老の井伊直政・本多正信の二人に担われていたといい、秀頼衆では、小出秀政・片桐且元・寺沢正成の三人のみが、家康に取り次いでもらえるだけであった（中略）なお、このうち寺沢正成は、翌慶長六年二月に肥前天草内四万石を加増され、十二万石の有力大名とされて、独立した領国大名となって、秀頼衆から離脱することになる。そうしてその後は、秀頼と家康との関係は、小出秀政と片桐且元のみに担われる」こととなった（『羽柴家崩壊』）。

ちなみに、小出秀政と片桐且元には或《あ》る共通点がある。

本多正信と姻戚《いんせき》関係があることだ。

すなわち、正信の三男・本多大隅守《おおすみのかみ》忠純《ただずみ》の妻が片桐且元の養女（実は姪《めい》）であり、小出秀政の孫・小出信濃守《しなののかみ》吉親《よしちか》の妻が正信の姪なのだ。

興味深いことに、正信の近親で豊臣系大名と姻戚関係があるのは、この小出秀政と片桐且元の二人だけである。つまり、正信の数多くの姻戚にたまたま二人がいるのではなく、ピンポイントに二人と婚姻関係を結んでいるということだ。

なお、残り一人の寺沢正成は、本書では寺沢広高と記している人物で、妻は家康の従姉妹《いとこ》にあたる。ここにも家康人脈が活かされたのだろう。

第2節　片桐且元

賤ヶ岳七本槍から秀頼の家老へ

片桐東市正且元《いちのかみかつもと》（一五五六～一六一五）の通称は助佐《すけざ》（助作《すけさく》）、諱《いみな》ははじめ直盛《なおもり》、直倫《なおのり》。のち且元と改称した。『寛永諸家系図伝』には「天正年中、豊臣の姓をたまハ《わ》り、名乗を且元とあらたむ」との記述があるが、実際に且元と名乗ったのは慶長五年頃のようだ（『人物叢書　片桐且元』）。なお、本書では表記を「且元」で統一する。

且元は旧浅井家臣・片桐孫右衛門《まごえもん》直貞《なおさだ》（一五二二～九一）の長男として、近江国浅井郡那須谷に生まれた。［図8－1］

且元は天正一一（一五八三）年の賤ヶ岳の合戦で「賤ヶ岳七本槍」の一人に数えられ、三〇〇〇石を与えられた。天正一三（一五八五）年七月に従五位下東市正に叙任された。

文禄二（一五九三）年に秀頼が生まれると、小出秀政とともに秀頼附《づ》きとなり、文禄四（一五九五）年には摂津茨木《いばらき》一万石に加増された。秀吉の死後、且元は石川光吉・一宗兄弟、石田正澄（三成の兄）とともに奏者番に撰ばれ、豊臣家の庶務全般を任された。

且元は大坂城にあって秀頼に側近く仕え、慶長五（一六〇〇）年に家康が上杉征伐に出陣すると、且元は凱旋《がいせん》の後に速やかに帰陣するように家康に言上したという。関ヶ原の合戦には参

図8－1：片桐家系図

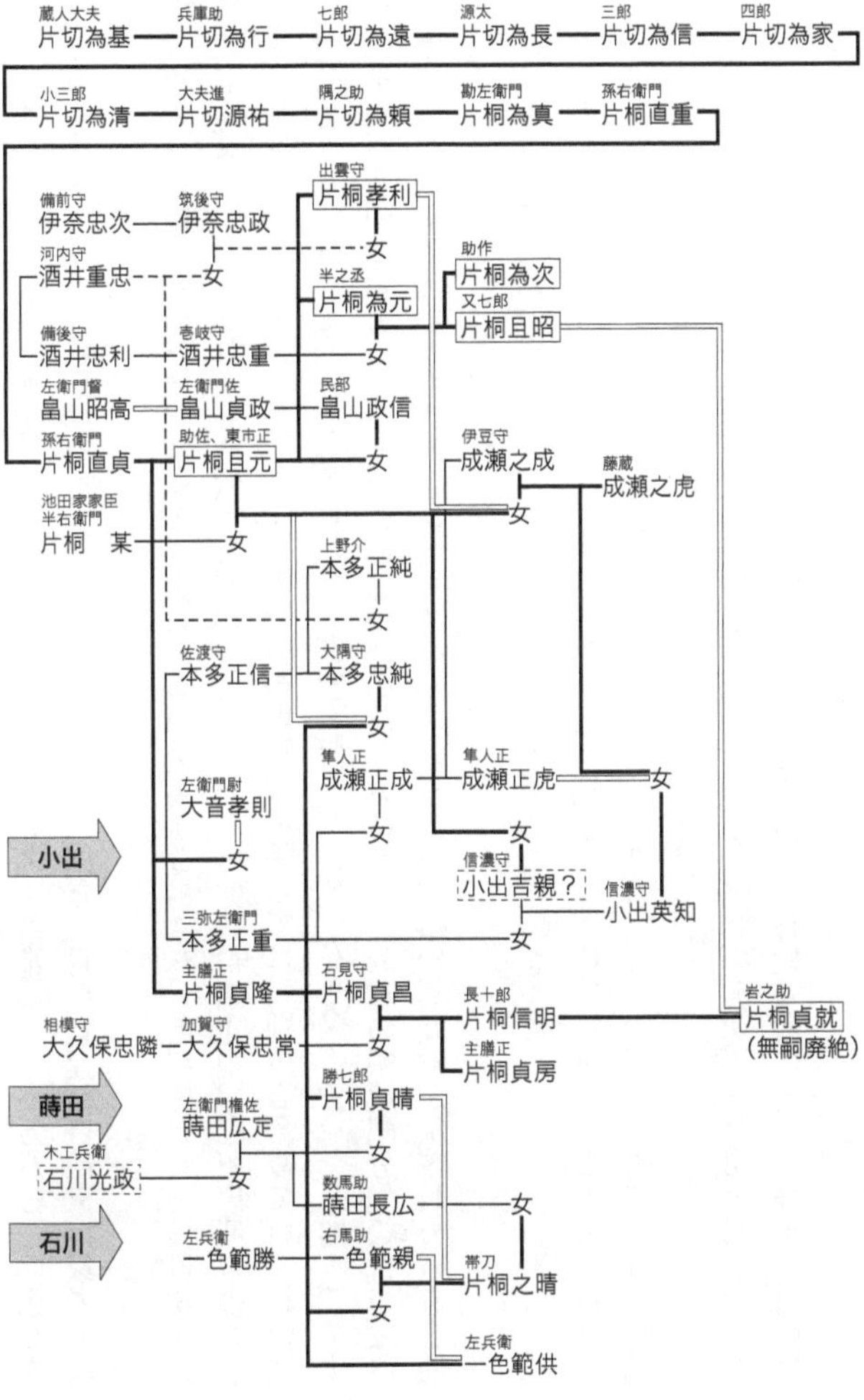

蔵人大夫
片切為基
兵庫助
片切為行
七郎
片切為遠
源太
片切為長
三郎
片切為信
四郎
片切為家
小三郎
片切為清
大夫進
片切源祐
隅之助
片切為頼
勘左衛門
片桐為真
孫右衛門
片桐直重
出雲守
片桐孝利
備前守
伊奈忠次
筑後守
伊奈忠政
女
河内守
酒井重忠
女
助作
片桐為次
半之丞
片桐為元
又七郎
片桐且昭
備後守
酒井忠利
壱岐守
酒井忠重
女
左衛門督
畠山昭高
左衛門佐
畠山貞政
民部
畠山政信
孫右衛門
片桐直貞
助佐、東市正
片桐且元
女
伊豆守
成瀬之成
藤蔵
成瀬之虎
女
池田家家臣
半右衛門
片桐　某
女
上野介
本多正純
女
佐渡守
本多正信
大隅守
本多忠純
女
隼人正
成瀬正成
隼人正
成瀬正虎
女
左衛門尉
大音孝則
女
女
小出
女
信濃守
小出吉親？
信濃守
小出英知
三弥左衛門
本多正重
女
主膳正
片桐貞隆
石見守
片桐貞昌
長十郎
片桐信明
岩之助
片桐貞就
(無嗣廃絶)
主膳正
片桐貞房
相模守
大久保忠隣
加賀守
大久保忠常
女
勝七郎
片桐貞晴
蒔田
左衛門権佐
蒔田広定
女
木工兵衛
石川光政
女
数馬助
蒔田長広
女
石川
左兵衛
一色範勝
右馬助
一色範親
帯刀
片桐之晴
女
左兵衛
一色範供

陣していないが、合戦後の処理では翌慶長六年一月に大和国平群《へぐり》郡のうち一万八〇〇〇余石を加増され、併せて二万八〇〇〇石の大名となった。また、同年二月に且元は豊臣家の家老となった。

関ヶ原の合戦後、石田三成、宇喜多秀家ら八名の大名が改易され、毛利輝元、上杉景勝《うえすぎかげかつ》ら五名の大名が減封・転封され、計六六二万石が没収された。一方、福嶋正則、細川忠興らの大名が大幅に加増されたのだが、「関ヶ原合戦後の領地宛行《あてがい》に際しては、細川も含めていずれの大名に対しても、宛行の朱印状も領地目録も発給されていなかったようである。（中略）このような領地宛行状の発給をともなわない領地配分のあり方には、これらの領地配分、給付の主体は家康であるのか、それとも豊臣秀頼であるのかという極めて微妙な問題が伏在していると推量される」（『関ヶ原合戦と大坂の陣』）。

その結果、片桐且元の立場が非常に重要な位置を占めることになった。

すなわち、「家康としては、且元や小出秀政という豊臣家を象徴する奉行人とともに自分の側近に連署させて、とりあえず知行目録を発給するしかなかった。（中略）同時にこれは且元の存在の大きさを示すものでもあった」（『人物叢書　片桐且元』）。

また、且元は豊臣家の蔵入地（直轄領）の実務を担い、豊臣家が主催する祭礼を取り仕切った。秀吉の七回忌にあたる慶長九年の豊国祭の総奉行を務め、秀頼の名代として毎年豊国《とよくに》神社に参拝している。

そして、皮肉なことに、こうした祭礼行事が且元が失脚する要因となった。

慶長一九（一六一四）年三月、豊臣家が建立した方広寺《ほうこうじ》大仏殿の梵鐘《ぼんしょう》の銘文、「国家安康《こっかあんこう》」は家康の名を切り刻むもの、「君臣豊楽子孫殷昌《くんしんほうらくしそんいんしょう》」は「豊臣を君として子孫殷昌を楽しむ」と読解できると問題になった（ちなみに家康の法号は「国家安康」から家康の字を除いた「安国院殿」である。皮肉だろうか）。

且元は徳川家と折衝。大坂城内の強硬派との板挟みとなり、大坂城への出仕が難しくなり、事実上追放され、一〇月に摂津茨木に隠棲《いんせい》した。同月に大坂冬の陣が勃発《ぼっぱつ》。同年一二月の和議を経て、翌元和元（一六一五）年五月に大坂夏の陣がはじまると、嫡男・片桐出雲守孝利《いずものかみたかとし》は徳川方についた。大坂城落城の間際、大野修理大夫《しゅりのだいふ》治長《はるなが》が秀頼母子の助命を嘆願したが、且元はこれを断っている。これらの功により、四万石に加増された。

徳川家臣団に組み込まれた閨閥

且元の妻は、池田輝政の家臣・片桐半右衛門某の娘である。おそらくは一族であろう。

且元には少なくとも三男三女、および養子二人があった。

・長男　片桐采女《うねめ》某（生没年不詳）　慶長五年に家康の人質となる。
・次男　片桐出雲守孝利（一六〇一～一六三八）　摂津茨木藩主
・養子？片桐九兵衛《きゅうべえ》由重《よししげ》（？～一六五八）　尾張藩士

・三男　片桐半之丞《はんのじょう》為元《ためもと》（一六一一～一六五四）実兄・孝利の養子となる。
・養女　本多大隅守忠純の妻（且元の弟・片桐主膳正《しゅぜんのかみ》貞隆《さだたか》の長女）
・長女　成瀬《なるせ》伊豆守《いずのかみ》之成《ゆきなり》の妻（実兄・孝利の養女）
・次女　小出《こいで》信濃守《しなののかみ》某（吉親？）の妻
・三女　畠山《はたけやま》民部《みんぶ》政信《まさのぶ》の妻

嗣子・**片桐出雲守孝利**（初名・元包《もとかね》。一六〇一～三八）とその養子になった末弟・為元の妻はともに徳川家の重臣の娘である。すなわち、孝利の妻は、関東郡代として有名な伊奈《いな》備前守《びぜんのかみ》忠《ただ》次《つぐ》の孫で、伊奈筑後守《ちくごのかみ》忠政《ただまさ》の娘。為元の妻は孝利夫人の又従姉妹《またいとこ》で、酒井《さかい》壱岐守《いきのかみ》忠重《ただしげ》の娘である。忠重の兄・酒井讃岐守《さぬきのかみ》忠勝《ただかつ》（一五八七～一六六二）、従兄弟の酒井雅楽頭《うたのかみ》忠世《ただよ》（一五七二～一六三六）はともに大老を務めた江戸幕府の重鎮である。

先述の通り、関ヶ原の合戦後、且元は豊臣家を象徴する奉行人として、徳川家の奉行人とともに実務にあたっており、徳川家にとって最重要人物だった。その立場から来る縁組みであろう。

孝利の弟・片桐九兵衛某（由重）は『寛政重修諸家譜』では且元の三男になっているが、実際は孝利の異父弟らしい。尾張藩士の系図を集めた『士林泝洄』によれば、「伊奈九兵衛由重の母は北条内匠《たくみ》の娘、はじめ片桐且元に嫁いで孝利を生んだが、後に離別して某に再縁して九兵衛を生んだ。九兵衛は片桐家との縁故を以て、成人した後、片桐に改姓した」（意訳）と記されている。豊臣旧臣で尾張藩に仕えたケースは少なくないが、片桐家のように近江出身者では珍しい。これは且元の長女が尾張藩附家老・成瀬家に嫁いでいるからだろう。九兵衛の孫は成瀬隼人正《はやとのかみ》の同心（配下）と記されている。

且元の養女（且元の弟・片桐貞隆の長女）は本多大隅守忠純（一五八七～一六三一）に嫁いでいる。本多忠純は、本多佐渡守正信の三男で、下野榎本《えのもと》藩二万八〇〇〇石を領した。且元の養女に子はないが、忠純の庶長子・本多大学忠次《だいがくただつぐ》（一六一〇～二六）が慶長一五年生まれであることを考えると、大坂冬の陣の前に縁談が成立したのではないか。本多正信が片桐且元に縁談を持ちかけたが、且元には妙齢の娘がおらず、姪を養女にして嫁がせた――そんなところではないか。

且元の長女は、成瀬《なるせ》隼人正正成《はやとのかみまさなり》の次男・成瀬伊豆守之成（一五九六～一六三四）の後妻になっている。尾張藩附家老《つけがろう》は正成の長男が継承し、次男の之成は父の旧領・三河国加茂郡、下総国葛飾郡を継承して下総栗原《くりはら》藩一万五〇〇〇石を領する大名となった。正成の後妻が本多忠純の従姉妹（本多三弥左衛門正重《さんやざえもんまさしげ》が女《むすめ》）なので、その縁から縁談が進んだのだろうか。なお、子の成瀬藤蔵之虎《とうぞうゆきとら》（一六三四～三八）が五歳で死去し、之成の家系は無嗣廃絶となっている。

次女の夫は『寛政重修諸家譜』に「小出信濃守某」と記されており、小出信濃守吉親《よしちか》（加賀守、信濃守、対馬守、伊勢守。一五九〇～一六六八）だと思われる。『寛政重修諸家譜』の小出吉親の項では「室は本多三弥左衛門正重が女」と記されており、片桐家との婚姻は記されていない。先妻だったが、早くに亡くなったのだろう。なお、吉親の嫡子・小出信濃守英知《ふさとも》（一六一八〜九五）に、成瀬之成と且元の長女の間に生まれた娘が嫁いでいる。

三女は、室町幕府の三管領の一つである畠山家の末裔《まつえい》・畠山民部政信（一五九一〜一六七五）に嫁いでいる。

なお、『断家譜』では、孝利と為元を「実《じつは》同姓孫左衛門直重子《なおしげのこ》」と記しているが、孫右衛門直重は且元の祖父にあたり、年齢的に無理がある。誤記であろう。

且元の子孫は途絶え、弟貞隆の子孫が大名として存続

且元の嗣子・孝利に子がなかったため、孝利は末弟・片桐半之丞為元（一六一一〜五四）を養子に迎えたが、為元の長男・片桐助作為次《ためつぐ》（一六四一〜五五）は一五歳で死去し、無嗣廃絶となった。

ただし、先祖（且元）の旧勲により、為元の次男・片桐又七郎且昭《またしちろうかつてる》（？〜一六八八）に新たに三〇〇〇石が与えられた。ところが、且昭にも子がなく、又従兄弟の子・片桐岩之助貞就《いわのすけさだなり》（一六七八〜九四）を養子に迎えたのだが、貞就も一七歳で死去し、再び無嗣廃絶になってしまった。

且元には弟・片桐主膳正貞隆《しゅぜんのかみさだたか》（久盛《ひさもり》、政盛《まさもり》、光長《みつなが》。一五六〇〜一六二七）がおり、且元とともに大坂城で豊臣家に仕えていたが、関ヶ原の合戦後に大和小泉《こいずみ》一万石に加増された。慶長一九

（一六一四）年三月に方広寺《ほうこうじ》大仏殿の梵鐘《ぼんしょう》問題で、且元が大坂城内で理不尽な扱いを受けたことに立腹し、一〇月に且元とともに摂津茨木に籠《こ》もって大坂城への出仕をやめてしまう。大坂冬の陣、夏の陣では徳川方につき、一万六四〇〇石に加増され、子孫は大名として存続した。

第3節　小出秀政・吉政

秀吉より年少の義叔父

小出《こいで》播磨守秀政《はりまのかみひでまさ》（一五四〇〜一六〇四）は通称を甚左衛門《じんざえもん》、播磨守。諱ははじめ重政《しげまさ》、のち秀政と改称。秀吉から偏諱《へんき》をもらったのだろう。

秀政は尾張国愛知郡中村（名古屋市中村区中村町）に生まれた。小出家は、藤原南家の流れを汲《く》む工藤《くどう》遠江守為憲《ためのり》の末裔・二階堂《にかいどう》信濃守行光《ゆきみつ》が信濃国伊那《いな》郡小井弖庄《こいでのしょう》の地頭となって小出を名乗り、その子孫が尾張国愛知郡中村に移住したのだという（『寛政重修諸家譜』『尾張群書系図部集』）。中村に移住したのは、秀政の父・小出五郎左衛門正重《ごろうざえもんまさしげ》（政重）とも、祖父・小出左《さ》衛門太郎祐重《えもんたろうすけしげ》ともいう。［図8-2］

「室は豊臣太閤秀吉の姑《をば》」。秀吉より三歳年少なのだが、秀吉の母（もしくは父）の妹の配偶者にあたる。

「秀政は秀吉が羽柴を称していた時代、秀吉の弟秀長以外では唯一、羽柴を称したほど、秀吉の寵愛を受けていた」という（『豊臣大坂城』）。さらに慶長元年には豊臣姓を下賜された。限りなく親族衆に近い扱いにもかかわらず、官位は従五位下播磨守、天正一三（一五八五）年に和泉岸和田城三万石を与えられただけで終わった。

目立った武功もなく、豊臣家の家政を担当する裏方に位置づけられたようだ。

秀吉の家臣には「主に家政を担当する者として、『六人衆』と呼ばれた面々が確認できる。石川光重・伊藤秀盛・小出秀政・寺沢広政・蒔田《まいた》久勝・帥法印《そちほういん》（一牛斎）歓仲《かんちゅう》らがそれであり、そこに玄以や増田長盛、松浦重政が加わることもあった。（中略）のちにその役割は秀頼の御前に伺候する片桐且元《かつもと》・小出秀政・石川光吉・石川一宗ら『秀頼四人衆』に引き継がれた」（『秀吉の虚像と実像』）。

文禄二（一五九三）年に秀頼が生まれると、片桐且元とともに秀頼附きとなり、秀吉が病床に伏すと、秀政は秀頼の傅役《もりやく》に撰ばれ、大坂城の「御本丸裏御門番」を命じられた。関ヶ原の合戦の時にはすでに隠棲していたようで、子どもたちが参戦した。

嫡子・吉政と複雑な所領関係

秀政には少なくとも六男一女があった（★は嫡出）。
・長男★小出播磨守吉政《よしまさ》（一五六五～一六一三）但馬出石城六万石

図8－2：小出家系図

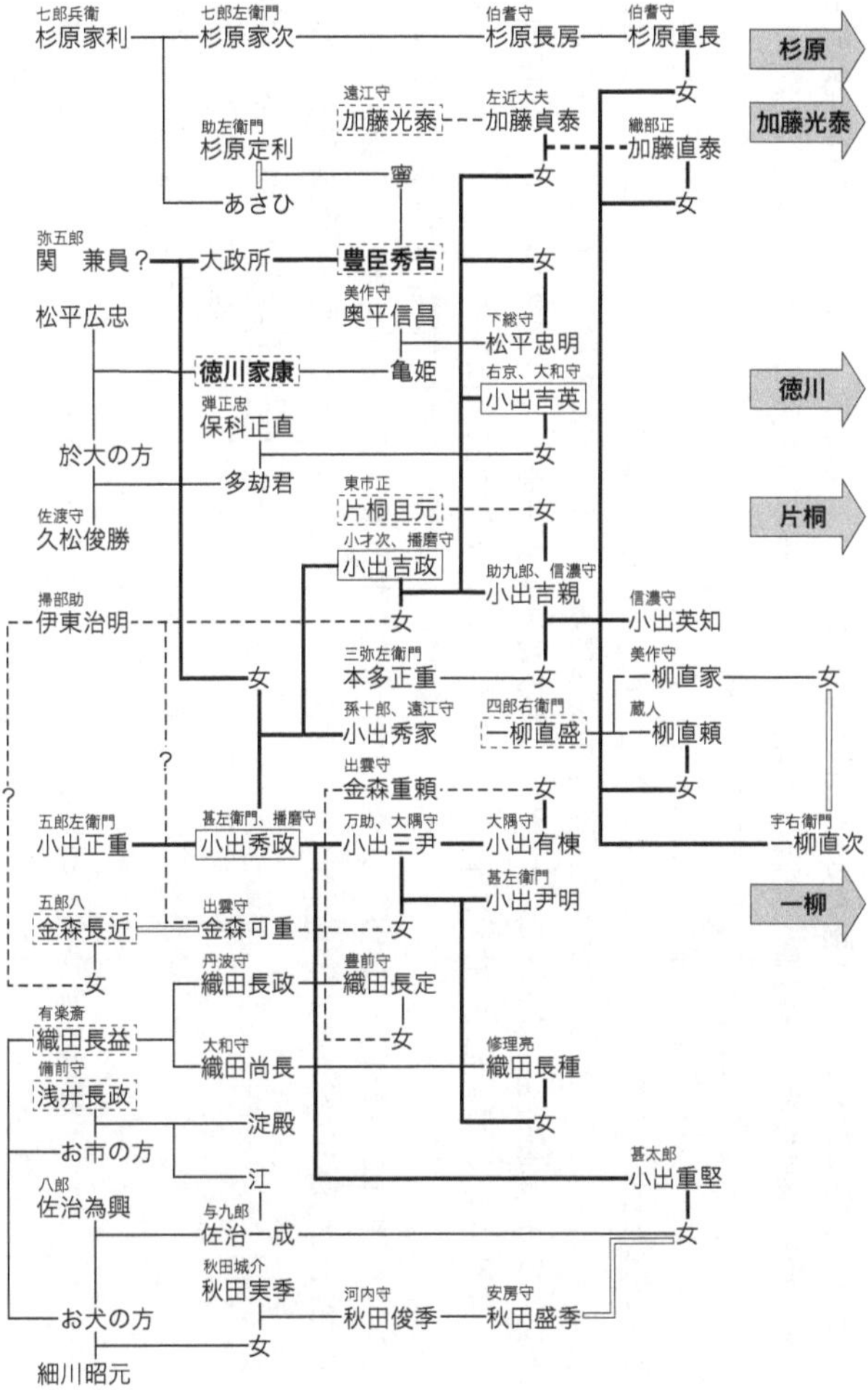
七郎兵衛
杉原家利
七郎左衛門
杉原家次
伯耆守
杉原長房
伯耆守
杉原重長
杉原
女
遠江守
加藤光泰
左近大夫
加藤貞泰
加藤光泰
助左衛門
杉原定利
織部正
加藤直泰
寧
女
あさひ
女
弥五郎
関　兼員？
大政所
豊臣秀吉
女
美作守
奥平信昌
松平広忠
下総守
松平忠明
徳川家康
亀姫
右京、大和守
小出吉英
徳川
弾正忠
保科正直
於大の方
女
多劫君
東市正
片桐且元
女
片桐
佐渡守
久松俊勝
小才次、播磨守
小出吉政
助九郎、信濃守
小出吉親
掃部助
伊東治明
信濃守
小出英知
女
三弥左衛門
本多正重
女
美作守
一柳直家
女
女
孫十郎、遠江守
小出秀家
四郎右衛門
一柳直盛
蔵人
一柳直頼
？
出雲守
金森重頼
女
女
？
五郎左衛門
小出正重
甚左衛門、播磨守
小出秀政
万助、大隅守
小出三尹
大隅守
小出有棟
宇右衛門
一柳直次
甚左衛門
小出尹明
一柳
五郎八
金森長近
出雲守
金森可重
女
女
丹波守
織田長政
豊前守
織田長定
有楽斎
織田長益
女
大和守
織田尚長
修理亮
織田長種
備前守
浅井長政
淀殿
女
お市の方
甚太郎
小出重堅
江
八郎
佐治為興
与九郎
佐治一成
女
秋田城介
秋田実季
河内守
秋田俊季
安房守
秋田盛季
お犬の方
女
細川昭元

・次男★小出遠江守《とおとうみのかみ》秀家《ひでいえ》（一五六七〜一六〇三）和泉国大鳥《おおとり》郡のうちで一〇〇〇石
・三男　日充《にちじゅう》　（生没年不詳）　京都本圀寺の栄松院の住職
・四男　小出大隅守《おおすみのかみ》三尹《みつまさ》（一五八九〜一六四二）実兄・秀家の養子
・五男　小出甚太郎《じんたろう》重堅《しげかた》（一五九二〜一六六九）実兄・秀家の養子
・六男　小出孫兵衛《まごべえ》秀清《ひできよ》（生没年不詳）　家臣となる。
・長女　豊臣家臣・友松甚四郎《ともまつじんしろう》某の妻

長男・**小出播磨守吉政**（一五六五〜一六一三）は通称を小才次《こさいじ》といい、のち信濃守、大和守、播磨守。文禄二（一五九三）年に播磨龍野《たつの》城二万石を賜り、従五位下信濃守に叙任された。父・秀政とは独立した部将として遇されたということだ。

文禄四（一五九五）年に但馬出石城六万石に転封され、慶長五年の関ヶ原の合戦では、毛利・石田方に与《くみ》して丹後田辺城の細川幽斎《ゆうさい》を攻めた。しかし、弟・秀家が徳川方についていたこともあって、赦《ゆる》され本領を安堵《あんど》された。妻は伊東掃部助治明《かもんのすけはるあき》の娘である。

慶長九（一六〇四）年に父・秀政が死去すると、吉政は父の遺領・岸和田三万石を譲り受け、但馬出石六万石を嫡子・**小出大和守吉英**《よしひで》（一五八七〜一六六六）に譲った。

吉英はその後、叔父《おじ》・三尹《みつまさ》に一万石、弟・吉親に二万九七〇〇石を分知した。

さらに慶長一八年に父・吉政が死去すると、吉英はその遺領・岸和田五万石を継承し、弟の**小出信濃守吉親**（一五九〇〜一六六八）に出石二万九七〇〇石を譲った（のち丹波園部《そのべ》に転封）。

結局、吉英、三尹の子孫はともに無嗣廃絶となり、吉親の子孫が丹波園部藩二万六七〇〇石として存続した。

次男・秀家、小出一族を救う

次男・**小出遠江守秀家**（孫十郎。一五六七～一六〇三）は従五位下遠江守に叙任され、和泉国大鳥《おおとり》郡のうちで一〇〇〇石を賜った。

兄・吉政が独立した格好になったためか、父・秀政の隠棲後、秀家が秀政の実質的な後継者として大坂城の秀頼に仕えたようだ。慶長五（一六〇〇）年の関ヶ原の合戦では当然の如く、小出一族は毛利・石田方につくのだが、秀家は父の名代として上杉征伐に従ったことで、徳川方につくことを余儀なくされる。

しかし、結果として、これが幸いした。しかも、合戦後に秀家が父の居城・和泉岸和田城を接収すると、ちょうどその時、毛利・石田方の長曾我部《ちょうそがべ》盛親《もりちか》が兵船二〇〇艘《そう》を率いて石津浦《いしづうら》（大阪府堺市）に上陸してきた。秀家は死力を尽くして長曾我部勢を撃退し、多くの死傷者を出した。家康はこの武功を大いに喜び、秀家には河内国錦部《にしきべ》郡のうちで一〇〇〇石を加増し、小出一族を赦免。父・秀政、兄・吉政の本領が安堵されたのだ。

秀家には子がいなかったので、異母弟の小出大隅守三尹、小出甚太郎重堅を養子に迎えた。

小出大隅守三尹《みつまさ》（万助、五郎助。一五八九～一六四二）は兄を継いで大坂城の秀頼に仕えた。

慶長八（一六〇三）年に秀家が死去すると、家康の薦めで従五位下に叙された。甥・吉英から和泉国大鳥郡など一万石を譲られ、大名に列したが、曾孫《ひまご》・小出玄蕃《げんば》重興《しげおき》（一六六三～九六）に子がなく、無嗣廃絶となった。なお、三尹の妻は生田宇庵《いくたうあん》の娘、のち金森出雲守《かなもりいずものかみ》可重《ありしげ》の娘を後妻に迎えている。可重の実父は伊東治明と考えられ、兄・吉政の義兄弟にあたる。そういう関係から縁談が進んだのだろう。

秀家のもう一人の養子・**小出甚太郎重堅**《しげかた》（重勝。一五九二～一六六九）は幼くして実兄・秀家の養子となり、慶長一四（一六〇九）年に兄・三尹の人質として江戸に送られた。常陸信太《しだ》郡のうちに七〇〇石を賜り、別家を立てた。人質が必要だからと兄の養子となり、江戸で徳川家にかわいがられて独立した。そんな感じだろう。妻は秋田安房守《あわのかみ》盛季《もりすえ》の養女である。子孫は旗本となる。

孫の代には徳川閨閥へ

小出秀政の子どもたちが形成する閨閥《けいばつ》は、豊臣家臣団の内向きな婚姻を重ねたという感じであるが、孫の代になると徳川色が濃くなってくる。

吉政の長男・小出大和守吉英の妻は保科《ほしな》弾正忠《だんじょうのちゅう》正直《まさなお》の娘で、家康の姪にあたる。嫡出の小出帯刀《たてわき》（一六〇六～二六）が慶長一一年生まれなので、遅くとも慶長一〇年にはこの縁談が結ばれたことになる。小出秀政が死去したのが慶長九（一六〇四）年三月だから、おそらくその前後に話が持ち上がったのではないか。

大坂城に影響がある小出家を閨閥から搦《から》め捕ろうという、家康の戦略であろう。

同様のことは次男・小出信濃守吉親（一五九〇～一六六八）にもいえる。

吉親の妻は本多三弥左衛門正重《ざえもんまさしげ》の娘で、本多佐渡守正信の姪にあたる。嫡出の小出信濃守英知《ふさとも》（一六一八～九五）は元和四年生まれだが、姉が三人いるので、大坂冬の陣の直前にこの縁談が結ばれた可能性が高い。つまり、正信はこの頃、大坂城に影響のある小出・片桐との縁談を同時並行で進めていたのだ。さすがは策士である。

地味な裏方だった秀政が、大坂城対策として高い評価を得たということだろう。

第4節　青木重吉・一重

秀吉の従兄弟・重吉

青木紀伊守重吉《しげよし》（?～一六〇〇）は秀吉の従兄弟にあたる。諱は「系図類・後世記録類では『一矩《かずのり》』『秀以《ひでもち》』などとされているため、現在でもそれらの名で取り上げられているが、当時の文書史料で確認されるのは『重吉』のみである」（『羽柴を名乗った人々』）。

重吉の母が秀吉の叔母《おば》にあたると語る古文書があり、親族であることは疑いないが、具体的な関係は不明である。

重吉ははじめ秀長に仕え、賤ヶ岳の合戦に参陣。四国征伐後に紀伊入山城を与えられ、秀吉の直臣に編入される。天正一四(一五八六)年に金森長近《かなもりながちか》が越前大野から飛騨高山に転封された後、越前大野を与えられ、文禄四(一五九五)年頃に越前府中八万石、慶長四(一五九九)年に越前北ノ庄二〇万石に加増転封された。

なお、重吉は慶長二(一五九七)年七月に侍従に叙任され、それとともに豊臣姓・羽柴名字を与えられたものと思われる。

妻は堀秀政の娘

重吉の妻は堀秀政《ほりひでまさ》の娘であるが、嗣子に恵まれず、甥《おい》(弟・青木半右衛門矩貞《はんえもんのりさだ》の子)の青木右衛門佐俊矩《うえもんのすけとしのり》を養子に迎えた。[図8-3]

慶長五年夏、関ヶ原の合戦を前にして、重吉は病床に臥《ふ》し、俊矩は毛利・石田方について北ノ庄で籠城《ろうじょう》。八月には大坂城から木下勝俊《きのしたかつとし》・利房《としふさ》を援軍として向かわせたが、八月中旬には前田利長《まえだとしなが》を通じて家康に対して敵意がないことを明らかにした。

重吉は病死。俊矩は利長の取りなしを受け、家康に面会するが、中途半端な態度を責められ、改易されてしまう。俊矩は前田家に寄寓《きぐう》して数年後に死去した。

その子・青木四郎左衛門久矩《しろうざえもんひさのり》(?~一六一五)は浪人になった後、大坂城に招かれ、夏の陣

図8－3：青木家系図

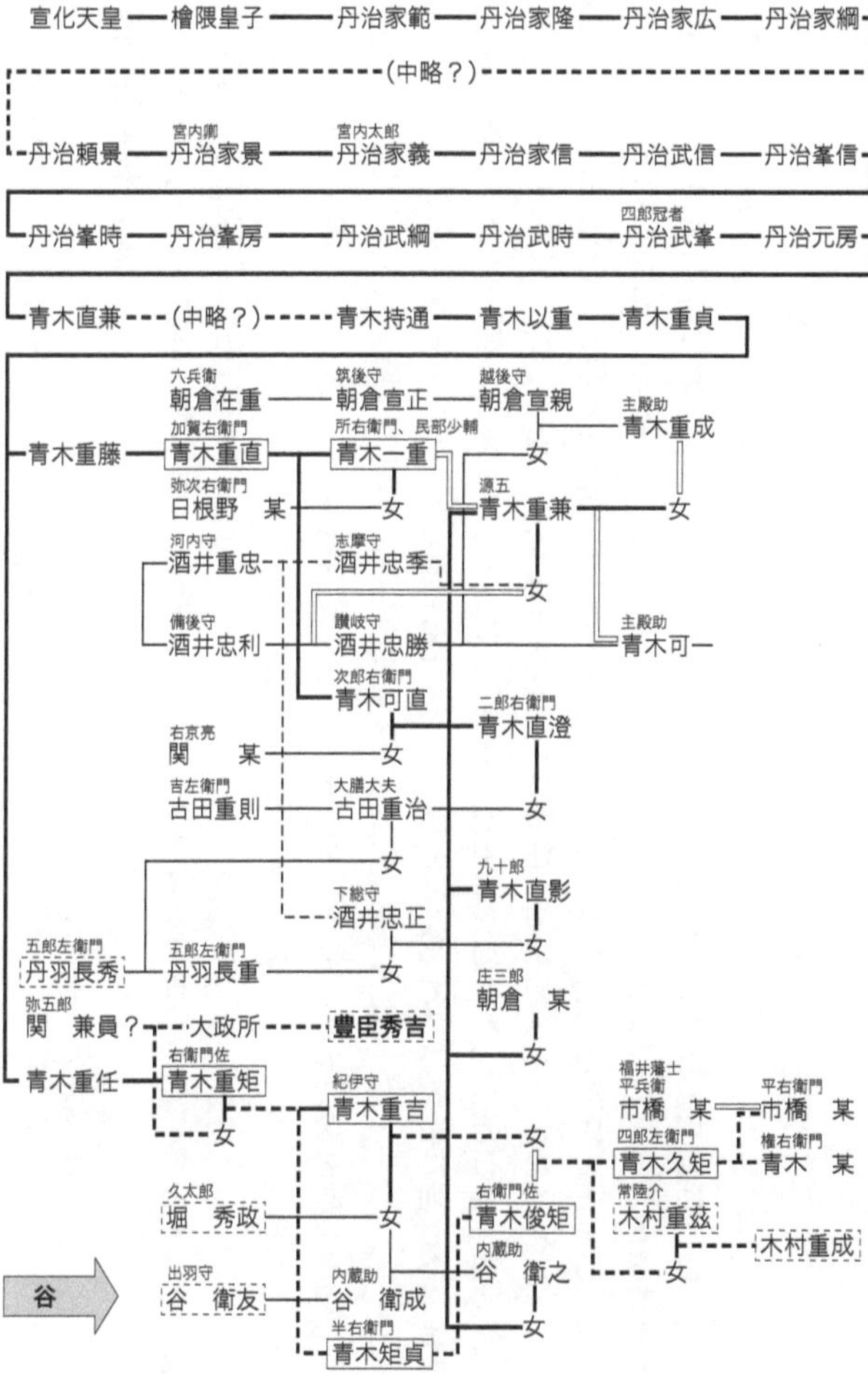
宣化天皇
檜隈皇子
丹治家範
丹治家隆
丹治家広
丹治家綱
(中略？)
丹治頼景
宮内卿
丹治家景
宮内太郎
丹治家義
丹治家信
丹治武信
丹治峯信
丹治峯時
丹治峯房
丹治武綱
丹治武時
四郎冠者
丹治武峯
丹治元房
青木直兼
(中略？)
青木持通
青木以重
青木重貞
六兵衛
朝倉在重
筑後守
朝倉宣正
越後守
朝倉宣親
主殿助
青木重成
青木重藤
加賀右衛門
青木重直
所右衛門、民部少輔
青木一重
女
弥次右衛門
日根野　某
女
源五
青木重兼
女
河内守
酒井重忠
志摩守
酒井忠季
女
備後守
酒井忠利
讃岐守
酒井忠勝
主殿助
青木可一
次郎右衛門
青木可直
二郎右衛門
青木直澄
右京亮
関　某
女
吉左衛門
古田重則
大膳大夫
古田重治
女
女
九十郎
青木直影
下総守
酒井忠正
女
五郎左衛門
丹羽長秀
五郎左衛門
丹羽長重
女
庄三郎
朝倉　某
弥五郎
関　兼員？
大政所
豊臣秀吉
女
右衛門佐
青木重任
青木重矩
紀伊守
青木重吉
女
福井藩士
平兵衛
市橋　某
平右衛門
市橋　某
女
四郎左衛門
青木久矩
権右衛門
青木　某
久太郎
堀　秀政
女
右衛門佐
青木俊矩
常陸介
木村重茲
木村重成
内蔵助
谷　衛之
女
谷
出羽守
谷　衛友
内蔵助
谷　衛成
女
半右衛門
青木矩貞

で討ち死にした（『大坂の陣　豊臣方人物事典』）。

七手組の青木一重

七手組の一人・青木民部少輔《みんぶのしょう》一重《かずしげ》（一五五一～一六二八）は、重吉の又従兄弟だという。通称を忠助《ちゅうすけ》、所右衛門《ところえもん》、民部少輔と名乗った。

一重は美濃に生まれ、はじめ今川氏真《うじざね》に仕え、氏真没落後の元亀元（一五七〇）年、家康に仕えた。姉川の合戦では、真柄《まがら》十郎左衛門《じゅうろうざえもん》直隆《なおたか》の子・十郎《じゅうろう》を討ち果たして武功をあげたが、元亀三（一五七二）年の三方原《みかたがはら》の合戦後、家康の下を離れ、丹羽《にわ》長秀《ながひで》に転じた。

天正一三年、長秀が死去すると、秀吉の家臣となり、使番になって黄母衣《きほろ》衆に列した。また、摂津国豊島《としま》郡のうちで所領を与えられ、その後、伊予、備中で加増され、一万石余を賜った。

天正一六年、聚楽第《じゅらくだい》の行幸の際、従五位下民部少輔に叙任。七手組の一人となった。

慶長一九年の大坂の冬の陣では豊臣方として戦ったが、一二月の和議で家康の下を訪れた。弟・青木次郎右衛門《じろうえもん》可直《よしなお》（一五六一～一六二二）を人質に取られ、大坂城に戻ることを許されなかった。父の遺領と合わせ、摂津麻田《あさだ》藩一万二〇〇〇石を領し、のち弟・可直に二〇〇〇石を分知した。子孫は大名として存続した。

親兄弟の主君はさまざま

一重は今川・徳川・丹羽・羽柴・徳川と、主君をころころと変えているが、一重の父や弟たちの主君もバラバラである。

一重の父・**青木加賀《かが》右衛《え》門《もん》重直《しげなお》**（一五二八～一六一三）が美濃に配流になり、土岐家、斎藤家、さらに信長、秀吉に仕えたという。重直は文禄三（一五九四）年一〇月に秀吉から摂津国豊島郡のうちで一四〇〇石を与えられ、その後、加増されて一七六〇石を賜った。

一重には少なくとも三人の弟がいる。

次弟・青木源五《げんご》重経《しげつね》（？～一五七二）は若年の頃より家康に仕え、元亀三年の三方原の合戦で討ち死にしている。

三弟・青木太郎兵衛《たろうべえ》直継《なおつぐ》（？～一五七八）は秀吉に仕え、天正六（一五七八）年九月、播磨で討ち死にしている。

末弟・可直は池田輝政に仕えた後、慶長一五（一六一〇）年から家康に仕え、美濃国大野郡など五郡で三〇〇〇石を賜った（一重から二〇〇〇石を分知され、計五〇〇〇石を領した）。

以上から推測すると、美濃斎藤家の没落後、父・重直と幼い弟たちは信長に仕えたが、一重はそれを潔しとせず、今川家、さらには家康に転じたのだろう。次弟・重経も一重に従ったようだ。ところが、三方原の合戦で重経が討ち死にしたことを契機に、一重は家康の下を離れ、丹羽長秀、秀吉と奉公先を変えていった。

一方、信長に仕えた父・重直と三弟の直継は秀吉の与力、末弟・可直は池田輝政の与力となり、三弟・直継は秀吉の中国経略で討ち死に、末弟・可直は池田家から家康に転じたのだろう。

第5節　津島衆人脈

七手組

秀頼の馬廻衆・小姓衆「七手組」のうち、五人（伊東丹後守長次、堀田図書頭長正、真野蔵人頭一綱、野々村伊予守吉安、中島式部少輔氏種）は尾張出身で、かつ堀田、真野、野々村の三人は津島衆である可能性が高い。

津島衆とは、尾張西南の商業都市・津島の有力者で、俗に「津島四家」「津島七党」「津島四苗」と呼ばれていた（「津島四家」と「津島七党」を併せて「津島四家七苗字」と呼ぶこともある）。より具体的にいえば、「津島四家」の大橋、岡本、山川、恒川《つねかわ》、「津島七党」の堀田《ほった》、平野、服部、鈴木、真野《まの》、光賀《こうが》、河村、「津島四苗」の宇津宮《うつのみや》、宇佐美《うさみ》、開田《かいだ》、野々村を指す。

堀田長正／津島七党の筆頭・堀田家の生まれ

「七手組」のうち、比較的系譜がわかっている堀田図書頭長正（正高ともいう。一五五三〜一六一五）は、「津島七党」の筆頭・堀田家の生まれである。堀田家は、江戸幕府の大老・堀田筑《ちく》前守《ぜんのかみ》正俊《まさとし》（一六三四〜八四）、幕末の老中首座・堀田備中守《びっちゅうのかみ》正睦《まさよし》（一八一〇〜一八六四）を生んだ譜代の名門として名高い。

津島衆の有力者でありながら、堀田家は織田・豊臣政権で重用された様子がない。しかし、堀田家は秀吉と縁が深かったらしい。「永禄六年（一五六三）秋、信長が西美濃攻略のため墨《すの》俣《また》に陣した夜、信長の赤母衣《ほろ》衆の一人福富《ふくずみ》平左衛門の表差《おもてざし》（笄《こうがい》のこと）が紛失したところ、木下秀吉にその嫌疑がかかった。秀吉はこれをはらすため、『先ず質屋方を問い見んため、急ぎ津島へ馳せ行き』、富家共に笄の様子を話し、質に置きにきた者があれば、すぐ知らせるよう依頼し、知人の堀田孫右衛門尉という富家を宿として待ちかまえ、銭五貫文で質置きに来た盗人を捕らえたという」（『津島市史（五）』）。

この「孫右衛門」が、長正の父・堀田孫右衛門正貞《まささだ》（法名・道悦。？〜一五八七）、もしくは長兄・堀田孫右衛門正高《まさたか》（法名・道空）であるといわれている。

そのため、堀田家はそんなに出世しなかったが、秀吉の側近が多かったようだ。

そして、長正をはじめ、一族の多くが大坂の陣で豊臣方に参陣した。長正の弟・**堀田久左衛《きゅうざえ》門《もん》正豊《まさとよ》**、その子・**堀田伝三郎《でんざぶろう》**、長正の子・**堀田加賀守《かがのかみ》盛正《もりまさ》**、小平太《こへいた》。孫の**堀田茂助《もすけ》正明《まさあき》**、一族の**堀田武助《ぶすけ》**などである。［図8－4］

平野家／堀田家の親戚

賤ヶ岳の七本槍の一人・平野《ひらの》遠江守《とおとうみのかみ》長泰《ながやす》は、長正の甥にあたる。長正の姉妹が、父の平野右京進《うきょうのしん》長治《ながはる》に嫁いでいるのだ。

そんなわけで、大坂の陣では、長泰の長男・**平野権平長勝《ごんぺえながかつ》**（一六〇三～六八）、長泰の次兄・**平野九郎右衛門長景《くろうえもんながかげ》**（？～一六一五）、その子・**平野九郎右衛門長之《ながゆき》**が豊臣方についた。

結局、長勝はそのまま大坂の陣に豊臣方として参陣した。長景は討ち死にしたが、長勝は生き延び、父の取りなしがあったのか、旗本として家禄《かろく》を継ぐことができた。

真野一綱／津島七党の生まれ

長正のいま一人の姉妹が真野左近《さこん》に嫁いでいる。

真野家は「津島七党」の一つであるが、「七手組」の**真野蔵人頭一綱**（一五四六？～一六一五）と**真野豊後守頼包《よりかね》**が大坂の陣で豊臣方として活躍し、両者の事跡が混同されているようだ。

まず、『系図纂要』では、長正の義兄弟を「真野左近」ではなく、「真野豊後守」としており、堀田長正と真野頼包が義兄弟だとしている。

ただし、『系図纂要』では、頼包を「真野蔵人　豊後守　大坂籠城七隊頭」「一（＝一説）に宗信《むねのぶ》」と記し、蔵人一綱と豊後守頼包を混同している。さらに頼包は大橋長兵衛《ちょうべえ》長将《ながまさ》の子で、真野大蔵定季《おおくらさだすえ》の養子になったという説を載せている。大橋家は「津島四家」の筆頭で、長将は

図8－4：津島衆系図

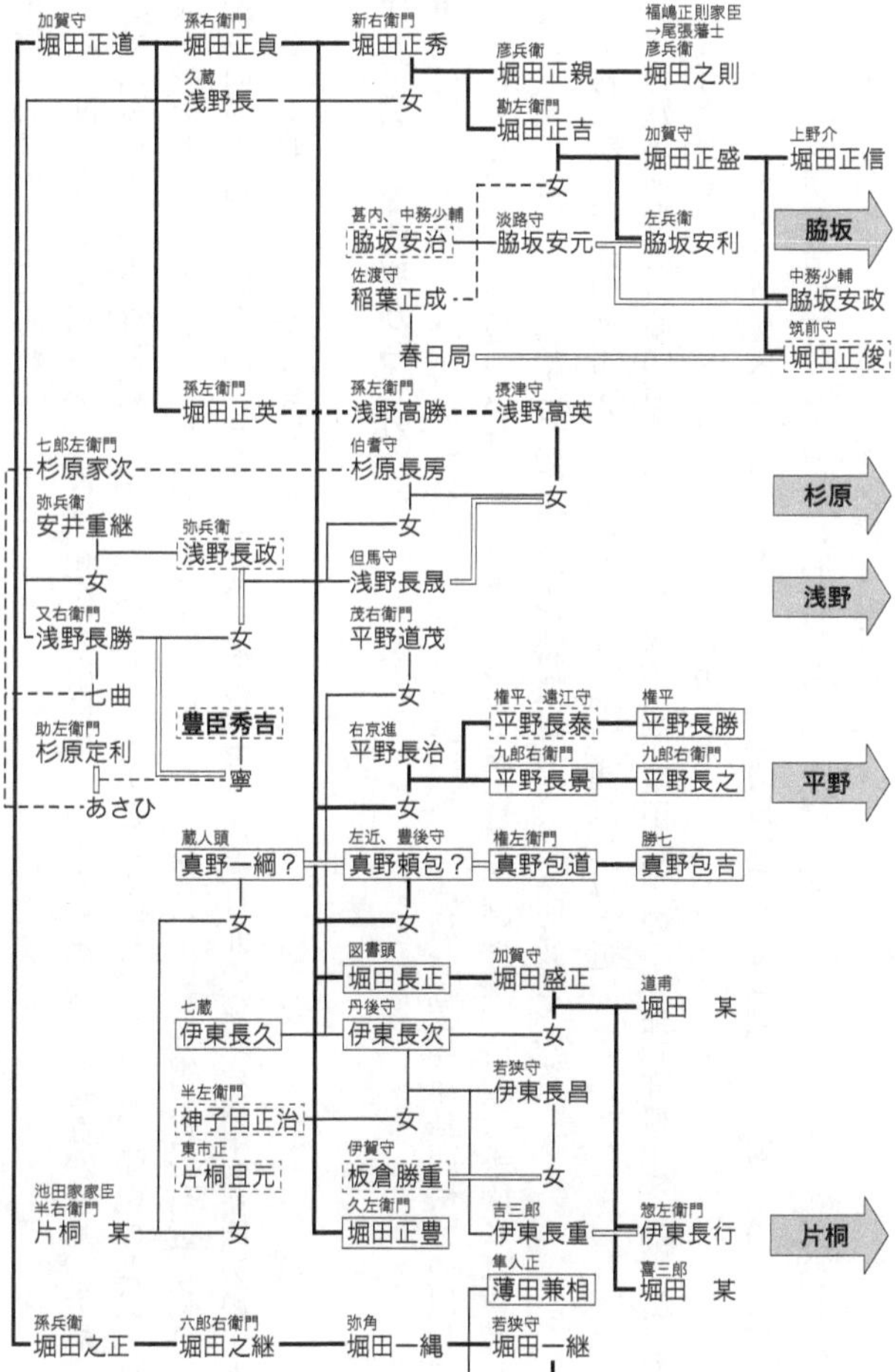
加賀守
堀田正道
孫右衛門
堀田正貞
新右衛門
堀田正秀
彦兵衛
堀田正親
福嶋正則家臣
→尾張藩士
彦兵衛
堀田之則
久蔵
浅野長
女
勘左衛門
堀田正吉
加賀守
堀田正盛
上野介
堀田正信
女
甚内、中務少輔
脇坂安治
淡路守
脇坂安元
左兵衛
脇坂安利
脇坂
佐渡守
稲葉正成
中務少輔
脇坂安政
春日局
筑前守
堀田正俊
孫左衛門
堀田正英
孫左衛門
浅野高勝
摂津守
浅野高英
七郎左衛門
杉原家次
伯耆守
杉原長房
女
杉原
弥兵衛
安井重継
弥兵衛
浅野長政
女
女
但馬守
浅野長晟
浅野
又右衛門
浅野長勝
女
茂右衛門
平野道茂
七曲
女
豊臣秀吉
権平、遠江守
平野長泰
権平
平野長勝
助左衛門
杉原定利
右京進
平野長治
九郎右衛門
平野長景
九郎右衛門
平野長之
平野
寧
あさひ
女
蔵人頭
真野一綱？
左近、豊後守
真野頼包？
権左衛門
真野包道
勝七
真野包吉
女
女
図書頭
堀田長正
加賀守
堀田盛正
道甫
堀田　某
七蔵
伊東長久
丹後守
伊東長次
女
若狭守
伊東長昌
半左衛門
神子田正治
女
東市正
片桐且元
伊賀守
板倉勝重
女
池田家家臣
半右衛門
片桐　某
女
久左衛門
堀田正豊
吉三郎
伊東長重
惣左衛門
伊東長行
片桐
隼人正
薄田兼相
喜三郎
堀田　某
孫兵衛
堀田之正
六郎右衛門
堀田之継
弥角
堀田一縄
若狭守
堀田一継
女

織田信長の姉の子といわれている。
『大坂の陣　豊臣方人物事典』では、頼包の出自について五つの説を載せながらも、大橋家の出身で「天正十一年、真野蔵人の養子となった」とまとめている。ただし、頼包の養父・真野蔵人が一綱と同一人物かどうかは明言していない。むしろ長正の義兄弟・真野左近と真野蔵人一綱を同一人物と示唆しているが、蔵人一綱の「妻は片桐且元の妻（片桐半右衛門の娘）と姉妹」としており、適切ではないと感じる。

伊東長次／津島衆かもしれない

伊東丹後守長次（一五六〇〜一六二九）は「津島四家」「津島七党」「津島四苗」の出身ではない。しかし、津島周辺の出身であるようだ。『尾張群書系図部集』所収の系図には伊藤丹後守長実《ながざね》（長次の別名）の註記に「尾州海東《かいとう》郡勝幡《しょばた》村の人」と記されている。

勝幡村は織田信長の父祖が住んでいたところで、津島にほど近い。

長次の妹が平野茂右衛門道茂《もえもんみちしげ》に嫁ぎ、長次の娘が堀田長正の子（加賀守盛正）に嫁いでいる。ここにも堀田家、平野家との血縁関係がうかがえる。

長次の父・伊東七蔵長久《しちぞうながひさ》（一五三一〜八三）は、『信長公記』で「鑓《やり》三本人数《にんじゅ》」の一人にあげられている「伊藤清蔵《せいぞう》」のことだといわれており、永禄年間、長久の兄・伊東武兵衛《ぶへえ》は信長の黒母衣衆に、弟の長久は赤母衣衆に選ばれている。

長次は大坂夏の陣で秀頼方につき、大坂城に籠城したが、開城後に家康・秀忠に仕え、備中岡田藩一万三〇〇余石を賜った。長次がすんなり家康に取り立てられた背景には、内通していた可能性が示唆されている。

なお、長次の子・**伊東若狭守長昌《わかさのかみながまさ》**（一五九三〜一六四〇）は、江戸幕府の京都所司代・板倉伊賀守勝重の養女を妻に迎えている。これも内通を背景としたものなのだろうか。

補　章　五大老の闔閥

第1節　五大老

「五大老」の成立

秀吉政権の実務を担当していた「六人衆」から「五奉行」について述べたので、それに対する「五大老」についても述べておこう。［図9－1］

「五大老」は秀吉が天下を統一する過程で臣従した大身の大名から構成されており、本書で定義した「豊臣家臣団」には該当しない。しかし、秀吉晩年の豊臣政権で重きをなしたことから、あえて取り上げておこうと思う。

もっとも、「五奉行」が秀吉の晩年に突然誕生したわけではなく、「六人衆」を起源とするのと同様、「五大老」にもその母体ともいうべきものがあり、「天下統一以前には、大大名も諸方面の取次役を任されていた。また、天正十三年頃に既に一定の立場を認められていた大大名として、織田信雄《のぶお》と毛利《もうり》輝元《てるもと》が挙げられる。徳川家康《とくがわいえやす》も天正十四年（一五八六）十月に上洛臣従し、『関東之儀』を任された。彼らは秀吉の弟の秀長と共に、秀吉と大名の仲介役や大名同士の調停役に加え、秀吉への発言権も有していたと考えられる。天下統一と秀長死去後の天正二十年（一五九二）頃には、徳川家康と前田《まえだ》利家《としいえ》の両者（彼らを『二大老』とする評価も存在する）が重用されはじめ、秀吉の代理などの役割を果たしていた」（『秀吉の虚像と実像』）。

そして、秀吉は官位叙任によって大名らの序列を可視化することに成功し、そのトップにあたる「清華成《せいがなり》」には織田信雄・徳川家康・羽柴秀長《はしばひでなが》・羽柴秀次《ひでつぐ》・宇喜多秀家《うきたひでいえ》・毛利輝元・上杉《うえすぎ》景勝《かげかつ》・前田利家・羽柴秀保《ひでやす》・羽柴秀俊《ひでとし》（のちの小早川秀秋）・徳川秀忠《ひでただ》らが選ばれた。

しかし、織田信雄が秀吉の怒りを買って配流され、豊臣一族が相次いで死去した結果、左記の面々が「五大老」に位置づけられた。

・小早川隆景《こばやかわたかかげ》（一五三三〜一五九七）秀吉の生前に死去
・**前田利家**（一五三八〜一五九九）秀吉死去時、六一歳。五大老の在任中に死去
・**徳川家康**（一五四二〜一六一六）秀吉死去時、五七歳
・**毛利輝元**（一五五三〜一六二五）秀吉死去時、四六歳
・**宇喜多秀家**（一五七二〜一六五五）秀吉死去時、二七歳
・**上杉景勝**（一五五五〜一六二三）秀吉死去時、四四歳。小早川隆景の後任
・前田利長《としなが》（一五六二〜一六一四）秀吉死去時、三七歳。前田利家の後任

この章では、秀吉死去の際の「五大老」の閨閥について概観を述べていきたい。

図９−１：五大老の閨閥

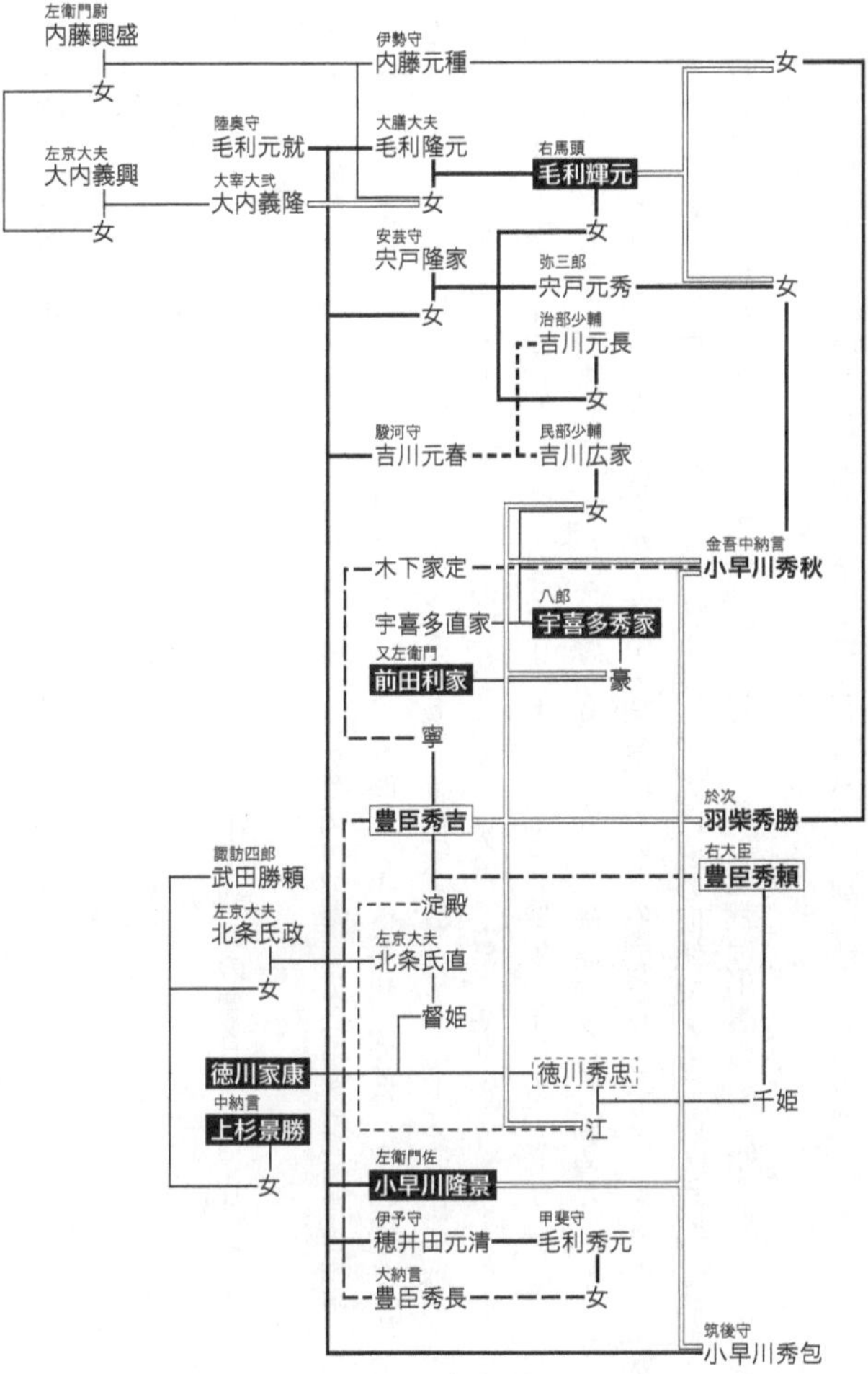

左衛門尉
内藤興盛
女
左京大夫
大内義興
女
陸奥守
毛利元就
大宰大弐
大内義隆
伊勢守
内藤元種
大膳大夫
毛利隆元
女
安芸守
宍戸隆家
女
駿河守
吉川元春
木下家定
宇喜多直家
又左衛門
前田利家
寧
豊臣秀吉
淀殿
左京大夫
北条氏直
督姫
左衛門佐
小早川隆景
伊予守
穂井田元清
大納言
豊臣秀長
右馬頭
毛利輝元
女
弥三郎
宍戸元秀
治部少輔
吉川元長
女
民部少輔
吉川広家
女
八郎
宇喜多秀家
豪
徳川秀忠
江
甲斐守
毛利秀元
女
女
女
金吾中納言
小早川秀秋
於次
羽柴秀勝
右大臣
豊臣秀頼
千姫
筑後守
小早川秀包
諏訪四郎
武田勝頼
左京大夫
北条氏政
女
徳川家康
中納言
上杉景勝
女

第2節　毛利輝元

中国の覇者・毛利家

「五大老」の一人・毛利輝元（一五五三～一六二五）は、中国地方の覇者・毛利元就《もとなり》（一四九七～一五七一）の孫にあたる。

毛利家は、鎌倉幕府の功臣・大江広元《おおえのひろもと》の四男で、安芸国吉田荘（広島県安芸高田市吉田町）の地頭に任ぜられた季光《すえみつ》を始祖とする。天文一〇（一五四一）年、毛利元就は、中国地方を治めていた大内義隆《おおうちよしたか》（一五〇七～五一）に従って安芸守護・武田家を滅ぼし、安芸を掌中に収めた。

元就は長男・毛利隆元《たかもと》の妻に大内義隆の養女を迎え、次男・**吉川元春**《きっかわ》（一五三〇～八六）を安芸の吉川家、三男・**小早川隆景**（一五三三～九七）を安芸竹原の小早川家の養子に送り込むとともに、長女を安芸の有力国人・宍戸《しど》家に嫁がせて、安芸・備後の支配を固めた。

天文二〇（一五五一）年に大内義隆が、家臣・陶隆房《すえたかふさ》（のちの陶晴賢《はるかた》。一五二一～五五）に滅ぼされると、毛利元就は厳島《いつくしま》の合戦で陶晴賢を破り、大内家の旧領である周防・長門・安芸・備後・石見を手に入れた。さらに、永禄五（一五六二）年に元就は出雲の尼子《あまこ》家を攻め、出雲に勢力を伸ばした。

元就は四男以下を中国地方の有力者の養子に送り込み、中国各地に置いた。

・四男　穂井田《ほいだ》元清　（一五五一～一五九七）　備中猿懸城
・五男　椙杜《すぎのもり》元秋　（一五五二～一五八五）　出雲富田《とだ》城
・六男　出羽《でわ》元倶《もととも》　（一五五五～一五七一）　石見出羽二山城
・七男　天野元政　（一五五九～一六〇九）　安芸米山《こめやま》城
・八男　末続《すえつぐ》元康　（一五六〇～一六〇一）　出雲末次城
・九男　小早川秀包《ひでかね》　（一五六七～一六〇一）

毛利の御曹司・輝元

天正五（一五七七）年、織田信長の命を受けた羽柴秀吉は中国経略に着手し、毛利家と対峙《たいじ》した。天正一〇（一五八二）年、本能寺の変で信長が横死するが、秀吉は信長の死を秘して毛利家と講和する（一説に、信長の横死に気付いた毛利家では、山陰担当の吉川元春が秀吉を追撃するように主張したが、山陽担当の小早川隆景が反対して追撃しなかったといわれている）。

毛利家が講和に応じ、秀吉を追撃しなかったことは、結果として秀吉の天下取りを助けることとなった。秀吉はこのことに恩義を感じ、豊臣政権で毛利家を非常に厚遇した。毛利輝元は中国八ヶ国を安堵《あんど》され、叔父《おじ》・小早川隆景は筑前、筑後と肥前の一部を与えられ、ともに五大老に選ばれている。

慶長五（一六〇〇）年、関ヶ原の合戦で、毛利輝元は石田三成によって大将に祭り上げられた。しかし、輝元自身は出陣せず、養子の毛利秀元、一族の吉川広家を三成に従わせた。吉川広家は秘《ひそ》かに徳川家康に内応し、毛利家の所領安堵を交渉。いざ合戦が始まると、秀元を山上に据え、自らは麓《ふもと》でサボタージュした。手前の吉川軍が動かないため、秀元率いる毛利本軍も合戦に参加することができないまま、合戦を終えた。

これで広家の企《たくら》み通り、合戦の勝敗にかかわらず「毛利家は安泰」となるはずだった。ところが、徳川軍が大坂城に乗り込むと、輝元の発給した文書が多数発見され、毛利家は改易。吉川広家に長門、周防二ヶ国が与えられた。驚いた広家は家康に再考を懇請したが、埒《らち》が明かず、自らは身を退《ひ》いて長門・周防を毛利本家に譲った。

結果として、毛利家は中国八ヶ国一二〇万五〇〇〇石から、長門、周防二ヶ国の三六万九〇〇〇石の大幅減封という形となった。

従来の見方は、優柔不断の毛利輝元が西軍の大将に祭り上げられ、まんまと家康の術中にはまり、敗戦の責任を取らされて大幅に減封された——というものであったが、近年の研究によれば、毛利輝元は黙って大坂城に収まっていたわけではなく、一族を伊予に差し向けて武力侵攻するなど、実質的な大将、首謀者として積極的に軍事行動したことがわかっている。それが咎《とが》められての大幅減封だったらしい。

子孫は長門萩《はぎ》藩（通称・長州藩）三六万九〇〇〇石を領した。支藩に長門長府《ちょうふ》藩五万石、周防徳山《とくやま》藩四万五〇〇〇石、長門清末《きよすえ》藩一万石がある。

内向きの婚姻政策

毛利家の婚姻政策は、中国地方をいかに治めるかに重点を置いており、他国の大名との婚姻は少ない。［図9－2］

○豊臣家

・輝元の養女（内藤元種《もとたね》の娘）が秀吉の養子・羽柴於《お》次秀勝《つぎひでかつ》の妻
・輝元の養女（宍戸《ししど》元秀《もとひで》の娘）が秀吉の養子・羽柴秀俊《ひでとし》（のちの小早川秀秋《ひであき》）の妻
・輝元の養子・毛利秀元の妻が秀吉の養女（豊臣秀長の娘）
・輝元の従兄弟《いとこ》・吉川広家《ひろいえ》の妻が秀吉の養女（宇喜多秀家の姉）

○豊臣家以外

・輝元の叔父（小早川秀包）の妻が豊前守護・大友義鎮《よししげ》（宗麟《そうりん》）の娘
・輝元の叔父（穂井田元清）の妻が伊予河野水軍・村上通康《むらかみみちやす》の娘
・小早川隆景の養女（宍戸隆家の娘）が村上通康の妻？

七件のうち、四件が豊臣家との婚姻になっており、秀吉がいかに毛利家を重視していたかがわかる。

また、残り二件は伊予河野水軍の長・村上通康（一五一九～六七）との婚姻であるらしい。『寛政重修諸家譜』によれば、通康の妻は伊予守護・河野通直の娘と記されているが、光成準《みつなりじゅん》治《じ》氏は「天文二十三（一五五四――引用者註）年には宍戸隆家と五龍（隆景姉）の間の娘を隆景の養女として、伊予来島水軍の当主村上通康に嫁がせて、伊予河野氏との結びつきを強めた」と指摘している（『小早川隆景・秀秋』）。

一方、隆景の実弟・穂井田元清の妻が村上通康の娘なので、通康（一五一九年生まれ）は三六歳で隆景（一五三三年生まれ）の姪《めい》（二〇歳未満？）と結婚し、その娘（もしくは先妻の娘）が隆景の弟（一五五一年生まれ）と結婚したことになる。不可能ではないが、複雑な家庭関係だ。

輝元の妻子

毛利輝元の妻は宍戸隆家の娘「南の御方」で、父方の従姉妹《いとこ》にあたる。また、輝元には二男一女、および一男二女の養子がいた。

・養女　内藤元種の娘　秀吉の養子・羽柴於次秀勝の妻
・養女　宍戸元秀の娘　秀吉の養子・羽柴秀俊（のちの小早川秀秋）の妻
・養子　毛利甲斐守《かいのかみ》秀元《ひでもと》（一五七九～一六五〇）　妻は豊臣秀長の娘
・長男　毛利藤七郎《とうしちろう》秀就《ひでなり》（一五九五～一六五一）
・長女　吉川美濃《みの》広正《ひろまさ》の妻（一六〇〇～？）
・次男　毛利三次《さんじ》郎《ろう》就隆《なりたか》（一六〇二～一六七九）

輝元が一六歳の時、永禄一一（一五六八）年に南の御方と結婚したが、二人の間には子どもがいなかったため（もしくは子どもが生まれたが早世した）、叔父・穂井田元清の子・毛利甲斐

図９－２：毛利家系図

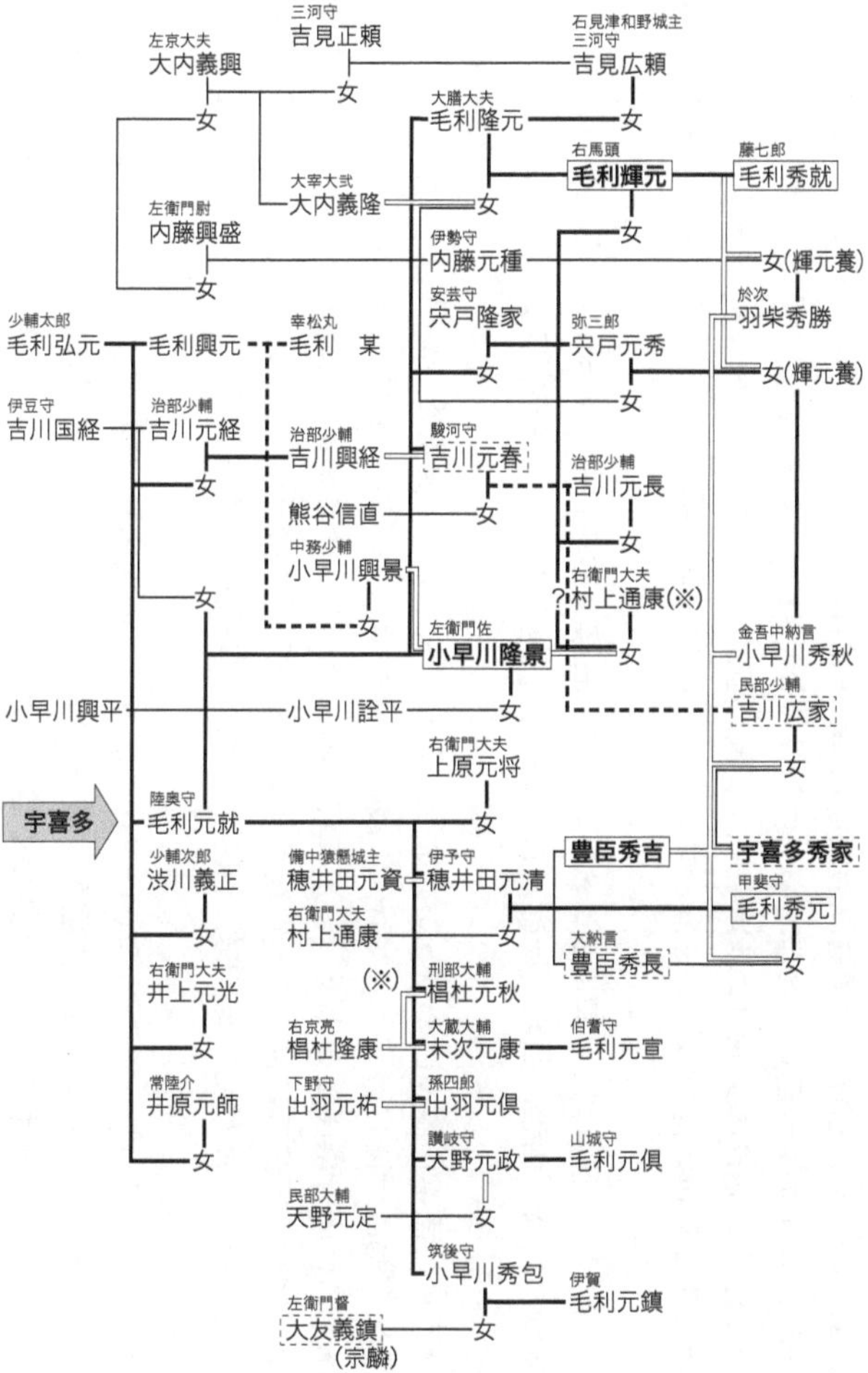

三河守 吉見正頼
石見津和野城主 三河守 吉見広頼
左京大夫 大内義興
女
女
大膳大夫 毛利隆元
女
右馬頭 毛利輝元
藤七郎 毛利秀就
大宰大弐 大内義隆
女
左衛門尉 内藤興盛
女
伊勢守 内藤元種
女(輝元養)
女
於次 羽柴秀勝
安芸守 宍戸隆家
弥三郎 宍戸元秀
少輔太郎 毛利弘元
毛利興元
幸松丸 毛利　某
女
女(輝元養)
女
伊豆守 吉川国経
治部少輔 吉川元経
治部少輔 吉川興経
駿河守 吉川元春
治部少輔 吉川元長
女
熊谷信直
女
女
中務少輔 小早川興景
右衛門大夫 ?村上通康(※)
女
女
女
左衛門佐 小早川隆景
女
金吾中納言 小早川秀秋
小早川興平
小早川詮平
女
民部少輔 吉川広家
右衛門大夫 上原元将
女
宇喜多
陸奥守 毛利元就
女
少輔次郎 渋川義正
備中猿懸城主 穂井田元資
伊予守 穂井田元清
豊臣秀吉
宇喜多秀家
甲斐守 毛利秀元
女
右衛門大夫 村上通康
女
大納言 豊臣秀長
女
右衛門大夫 井上元光
(※)
刑部大輔 椙杜元秋
女
右京亮 椙杜隆康
大蔵大輔 末次元康
伯耆守 毛利元宣
常陸介 井原元師
下野守 出羽元祐
孫四郎 出羽元倶
女
讃岐守 天野元政
山城守 毛利元倶
民部大輔 天野元定
女
筑後守 小早川秀包
伊賀 毛利元鎮
左衛門督 大友義鎮 (宗麟)
女

守秀元（一五七九〜一六五〇）を養子に迎えた。秀元は幼少の頃から人格優秀で、叔父の吉川元春・小早川隆景からも将来の毛利家を背負って立つ人物との御墨付きを与えられた人物である。元春・隆景にしてみれば、輝元に子どもがいないことはもっけの幸いといったところだったろう。

天正二〇（一五九二）年、広島を訪れた秀吉は、秀元を輝元の後継者と認めた。ただし、輝元が四〇歳とまだ若いので、実子ができた時は実子を後継者として、秀元には相応の知行を与えて分家させるという条件付きであった。そして、秀吉は異父弟・秀長の娘を養女として、秀元と婚約させ、文禄三（一五九四）年に輿入《こしい》れさせた。秀吉にとって、成人に達した唯一人の姪《めい》である。数少ない血縁者との縁談は、秀吉がいかに毛利家、および秀元を高く評価していたかを示唆させる。

ところが、輝元は、大内家旧臣・杉元宣《もとのぶ》の妻「二の丸」に懸想《けそう》し、元宣を殺害して二の丸を側室に迎え、文禄四（一五九五）年に待望の嫡男・松寿丸（のちの秀就。一五九五〜一六五一）をもうけてしまう。

優秀な養子・秀元を差し置いて、略奪婚の挙げ句に生まれた実子に家督を譲るのはいかがなものかという声は小さくなかった。しかし、結局、慶長三（一五九八）年八月に秀吉が嫡男と認めたことにより、秀就が輝元の後継者となった。ただし、秀吉は死の直前であり、判断能力があったか否かも覚束《おぼつか》ない状況で、実際には石田三成ら秀吉側近が輝元の要請に従って「秀吉が認めた」ことにしたようだ（『毛利輝元』）。

毛利輝元の閨閥

毛利家は、中興の祖・毛利元就が中国地方を支配下に置いてから、領内の有力者と姻戚《いんせき》関係を構築していく方針を採ったようだ。他の戦国大名との婚姻事例は少ない反面、豊臣家との婚姻が数例ある。

毛利輝元の妻は実の従姉妹《いとこ》で、ここにも内向きの婚姻政策がうかがわれる。

輝元は実子に恵まれず、従兄弟《いとこ》の毛利秀元を養子に迎えたが、晩年に略奪婚で実子をもうけ、秀吉の死の間際に後継者として認可された。政略結婚を図ろうにも、手駒の子女がいない状況で、西国一の大大名でありながら、閨閥《けいばつ》的には地味な存在であった。

第3節　宇喜多秀家

秀家の姉妹

「五大老」の一人・宇喜多秀家（一五七二～一六五五）については、第1章「豊臣一族」で既述したので、ここでは家系に関する記述にとどめる。［図9-3］

秀家は備前の国人領主・宇喜多直家（一五二九〜八一）の嫡子に生まれた。

兄弟は、異父兄として母「円融院の連れ子で三浦貞勝の子息・三浦桃寿丸《とうじゅまる》がいる。しかし、桃寿丸の生年は不明であり、没年も諸説有り定かではない。秀家の姉妹としては、吉川広家の妻となった容光院《ようこういん》、宇喜多氏の家臣となった美作の国人・江原親次《えばらちかつぐ》の妻、宇喜多氏の家臣・明《あか》石《し》掃部《かもん》の妻となった女性がいる」（『宇喜多秀家と豊臣政権』）。

容光院は、秀吉の養女として宇喜多・毛利家の友好関係を深めるため、吉川広家との縁談を命じられ、それ以外は宇喜多家臣団内部の婚姻にとどまっている。明石掃部は大坂夏の陣で大坂方の主力部将として著名である。

なお、『戦国大名閨閥事典』では、これ以外に三人の姉妹（松田元輝の妻、後藤勝元の妻、伊賀久隆の妻）を掲げている。かれらは備前・美作の国人領主で、宇喜多直家が備前・美作一帯を制覇していく過程で、婚姻関係によって国人領主を取り込んでいく様子をあらわしている。

秀家の妻子

秀家の妻は、前田利家の四女で、秀吉の養女となった豪姫（一五七四〜一六三四）である。天正一〇（一五八二）年頃に宇喜多秀家と婚約し、天正一六（一五八八）年頃に結婚したらしい。

秀家には三男三女がいた（★は嫡出）。

図9－3：宇喜多家系図

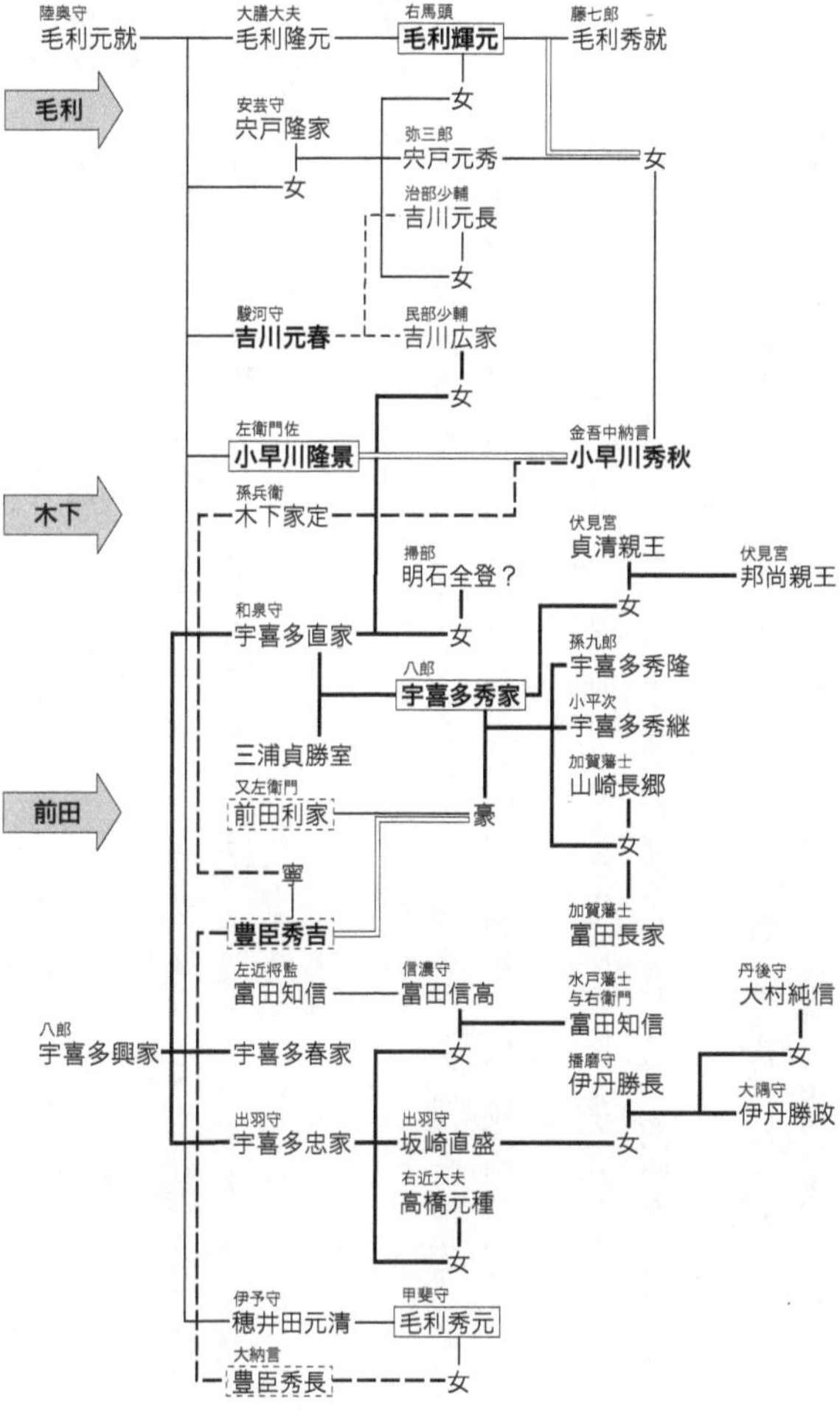
毛利
木下
前田
陸奥守
毛利元就
大膳大夫
毛利隆元
右馬頭
毛利輝元
藤七郎
毛利秀就
女
安芸守
宍戸隆家
弥三郎
宍戸元秀
女
女
治部少輔
吉川元長
女
駿河守
吉川元春
民部少輔
吉川広家
女
左衛門佐
小早川隆景
金吾中納言
小早川秀秋
孫兵衛
木下家定
伏見宮
貞清親王
伏見宮
邦尚親王
掃部
明石全登？
女
和泉守
宇喜多直家
女
孫九郎
宇喜多秀隆
八郎
宇喜多秀家
小平次
宇喜多秀継
三浦貞勝室
加賀藩士
山崎長郷
又左衛門
前田利家
豪
女
寧
加賀藩士
富田長家
豊臣秀吉
左近将監
富田知信
信濃守
富田信高
水戸藩士
与右衛門
富田知信
丹後守
大村純信
八郎
宇喜多興家
宇喜多春家
女
女
播磨守
伊丹勝長
大隅守
伊丹勝政
出羽守
宇喜多忠家
出羽守
坂崎直盛
女
右近大夫
高橋元種
女
伊予守
穂井田元清
甲斐守
毛利秀元
大納言
豊臣秀長
女

・長男★（早世？）
・次男★宇喜多孫九郎秀隆《まごくろうひでたか》（一五九一～一六四八）
・三男★宇喜多小平次秀継《こへいじひでつぐ》（一五九九～一六五七）
・長女　伏見宮貞清《ふしみのみやさだきよ》親王の妻（一説に養女）
・次女★加賀藩士・山崎長郷の妻、同藩士・富田重家に再縁
・三女★川口長太郎の妻

宇喜多秀家の閨閥

秀家は自身が若い（秀吉死去時、二七歳）こともあって、閨閥をつくる前に政権から追われてしまった。姉妹は、父・直家の版図拡大のための政略結婚に利用され、嫁ぎ先はいずれも備前・美作の国人領主という地味なものであった。

唯一の閨閥といえば、妻・豪姫の実家である前田家であろう。ただし、秀吉の死後、ほどなく慶長四（一五九九）年閏《うるう》三月に前田家の当主・利家が死去してしまい、前田家自身が政局に翻弄《ほんろう》されてしまう。

同時期に宇喜多家では御家騒動（宇喜多騒動）が起こるが、若い秀家はこれを収拾することができず、家康の裁定によってようやく収束に向かったという。「騒動の影響は深刻であった。このとき宇喜多氏家中を離れた人々を、『浮田《うきた》家分限帳《ぶげんちょう》』から拾ってゆくと、その総計知行は

十四万石余り。単純計算ながら、これは本分限帳の総知行高（およそ三十五万石）の三分の一を超える」（『宇喜多秀家』）。

渡邊大門氏によれば、宇喜多騒動の一因は、家臣団の中に、前田家とともに「従前どおり豊臣家を守り立てて行こうとするグループと、家康側にシフトしようとするグループとの対立があった」（『宇喜多秀家と豊臣政権』）からだと指摘する。前田家との閨閥は秀家を利するものにならなかったのかもしれない。

しかしながら、秀家父子が八丈島に流されると、前田家は金銭的、物質的支援を惜しまなかったという。前田家との閨閥は、秀家の寂しい晩年を支えてくれたに違いない。

第4節　前田利家

秀吉の親友・利家

前田又左衛門利家（一五三八～九九）は、織田家臣・前田与十郎《よじゆうろう》家の庶流、前田蔵人利昌《くろうどとしまさ》（利春ともいう。?～一五六〇）の四男として、尾張国愛知郡荒子《あらこ》村（名古屋市中川区荒子町）に生まれた。庶流の庶子というめぐまれない境遇で、家臣・前田家の子どもだから信長に仕えたのではなく、大柄で腕っ節《ぶし》が強い点を買われ、信長にカネで傭《やと》われたのだろう。同様にカネで傭われた秀吉とは若い頃からの親友だった。

天正三（一五七五）年八月に柴田勝家が越前を与えられると、利家は佐々《さっさ》成政《なりまさ》・不破《ふわ》光治《みつはる》とともに「府中三人衆」として越前二郡を与えられ、天正八（一五八〇）年一一月に柴田勝家等とともに加賀を平定。翌天正九年一〇月に能登《のと》一国を与えられた。

利家は、寄親の勝家を慕っていたが、勝家と秀吉が対立し、天正一一（一五八三）年四月に賤ヶ岳の合戦が起こると、土壇場で勝家を裏切り、秀吉についた。翌天正一二年の小牧・長久手の合戦後、信雄・家康方についた佐々成政が、天正一三（一五八五）年八月に秀吉に降ると、利家の子・利勝（のちの利長）に成政の旧領・越中が与えられた。

豊臣政権では徳川家康と並んで最長老となり、一族合わせて七六万五〇〇〇石を領した。秀吉の死後、豊臣家を守っていく役割を期待されたが、その翌年の慶長四（一五九九）年閏三月に死去。享年六二。

子孫は加賀金沢藩一〇二万二七〇〇石を領し、支藩に越中富山藩一〇万石、加賀大聖寺《だいしょうじ》藩一〇万石、上野七日《なのか》市《いち》藩一万石がある。

子だくさんで多方面との閨閥を構築

『寛政重修諸家譜』によれば、前田利家には六男一〇女があるが、関ヶ原の合戦前までの婚姻関係を整理すると左記のようになる（★は嫡出。三男・九女以下、および早世した者は省略）。［図

［9－4］

○織田関係
・長男★前田利長《としなが》（一五六二～一六一四）妻は織田信長の娘
・次女　蕭《せう》（一五六三～一六〇三）織田家臣の中川重政《しげまさ》の子・光重《みつしげ》の妻
・次男★前田利政《としまさ》（一五七八～一六三三）妻は蒲生氏郷《がもううじさと》の娘、信長の孫娘
○家臣
・長女★幸《かう》（一五五九～一六一六）家臣・前田長種《ながたね》の妻
・八女　福《ふく》（一五八七～一六二〇）一五九八年に家臣・長好連《ちょうよしつら》と結婚
○秀吉関係
・三女　麻阿《まあ》（一五七二～一六〇五）一五八六年頃、秀吉の側室
・四女★豪《ごう》（一五七四～一六三四）一五七五年頃、秀吉の養女、一五八八年に宇喜多秀家《うきたひでいえ》と結婚
・五女★与免《よめ》（一五七七～一五九三）浅野幸長《あさのよしなが》と婚約中に死去
・六女　菊《きく》（一五七八～一五八四）秀吉の養女
○他大名
・七女★千世《ちよ》（一五八〇～一六四一）一五九七年に細川忠隆《ほそかわただたか》と結婚

長男・**前田肥前守《ひぜんのかみ》利長**（初名・利勝。犬千代、孫四郎）は信長の娘・永と天正九（一五八一）

年に結婚している。利家が信長に気に入られていた証左であろう。

次弟・前田能登守《のとのかみ》利政（又若、孫四郎）の妻は蒲生飛騨守氏郷の娘（一説に佐々成政の娘）であるが、氏郷夫人も信長の娘であるから、利家は長男も次男も信長の近親ということになる。

次女・薫（増山殿）が嫁いだ中川武蔵守光重（一五六二〜一六一四）は信長・信忠に仕え、本能寺の変後に利家に仕え、家臣となる。父・中川重政は利家の同僚なので、織田家臣団内部の婚姻と考えてよいだろう。

変わったところでは、長女・幸が本家（前田与十郎家）の前田対馬守《つしまのかみ》長種（一五五一〜一六三一）に嫁いでいる。長種はのちに利家の家臣となった。

八女・福は、家臣・長十左衛門《じゅうざえもん》好連（一五八二〜一六一一）に嫁いだ。長《ちょう》（旧姓・長谷部《はせべ》）家は能登守護・畠山家の重臣で、父・長九郎左衛門《くろうざえもん》連龍《つらたつ》（一五四六〜一六一九）ははじめ仏門に帰依していたが、上杉謙信《けんしん》の能登侵攻で親兄弟が虐殺されたため、還俗《げんぞく》して信長に誼《よしみ》を通じ、利家が能登に入国するとその与力となり、本能寺の変後に利家の家臣となった。

織田家臣時代に六女・菊、四女・豪が盟友・秀吉の養女になっている。

なお、四女・豪は秀吉に溺愛《できあい》され、宇喜多秀家に嫁いだ。

三女・麻阿（加賀殿）は秀吉の側室となり、のち公家《くげ》・万里小路《までのこうじ》充房《あつふさ》に再縁した。五女・与免は秀吉の義甥・浅野幸長と婚約中に死去。

七女・千世は、秀吉の仲介で慶長二（一五九七）年に細川与《よ》一郎《いちろう》忠隆に嫁いだ。忠隆は細川

図9－4：前田利家家系図

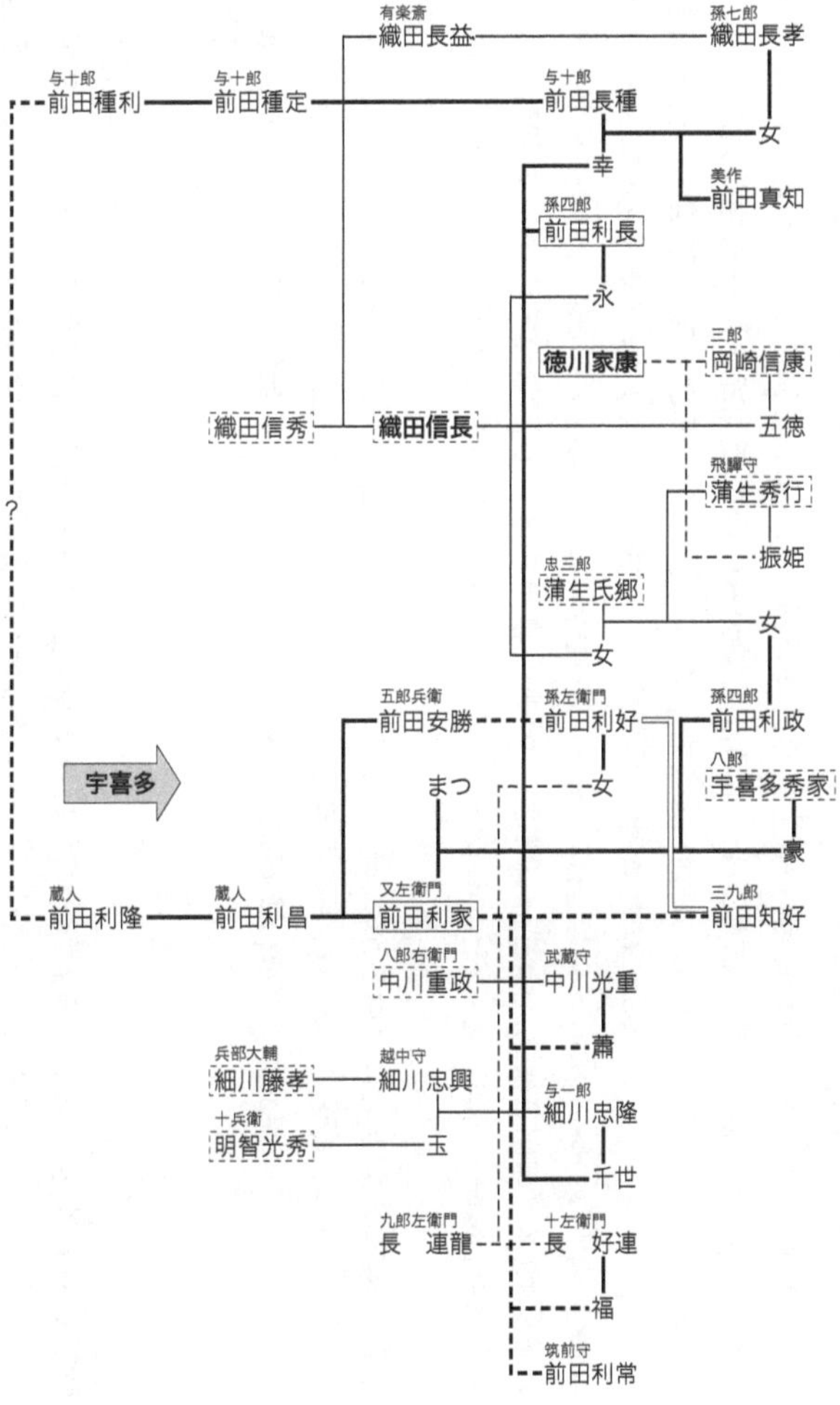
有楽斎
織田長益
孫七郎
織田長孝
与十郎
前田種利
与十郎
前田種定
与十郎
前田長種
女
幸
美作
前田真知
孫四郎
前田利長
永
徳川家康
三郎
岡崎信康
織田信秀
織田信長
五徳
飛騨守
蒲生秀行
?
振姫
忠三郎
蒲生氏郷
女
女
五郎兵衛
前田安勝
孫左衛門
前田利好
孫四郎
前田利政
宇喜多
まつ
女
八郎
宇喜多秀家
豪
蔵人
前田利隆
蔵人
前田利昌
又左衛門
前田利家
三九郎
前田知好
八郎右衛門
中川重政
武蔵守
中川光重
蕭
兵部大輔
細川藤孝
越中守
細川忠興
与一郎
細川忠隆
十兵衛
明智光秀
玉
千世
九郎左衛門
長　連龍
十左衛門
長　好連
福
筑前守
前田利常

忠興の長男である。大名クラスとの婚姻は、この事例くらいで意外に少ない。

利家の子どもたちの婚姻は、織田家臣団内部から秀吉との関係強化、秀吉の仲介による縁談という流れになっている。

利家の子孫

家督は長男の前田利長が継いだのだが、利長夫妻は子宝にめぐまれなかった。

通常であれば、次弟の前田利政が後継者の最有力候補のはずであるが、慶長五（一六〇〇）年の関ヶ原の合戦で家康の出陣要請に応じなかったため、蟄居《ちっきょ》を命じられ、利長の後継者候補から外れていた。

そこで、親戚筋の浅野《あさの》長政《ながまさ》（嫡男・幸長《よしなが》が利家五女と婚約）と細川忠興（長男・忠隆が利家七女と結婚）が利長に誰を後継者にするのかと尋ねると、利長は「利孝（利家の五男）は公家のように色が白く柔らかな男で、知好《ともよし》（三男）や利貞《としさだ》（六男）は馬鹿なので気に入らない。利常は色が黒く、目玉が大きく骨太なので、養子にしたい」と語ったという。

利家の四男・**前田肥前守利常《としつね》**（初名・利光《としみつ》。猿千代、犬千代丸、筑前守。一五九三〜一六五八）は、父・利家が朝鮮出兵の留守部隊として名護屋に駐留していた際、連れて行った側室との間に生まれた。姉夫婦（前田長種夫妻）に育てられ、父・利家と面会したことは一度しかなく、兄・利長とも面識がなかったという。慶長五（一六〇〇）年の「北陸版」関ヶ原の合戦の後、利常は丹羽長重《にわながしげ》（長秀の子）への人質とされ、戻ってきた後も冷遇された。

ところが、前田一門・家臣団の子どもたちが能見物で集まった際、実兄・利長と初めて対面する機会を得た。父・利家は人並み外れた大男だったのだが、その体格は利常に最も遺伝していたらしい。しかも、目が大きく、眼光の鋭さは群を抜いていた。利長は初対面で利常の非凡さを見抜き、養育係を付けてその成長を心待ちにした。

こうして利常は利長の後継者候補として急浮上し、慶長六（一六〇一）年に徳川秀忠の次女・珠姫《たまひめ》と結婚。慶長一〇（一六〇五）年に利長から家督を譲られ、加賀藩主となった。

第5節　上杉景勝

関東管領・上杉家

上杉家の家祖・上杉修理大夫重房《しゅりだいふしげふさ》は、公家の勧修寺《かじゅうじ》家の支流と伝えられ、鎌倉幕府が六代将軍に宗尊《むねたか》親王を迎えた際に、親王に付き従って鎌倉に下向してきたという。

重房の孫・清子が足利尊氏《たかうじ》の母だったことから、一族は足利家に重用され、重房の曾孫《ひまご》・上杉民部大輔憲顕《みんぶだゆうのりあき》（一三〇六～一三六八）は越後・上野・伊豆の守護に任ぜられた。また、正平《しょうへい》四（一三四九）年に尊氏の四男・足利基氏《もとうじ》が鎌倉公方に任ぜられると、正平一八（一三六三）

年にその執事にあたる関東管領《かんれい》に就任。以降、上杉家が関東管領を世襲した。

憲顕の子孫・上杉修理《しゅり》大夫《だいふ》憲政《のりまさ》（一五二三～七九）は、上杉の家名を維持することが困難と考え、越後守護代・長尾家の系譜を引く上杉弾正少弼輝虎《だんじょうしょうひつてるとら》（号・不識庵謙信《ふしきあんけんしん》。以降、謙信と表記を統一。一五三〇～七八）を養子に迎えた。

謙信は生涯妻を娶《めと》らず、同盟を組んだ北条左京大夫《ほうじょうさきょうだいふ》氏康《うじやす》の七男・上杉三郎景虎《さぶろうかげとら》（一五五四～七九）、および姉の子・上杉弾正少弼景勝《かげかつ》（一五五五～一六二三）を養子に迎えたが、後継者を決めぬまま急死したため、天正六（一五七八）年に景虎・景勝の家督相続争いが勃発《ぼっぱつ》（御館《おたて》の乱）。景勝が勝利を収め、謙信の跡を継いだ。［図9－5］

家康と対立して大幅減封

上杉家は、織田家臣・柴田勝家と越中国境で死闘を繰り広げていたが、天正一〇（一五八二）年六月に本能寺の変が起こり、秀吉と勝家が対立。翌天正一一年二月に秀吉は上杉家と同盟を結んで、勝家を背後から牽制《けんせい》した。同年四月に賤ヶ岳の合戦で秀吉が勝家を倒し、天下人への道を歩んでいくと、景勝は秀吉に従うようになった。

その後は豊臣家臣として、小田原征伐、九戸《くのへ》政実《まさざね》の乱の鎮圧、文禄の役などに参陣。越後・佐渡・出羽二郡・北信濃四郡の計九一万石を領した。しかし、慶長三（一五九八）年一月、陸奥会津若松九〇万石の蒲生《がもう》秀行《ひでゆき》（氏郷）が領地経営に失敗し、宇都宮一八万石に転封されると、

図9－5：上杉家系図

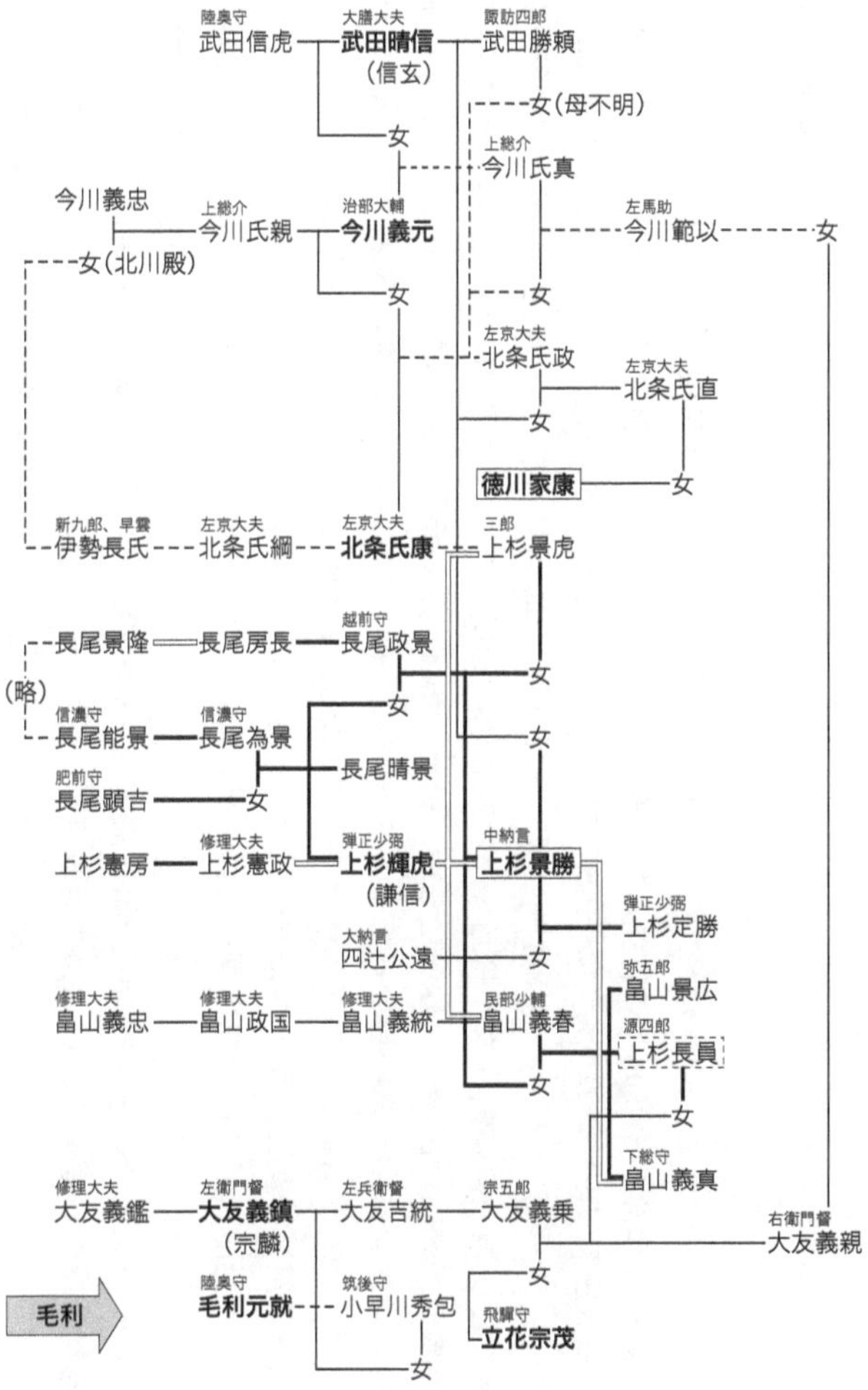
陸奥守
武田信虎
大膳大夫
武田晴信
（信玄）
諏訪四郎
武田勝頼
女（母不明）
女
上総介
今川氏真
今川義忠
上総介
今川氏親
治部大輔
今川義元
左馬助
今川範以
女
女（北川殿）
女
女
左京大夫
北条氏政
左京大夫
北条氏直
女
徳川家康
女
新九郎、早雲
伊勢長氏
左京大夫
北条氏綱
左京大夫
北条氏康
三郎
上杉景虎
長尾景隆
長尾房長
越前守
長尾政景
女
（略）
女
信濃守
長尾能景
信濃守
長尾為景
女
長尾晴景
肥前守
長尾顕吉
女
上杉憲房
修理大夫
上杉憲政
弾正少弼
上杉輝虎
（謙信）
中納言
上杉景勝
弾正少弼
上杉定勝
大納言
四辻公遠
女
弥五郎
畠山景広
修理大夫
畠山義忠
修理大夫
畠山政国
修理大夫
畠山義統
民部少輔
畠山義春
源四郎
上杉長員
女
女
下総守
畠山義真
修理大夫
大友義鑑
左衛門督
大友義鎮
（宗麟）
左兵衛督
大友吉統
宗五郎
大友義乗
右衛門督
大友義親
女
陸奥守
毛利元就
筑後守
小早川秀包
飛騨守
立花宗茂
女
毛利

景勝はその遺領に一二〇万石の大幅加増を以て転封を命じられた。

同年八月に秀吉が死去した際には上洛《じょうらく》したものの、翌慶長四年八月に再び帰国。新たな領地を整備するのみならず、諸城を増強して兵粮《ひょうろう》を蓄え、新規に浪人を召し抱えるなど、軍事力強化に余念がなかった。

秀吉の死後、五大老筆頭として政務を代行していた家康は、景勝の行動について詰問する使者を送り、誓詞を呈して速やかに上洛するように迫ったが、上杉家老・直江《なおえ》山城守兼続《かねつぐ》は景勝が上洛できない理由を縷々《るる》綴《つづ》った返書をしたためた（世にいう「直江状《なおえじょう》」である）。

これを受けて、家康は慶長五（一六〇〇）年六月に大軍を率いて会津上杉征伐に向かったが、家康留守の大坂城で五奉行・増田《ました》長盛《ながもり》らが「内府《だいふ》（家康）ちがひの条々」を発して家康を弾劾。毛利輝元が大坂城西の丸に入城し、毛利・石田方が挙兵した。同年七月に家康は下野小山《しもつけおやま》（栃木県小山市）で軍議を開き、西に転じて九月の関ヶ原の合戦に至った。

一方、景勝は伊達《だて》政宗《まさむね》・最上《もがみ》義光《よしあき》と対峙し、直江兼続に最上方の長谷堂《はせどう》城（山形県山形市）を包囲させたが、関ヶ原の合戦での毛利・石田方の敗報が伝えられると速やかに撤退。家康に降ったが、戦後処理で上杉家は出羽米沢《よねざわ》三〇万石に大幅減封されてしまう。

景勝の妻子

上杉景勝の妻は、武田晴信《はるのぶ》（信玄）の五女・菊姫（一五五八〜一六〇四）。

異母兄・武田四郎勝頼《しろうかつより》は北条家と同盟を組んでいたため、御館の乱で景虎を支援していたが、景勝が金銭で勝頼を買収。武田家の支援を得て、景勝は勝利を収めた。

景勝と菊姫の結婚は、上杉・武田家の同盟関係を強化するための政略結婚だった。ただし、二人の間には子どもが恵まれず、景勝が実子・**上杉弾正少弼定勝**《さだかつ》（一六〇四～四五）を得たのは関ヶ原の合戦後の慶長九（一六〇四）年。五〇歳の時だった。

景勝の子孫は出羽米沢藩を領したが、定勝の子・**上杉播磨守綱勝**《はりまのかみつなかつ》（一六三八～六四）に子がなく、甥《おい》の**上杉弾正大弼綱憲**《つなのり》（吉良上野介義央《きらこうずけのすけよしなか》の長男。一六六三～一七〇四）を末期養子《まつご》に迎えたため、一五万石に半減される。支藩に出羽米沢新田藩一万石がある。

第6節　徳川家康

二人の正室

家康には二人の正室、少なくとも一七人の側室がおり、一一男五女をもうけた。

最初の正室・築山殿《つきやま》は今川家重臣の娘で、義元の姪《めい》といわれる。弘治三（一五五七）年頃に結婚し、長男・岡崎三郎信康、長女・亀姫をもうけたが、天正七（一五七九）年八月に築山殿を家臣に殺害させ、さらに翌九月に信康を自害に追い込んだ（いわゆる「築山事件」）。

家康はこれに懲りたのか、継室を迎えなかったのだが、天正一二（一五八四）年の小牧・長久手の合戦の後、秀吉は家康を臣従させるために、天正一四（一五八六）年四月に異父妹・あさひ姫（一五四三〜九〇）を継室として押し付けた。しかし、四年後の天正一八（一五九〇）年一月にあさひ姫は死去。以後、家康は正室を迎えなかった。

子女は一一男五女

家康は一八歳で長男が生まれ、一六〇〇年までに九男四女が生まれており、末っ子が生まれた慶長一二（一六〇七）年には六六歳になっていた。初孫が天正四（一五七六）年に三五歳で生まれ、曾孫が生まれたのは文禄元（一五九二）年、五一歳の時だった（ちなみに、七〇歳の時に高孫が生まれた）。

家康に曾孫が生まれた翌年に、秀吉に待望の次男・秀頼が生まれている。秀吉が跡継ぎ問題に悩んでいた頃、五歳年下の家康には曾孫が生まれていたのだから、彼我の違いに驚かされる。

ちなみに、関ヶ原の合戦前までの、家康の子女の婚姻関係を整理すると左記のようになる（九男、四女以降、および早世した者は省略する）。

○織田関係
・長男　故岡崎信康《おかざきのぶやす》（一五五九〜七九）　　妻は織田信長の娘
○豊臣関係

・次男　結城《ゆうき》秀康《ひでやす》　（一五七四～一六〇七）秀吉の猶子、のち結城晴朝《はるとも》の養子
・三男　徳川秀忠《とくがわひでただ》　（一五七九～一六三二）妻は秀吉の養女で、淀殿の妹
・五男　武田《たけだ》信吉《のぶよし》　（一五八三～一六〇三）妻は木下勝俊《きのしたかつとし》（秀吉の甥）の娘
・三女　振姫《ふりひめ》　（一五八〇～一六一七）秀吉の命で蒲生秀行《がもうひでゆき》（氏郷の子）と結婚

○家臣関係
・四男　東条松平《とうじょうまつだいら》　忠吉《ただよし》　（一五八〇～一六〇七）妻は家臣・井伊直政《いいなおまさ》の娘
・八男　平岩仙千代《ひらいわせんちよ》　（一五九五～一六〇〇）家臣・平岩親吉《ちかよし》の養子。早世

○その他
・長女　亀姫《かめひめ》　（一五六〇～一六二五）奥平信昌《おくだいらのぶまさ》の妻
・次女　督姫《とくひめ》　（一五六五～一六一五）北条氏直《ほうじょううじなお》の妻、池田輝政《いけだてるまさ》と再縁
・六男　長沢松平《ながさわまつだいら》　忠輝《ただてる》　（一五九二～一六八三）妻は伊達政宗《だてまさむね》の娘

家康の人生は政略結婚の歴史

家康の子どもたちの婚姻はほぼすべて「政略結婚」であるといっても過言ではない。

長男・岡崎信康は織徳同盟の象徴として織田信長の娘と結婚。長篠の合戦を目前に控え、東三河の国衆・奥平家を織田・徳川家に誘引する証《あかし》として、長女・亀姫を奥平九八郎信昌《おくだいらくはちろうのぶまさ》に嫁がせた（信長の命ともいう）。

本能寺の変後に甲斐・信濃の領有をめぐって小田原北条氏と激突し、講和に及ぶと、次女・督姫を北条氏直と結婚させた。秀吉と小牧・長久手の合戦で干戈《かんか》を交え、講和の条件として、次男・結城秀康を秀吉の猶子という名の人質として差し出した。三男・徳川秀忠は秀吉の養女・小姫（織田信雄の娘）と婚約したが、小姫が早世したため、秀吉の養女（淀殿の妹）の江《ごう》と結婚した。五男・武田信吉も秀吉の甥・木下勝俊の娘と婚約（一説に結婚）している。

秀吉は大名間の縁談を斡旋《あっせん》することに熱心で、家康の三女・振姫と蒲生秀行《ひでゆき》（氏郷の子）の縁談をまとめ、北条氏直と離縁した次女・督姫と池田輝政を再縁させている。輝政は池田恒興《つねおき》の次男で、恒興と兄・元助《もとすけ》が小牧・長久手の合戦で徳川軍に討たれたことから、遺恨の解消という意味を込めた縁談だったようだ。

なお、信康の長女・福姫（一五七六～一六〇七）も秀吉の命により信濃の名族・小笠原秀政《おがさわらひでまさ》と結婚している。これは秀政が石川数正とともに秀吉麾下《きか》に出奔したため、家康との復縁を狙ったものと思われる。なんだかんだ言っても、秀吉が気配りの人であると思わせる逸話である。

家康の子女は他大名との政略結婚が多い反面、家臣との婚姻事例は少ない。四男・東条松平忠吉が家臣・井伊直政の娘と結婚し、八男・平岩仙千代が家臣・平岩親吉《ちかよし》の養子になっているくらいである。

なお、信康の次女・国姫は本多忠政《ほんだただまさ》（忠勝の嫡男）と結婚している。忠勝は「徳川四天王」の一人に数えられるが、家柄はそんなに高くなかったらしい。家康は忠勝の子に孫娘を嫁がせることで本多家の家格をあげようとしたのだろう。

家康の私婚問題

慶長三（一五九八）年に死期を悟った秀吉は、秀頼と家康の孫娘・千姫を婚約させ、家康に秀頼の後見を託した。しかし、同年八月に秀吉が死去すると、同年一一月に家康の私婚糾問事件が発生する。

秀吉が生前禁じていた私婚を、家康が三人の有力大名と秘かに取り交わしていたのだという。その取り合わせは以下の通りである。［図9－6、図9－7］

・家康の養女（曾孫、小笠原秀政の長女）と蜂須賀豊雄《とよお》（家政の子、のちの至鎮《よししげ》）

・家康の養女（姪、久松松平《ひさまつまつだいら》康元《やすもと》の四女）と福嶋正之（正則の養子）

・家康の六男・長沢松平忠輝と伊達《だて》政宗《まさむね》の長女

蜂須賀家政は、慶長の役で朝鮮に渡り、これ以上は戦場を持ちこたえられそうもないと判断。当時まだ義弟だった黒田長政とともに戦線縮小への転換を主導し、謹慎処分を受けている（『関ヶ原合戦と大坂の陣』）。家政・長政は父の威光も手伝って、同世代を主導する位置にあったことを示唆させる。

また、福嶋正則は、関ヶ原の合戦で豊臣系大名の帰趨《きすう》を握っていた重要人物だった。

さらに、伊達政宗は野心家で、その領土は上杉景勝を牽制しうる位置にあった。

図9－6：家康の婚姻政策

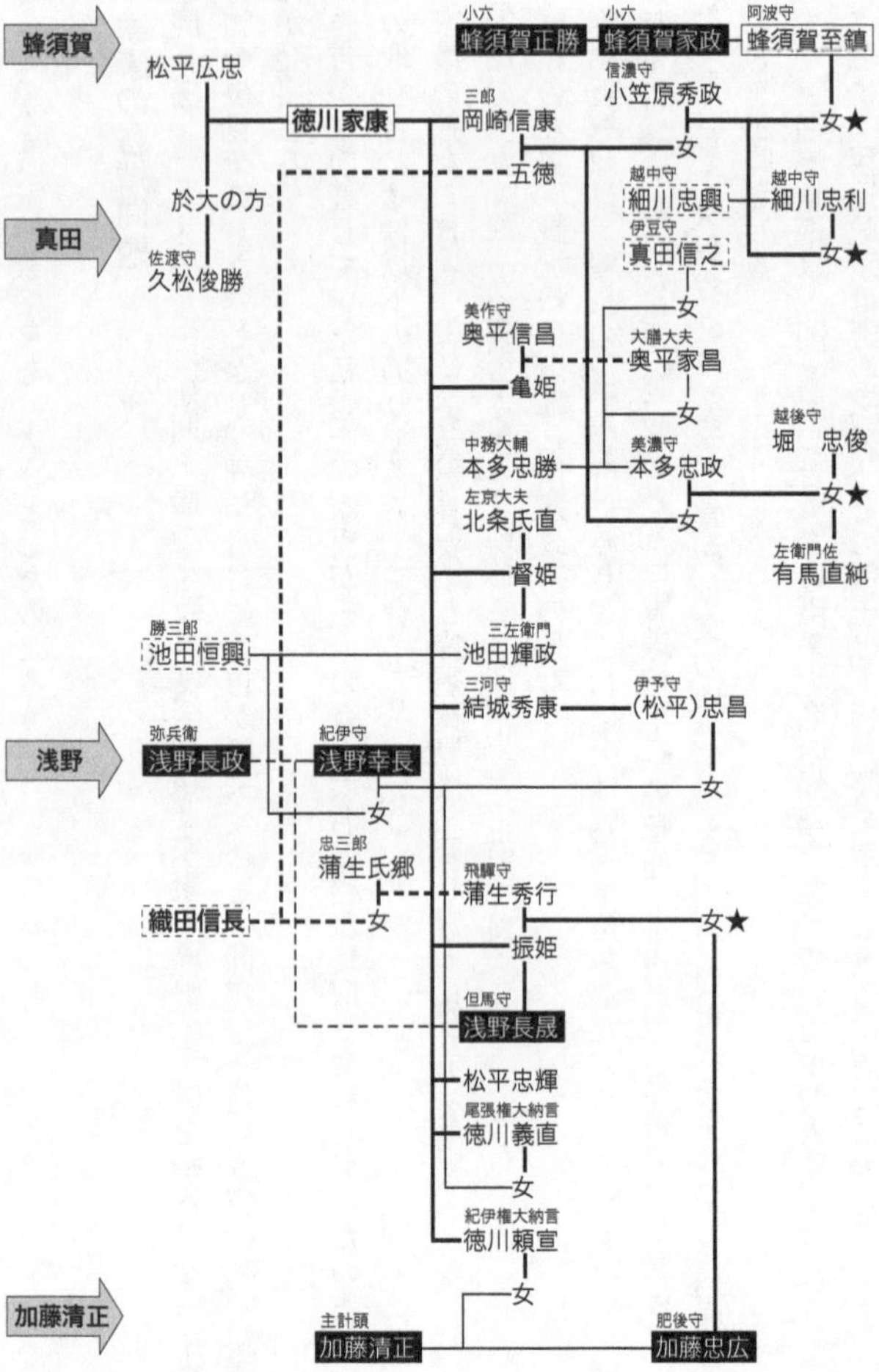

★は家康・秀忠の養女

図９－７：家康の婚姻政策

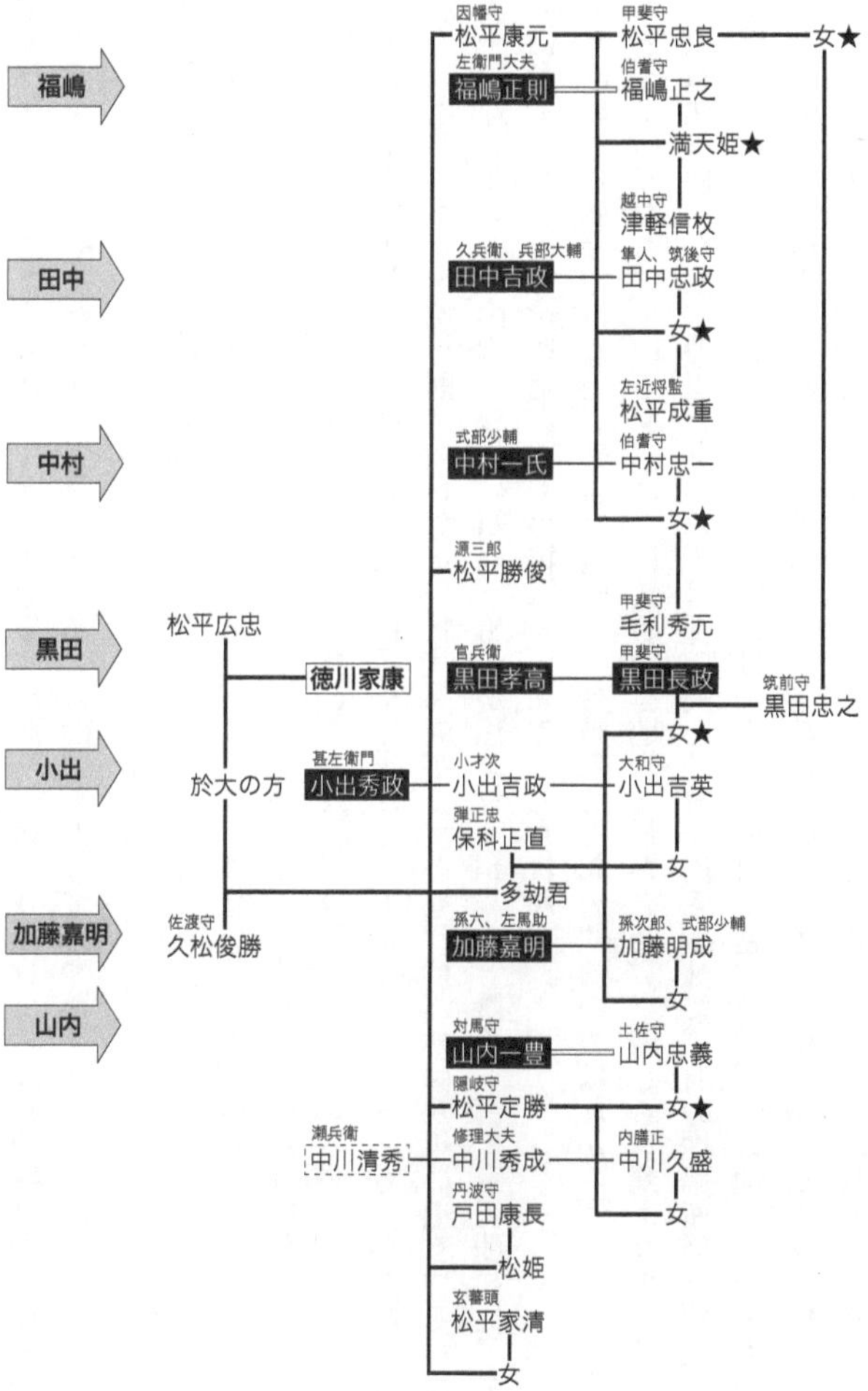
福嶋
田中
中村
黒田
小出
加藤嘉明
山内
松平広忠
徳川家康
於大の方
佐渡守
久松俊勝
甚左衛門
小出秀政
瀬兵衛
中川清秀
因幡守
松平康元
左衛門大夫
福嶋正則
久兵衛、兵部大輔
田中吉政
式部少輔
中村一氏
源三郎
松平勝俊
官兵衛
黒田孝高
小才次
小出吉政
弾正忠
保科正直
多劫君
孫六、左馬助
加藤嘉明
対馬守
山内一豊
隠岐守
松平定勝
修理大夫
中川秀成
丹波守
戸田康長
松姫
玄蕃頭
松平家清
女
甲斐守
松平忠良
伯耆守
福嶋正之
満天姫★
越中守
津軽信枚
隼人、筑後守
田中忠政
女★
左近将監
松平成重
伯耆守
中村忠一
女★
甲斐守
毛利秀元
甲斐守
黒田長政
女★
大和守
小出吉英
女
孫次郎、式部少輔
加藤明成
女
土佐守
山内忠義
女★
内膳正
中川久盛
女
女★
筑前守
黒田忠之

家康は最も効果的な人物にターゲットを絞って政略結婚を仕掛けていったのだ。関ヶ原の合戦後も家康は、娘や養女を使って豊臣系大名との閨閥を拡げていった。

子宝に恵まれない豊臣家臣団

関ヶ原の合戦当時、五大老の中で、毛利輝元、宇喜多秀家はいずれも跡取り息子が幼く、上杉景勝に至っては子どもがいなかった（ちなみに前任者の小早川隆景も子宝に恵まれなかった）。徳川家康、前田利家は子だくさんだったが、むしろ少数派だった。

その後、家康が豊臣系大名に対して政略結婚を仕掛けていくのだが、かれらもなかなか子宝に恵まれなかった。福嶋正則、加藤清正、藤堂高虎が子女をもうけたのは晩年に近く、それまで養子を迎えていた。山内一豊には結局、男子が恵まれなかった。織田・徳川家臣団に比べて、子宝に恵まれないことが豊臣家臣団の特徴といえるかもしれない。

それは単なる偶然ではなく、秀吉が展開する合戦手法に起因するのではなかろうか。

たとえていうなら、織田カンパニーは支店長を地方に転勤させ、支店から営業エリアを拡げていく戦法を採ったが、豊臣カンパニーは部店長を地方に出張させて、有力地場産業を買収させる戦法を採った。織田カンパニーの支店長は夫人同伴で引っ越すので、その地域で子どもが生まれるのだが、豊臣カンパニーの部店長は単身赴任なので、子どもがなかなかできない。しかも、四国が終わったら九州。九州が終わったら朝鮮……である。しかも、かれらはなぜか合戦場の遊女相手に子どもをつくるようなことはしなかった。

江戸時代の将軍・大名の事例であれば、将軍・綱吉《つなよし》の母は八百屋の娘という説があり、島津久光《ひさみつ》の母・お由羅《ゆら》は大工の娘なのだが、戦国時代の側室は少なくとも武士身分の女性が多いと思われる。おそらく、戦国時代はまだ母親の身分が重視されていたのだろう。秀吉が名門出身の側室を揃えたのも、それなりに合理性があったと理解すべきである。

おわりに

いうまでもなく、本書は『織田家臣団の系図』の続編である。

筆者は大学時代に、國學院大學の歴史系サークル・日本史研究会（学術団体とは別のサークル）の信長公記研究会（俗称・近世史部会）に属しており、個人研究では三河徳川家の庶流・松平家を題材にしていた（ちなみに、筆者は國學院大學経済学部卒、経済学博士である）。

そのため、織田・徳川家については比較的詳しく、『徳川家臣団の謎』と『織田家臣団の謎』（ともに角川選書）を上梓《じょうし》した。次いで、『織田家臣団の系図』（角川新書）に続いて『豊臣家臣団の系図』の執筆に取りかかったのだが、これが予想をはるかに超えて困難であった。

織田家臣団については、谷口克広《たにぐちかつひろ》氏が編んだ『織田信長家臣人名辞典』がある。徳川家臣団であれば、故 新行紀一《しんぎょうのりかず》氏の『一向一揆の基礎構造』が非常に参考になる（ご両人とも筆者と同郷の北海道人であることが誇らしい）。また、煎本増夫《いりもとますお》氏の『徳川家康家臣団の事典』も便利である。

しかし、豊臣家臣団にはこれらに類する書籍が見当たらなかった（柏木輝久《かしわぎてるひさ》氏が編んだ『大坂の陣　豊臣方人物事典』は非常に便利だったが、同書が採録しているのは、大坂冬の陣、夏の陣で大阪城に立て籠もった人物だけである）。

そもそも事典類だけではなく、一般書籍でも豊臣家臣団を扱っているものが少ないようだ。

筆者は歴史の本ばかり読んでいて、大学受験で史学科を落ち、すべり止めの経済学部に入らざるをえなかった（そのお陰で、企業集団研究で東京大学教授に見出《みいだ》され、明治学院大学学長に非常勤講師を推薦された。さらに学術書の刊行を勧められ、書籍執筆の楽しさを知り、財閥の新書企画を出版社に持ちかけて「財閥作家」になってしまい、廻《まわ》り廻って歴史関連書籍も出せるようになったのだが。人間万事塞翁《さいおう》が馬である）。

かなり脱線したが、今後、多くの豊臣家臣団の関連書が刊行されることを切に願う。

本書の刊行にあたり、いろいろとご支援いただいたKADOKAWA文芸局の竹内祐子さんにこの場を借りて感謝いたします。

主な系図

本書では多くの系図を参考文献として使用したので、その概略を述べておこう。

○『寛政重修諸家譜《かんせいちょうしゅうしょかふ》』（略称・寛政譜）とは、江戸幕府が大名・旗本の系図を提出させ、編纂《へんさん》した系図集である。

江戸幕府は寛永二〇（一六四三）年に『寛永諸家系図伝』を編纂したが、その続編・改修版を編纂すべく、寛政一一（一七九九）年に若年寄・堀田摂津守正敦《ほったせっつのかみまさあつ》に命じて、林述斎《はやしじゅっさい》、屋代弘賢《やしろひろかた》らの学者を動員して一四年の歳月をかけ、文化九（一八一二）年に完成。親子関係の記述のみならず、個々人の経歴、母親、妻、子女等の情報を余すところなく記述している。豊臣家臣団の子孫には大名・旗本になった者も少なくないので、同書を大いに参考にした。ただし、江戸時代以前は精密さに欠ける傾向があり、注意を要する。

続群書類従完成会から昭和三九～四二（一九六四～六七）年に『新訂　寛政重修諸家譜』全二六巻として出版。筆者は余りにも同書が好きすぎて、学生時代に友人から「歩く寛政譜」と呼ばれていた。

○『断家譜』は、慶長《けいちょう》年間から文化《ぶんか》年間（一五九六～一八一八）までに改易された大名・旗本の系図を、田畑喜右衛門吉正《たばたきえもんよしまさ》が文化六（一八〇九）年に編纂した系図集である。『寛政重修諸家譜』に掲載されていない家系も採録されているが、個人が編纂した限界からか誤謬《ごびゅう》と思われる箇所も少なくない。

続群書類従完成会から昭和四三～四四（一九六八～六九）年に『断家譜』全三巻として出版された。

○『系図纂要』は幕末の国学者・飯田忠彦《いいだただひこ》（一七九九～一八六〇）が編纂した系図集といわれる。天皇家から公家《くげ》・武家を幅広く採録しているが、複数の系図を無批判に繋《つな》げており、異説も数多く掲載している。それが長所でもあり、欠点でもある。補助史料としては有用であろう。

名著出版から昭和四八～五二（一九七三～七七）年に『系図纂要』全一八巻として出版したが、手書き原稿を印字したもので、ちょっとクセのある字が読みづらいのが難点である。平成に入って活字版が出版されている（一九九〇～九九）。

○『群書系図部集』は塙保己一《はなわほきいち》（一七四六～一八二一）が編纂した群書類従《ぐんしょるいじゅう》の系図部にあたるもので、天皇家から豪族・公家・武家などの主要系図を掲載している。

収集した系図をそのまま採録し、複数の系図を繋げたり、編集していないところに特徴がある。採録されている系図は、編者が手を加えていない点で信憑性《しんぴょう》が高いが、豊臣家臣団の多くは、同書に掲載されるような名門家系ではないので、主に補助史料として活用した。

続群書類従完成会から昭和六〇（一九八五）年に『群書系図部集』全七巻として出版されている。

○『尾張群書系図部集』は加藤國光《かとうくにみつ》が尾張国（愛知県西部）の旧家に所蔵されている系図を編纂した系図集で、大名・旗本になることなく諸藩の藩士となったり、帰農した家系も数多く採録され、他では見られない貴重な情報が多い。ただし、それら複数の系図を加藤氏が独自の視点から編纂しており、それをどのように評価するかには注意を要する。

続群書類従完成会から平成九（一九九七）年に『尾張群書系図部集』上下巻として出版されている。

○『平成新修　旧華族家系大成』は旧華族の系図を幕末から平成に至るまで採録した系図集である。社団法人霞《かすみ》会館（旧・華族会館）が昭和五七（一九八二）年および五九（一九八四）年に出版した『昭和新修　華族家系大成』上下巻を改訂したもので、霞会館の会員である旧華族の各家が提供した系図を掲載している。『寛政重修諸家譜』では未掲載の幕末から現代に至る貴重な系図が掲載されている他、各家の略歴が簡素にまとめられており、参考となる。ただし、個々の家の事情から、掲載辞退や意図的に削除された情報（前妻や庶子の存在など）があることには注意を要する。

吉川弘文館から平成八（一九九六）年に『平成新修　旧華族家系大成』上下巻として出版されている。

参考文献

【一般書籍】
安藤英男編［一九八五］『石田三成のすべて』新人物往来社
安藤英男編［一九九三］『加藤清正のすべて』新人物往来社
池上裕子［二〇一二］『人物叢書　織田信長』吉川弘文館
稲葉継陽［二〇一八］『歴史文化ライブラリー４７１　細川忠利――ポスト戦国世代の国づくり』吉川弘文館
井沢元彦［二〇〇七］『逆説の日本史11　戦国乱世編』小学館
井上泰至編［二〇一七］『アジア遊学２１２　関ヶ原はいかに語られたか――いくさをめぐる記憶と言説』勉誠出版
今井林太郎［一九九二］『人物叢書　石田三成』吉川弘文館
太田浩司［二〇一八］『淡海文庫61　近世への扉を開いた羽柴秀吉――長浜城主としての偉業を読む』サンライズ出版
大西泰正［二〇一七］『シリーズ・実像に迫る０１３　宇喜多秀家』戎光祥出版
大西泰正編［二〇一二］『論集戦国大名と国衆11　備前宇喜多氏』岩田書院
岡本良一・奥野高廣・松田毅一・小和田哲男編［一九八九］『織田信長事典』新人物往来社
小和田哲男編［一九九六］『戦国大名閨閥事典』（全三巻）新人物往来社
小和田哲男［二〇〇六］『戦争の日本史15　秀吉の天下統一戦争』吉川弘文館
笠谷和比古［二〇〇七］『戦争の日本史17　関ヶ原合戦と大坂の陣』吉川弘文館
笠谷和比古・黒田慶一［二〇一五］『新潮選書　豊臣大坂城――秀吉の築城・秀頼の平和・家康の攻略』新

潮社
柏木輝久［二〇一六］『大坂の陣　豊臣方人物事典』宮帯出版社
菊地浩之［二〇一六］『角川選書576　徳川家臣団の謎』KADOKAWA
菊地浩之［二〇一八］『角川選書598　織田家臣団の謎』KADOKAWA
菊地浩之［二〇一九］『織田家臣団の系図』KADOKAWA
日下部正盛［二〇一〇］『加藤嘉明と松山城』愛媛新聞サービスセンター
黒田基樹［二〇一六］『角川選書578　羽柴を名乗った人々』KADOKAWA
黒田基樹［二〇一七］『羽柴家崩壊――茶々と片桐且元の懊悩』平凡社
黒田基樹［二〇一七］『シリーズ【実像に迫る】005小早川秀秋』戎光祥出版
熊本出版文化会館編［一九九〇］『肥後の清正――桐と葵のはざまを生きる』亜紀書房
桑田忠親［一九七一］『太閤家臣団』新人物往来社
市立長浜城歴史博物館・岡崎市美術博物館・柳川古文書館編［二〇〇五］『秀吉を支えた武将　田中吉政
――近畿・東海と九州をつなぐ戦国史』サンライズ出版
小林計一郎編［一九八九］『真田幸村のすべて』新人物往来社
白川　亨［二〇〇七］『石田三成とその子孫』新人物往来社
新人物往来社編［一九九六］『豊臣秀長のすべて』新人物往来社
杉山　博・渡辺　武・二木謙一・小和田哲男編［一九九〇］『豊臣秀吉事典』新人物往来社
諏訪勝則［二〇一三］『中公新書2241　黒田官兵衛――「天下を狙った軍師」の実像』中央公論新社
曽根勇二［二〇〇一］『人物叢書　片桐且元』吉川弘文館
高澤　等［二〇一二］『歴史新書y033　戦国武将　敗者の子孫たち』洋泉社
宝賀寿男・桃山堂［二〇一四］『豊臣秀吉の系図学』桃山堂

滝沢弘康［二〇一三］『ソフトバンク新書234　秀吉家臣団の内幕――天下人をめぐる群像劇』ソフトバンククリエイティブ
大類　伸監修［一九六六］『日本城郭全集⑦　愛知・岐阜』人物往来社
谷口克広［一九九五］『織田信長家臣人名辞典』吉川弘文館
谷口克広［一九九八］『中公新書1453　信長の親衛隊――戦国覇者の多彩な人材』中央公論新社
谷口克広［二〇〇二］『中公新書1625　織田信長合戦全録――桶狭間から本能寺まで』中央公論新社
谷口克広［二〇〇五］『中公新書1782　信長軍の司令官――部将たちの出世競争』中央公論新社
谷口克広［二〇〇七］『中公新書1907　信長と消えた家臣たち――失脚・粛清・謀反』中央公論新社
谷口克広［二〇〇九］『中公新書2028　信長の天下所司代――筆頭吏僚　村井貞勝』中央公論新社
桃山堂編［二〇一四］『豊臣女系図――哲学教授櫻井成廣の秀吉論考集』桃山堂
外岡慎一郎［二〇一六］『シリーズ【実像に迫る】002　大谷吉継』戎光祥出版
乃至政彦・高橋陽介［二〇一八］『天下分け目の関ヶ原の合戦はなかった』河出書房新社
中野　等［二〇〇八］『戦争の日本史16　文禄・慶長の役』吉川弘文館
西ヶ谷恭弘［二〇〇〇］『考証　織田信長事典』東京堂出版
沼田頼輔［一九七二］『日本紋章学』新人物往来社
服部英雄［二〇一二］『河原ノ者・非人・秀吉』山川出版社
花ヶ前盛明編［二〇〇〇］『大谷刑部のすべて』新人物往来社
早瀬晴夫［二〇〇一］『織豊興亡史――三英傑家系譜考』今日の話題社
福尾猛市郎・藤本　篤［一九九九］『中公新書1491　福島正則――最後の戦国武将』中央公論新社
福田千鶴［二〇一四］『歴史文化ライブラリー387　豊臣秀頼』吉川弘文館
藤田達生［二〇〇六］『講談社現代新書1830　江戸時代の設計者――異能の武将・藤堂高虎』講談社

藤田達生［二〇〇七］『講談社現代新書1907　秀吉神話をくつがえす』講談社
藤田恒春［二〇一五］『人物叢書　豊臣秀次』吉川弘文館
二木謙一［一九八二］『中公新書642　関ケ原合戦――戦国のいちばん長い日』中央公論社
二木謙一［一九八三］『中公新書711　大坂の陣――証言・史上最大の攻防戦』中央公論社
水野勝之・福田正秀［二〇〇七］『加藤清正「妻子」の研究』ブイツーソリューション
堀　新・井上泰至編［二〇一六］『秀吉の虚像と実像』笠間書院
本郷和人［二〇一五］『戦国武将の選択』産経新聞出版
本郷和人［二〇一五］『新潮新書609　戦国武将の明暗』新潮社
本郷和人［二〇一六］『新潮新書666　戦国夜話』新潮社
本郷和人［二〇一七］『真説　戦国武将の素顔』宝島社
三池純正・中田正光［二〇一八］『歴史新書y074　竹中重門と百姓の関ヶ原合戦』洋泉社
光成準治［二〇一九］『ミネルヴァ日本評伝選　小早川隆景・秀秋――消え候わんとて、光増すと申す』ミネルヴァ書房
光成準治［二〇一六］『ミネルヴァ日本評伝選　毛利輝元――西国の儀任せ置かるの由候』ミネルヴァ書房
山本博文［二〇一二］『文春新書875　信長の血統』文藝春秋
和田裕弘［二〇一七］『中公新書2421　織田信長の家臣団――派閥と人間関係』中央公論新社
渡部　淳［二〇〇五］『講談社現代新書1812　検証・山内一豊伝説――「内助の功」と「大出世」の虚実』講談社
渡邊大門［二〇一三］『歴史新書y038　秀吉の出自と出世伝説』洋泉社
渡邊大門［二〇一三］『講談社現代新書2225　黒田官兵衛――作られた軍師像』講談社
渡邊大門［二〇一八］『歴史新書y080　宇喜多秀家と豊臣政権――秀吉に翻弄された流転の人生』洋泉

社

【その他史料など】
太田牛一［一九六九］『信長公記』角川書店
太田牛一著、中川太古訳［二〇一三］『新人物文庫　現代語訳　信長公記』KADOKAWA
太田牛一著、榊山　潤訳［二〇一七］『現代語訳　信長公記（全）』筑摩書房
小瀬甫庵［一九八一］『信長記』現代思潮新社
久曽神昇編［一九八〇］「松平記」『三河文献集成』国書刊行会
家臣人名事典編纂委員会編［一九八七〜八九］『三百藩家臣人名事典』（全七巻）新人物往来社
高柳光寿・岡山泰四・斎木一馬編［一九六四〜六七］『新訂　寛政重修諸家譜』続群書類従完成会
塙保己一編［一九八五］『群書系図部集』続群書類従完成会
加藤國光編［一九九七］『尾張群書系図部集』続群書類従完成会
平凡社地方資料センター編［一九八二］『日本歴史地名大系二一巻　岐阜県の地名』平凡社
平凡社地方資料センター編［一九八一］『日本歴史地名大系二三巻　愛知県の地名』平凡社
津島市史編さん委員会編［一九七五］『津島市史』

菊地浩之（きくち・ひろゆき）

1963年北海道生まれ。國學院大學経済学部を卒業後、ソフトウェア会社に入社。勤務の傍ら、論文・著作を発表。専門は企業集団、企業系列の研究。2005-06年、明治学院大学経済学部非常勤講師を兼務。06年、國學院大學博士（経済学）号を取得。著書に『企業集団の形成と解体』（日本経済評論社）、『日本の地方財閥30家』『日本の長者番付』（平凡社）、『図解　損害保険システムの基礎知識』（保険毎日新聞社）、『図ですぐわかる！ 日本100大企業の系譜』『図ですぐわかる！ 日本100大企業の系譜２』『三井・三菱・住友・芙蓉・三和・一勧』『最新版　日本の15大財閥』『織田家臣団の系図』（KADOKAWA）、『三菱グループの研究』『三井グループの研究』『住友グループの研究』（洋泉社）など多数。

豊臣家臣団《とよとみかしんだん》の系図《けいず》

菊地浩之《きくちひろゆき》

2019年11月10日　初版発行
2020年 1 月10日　再版発行

◆◇◇

発行者　郡司 聡
発　行　株式会社KADOKAWA
〒102-8177　東京都千代田区富士見2-13-3
電話　0570-002-301（ナビダイヤル）
装 丁 者　緒方修一（ラーフイン・ワークショップ）
ロゴデザイン　good design company
オビデザイン　Zapp!　白金正之
印 刷 所　株式会社KADOKAWA
製 本 所　株式会社KADOKAWA

角川新書
© Hiroyuki Kikuchi 2019 Printed in Japan
ISBN978-4-04-082325-6 C0221

※本書の無断複製（コピー、スキャン、デジタル化等）並びに無断複製物の譲渡および配信は、著作権法上での例外を除き禁じられています。また、本書を代行業者等の第三者に依頼して複製する行為は、たとえ個人や家庭内での利用であっても一切認められておりません。
※定価はカバーに表示してあります。

●お問い合わせ
https://www.kadokawa.co.jp/（「お問い合わせ」へお進みください）
※内容によっては、お答えできない場合があります。
※サポートは日本国内のみとさせていただきます。
※Japanese text only

KADOKAWAの新書 ❦ 好評既刊

ラグビー 知的観戦のすすめ
廣瀬俊朗

「ルールが複雑」というイメージの根強いラグビー。試合観戦の際、勝負のポイントを見極めるにはどうすればよいのか。ポジションの特徴や、競技に通底する道徳や歴史とは？　ラグビーのゲームをとことん楽しむために元日本代表主将が説く、観戦術の決定版！

4行でわかる世界の文明
橋爪大三郎

なぜ米中は衝突するのか？　なぜテロは終わらないのか？　国際情勢の裏側に横たわるキリスト教文明、中国儒教文明など四大文明について、当代随一の社会学者が4行にモデル化。その違いを知るだけで、世界の歴史問題から最新ニュースまでが読み解ける！

環境再興史 よみがえる日本の自然
石　弘之

経済成長が最も優先された戦後の日本。豊かさと引きかえに、水や大気は汚染され、動物たちは絶滅の危機に瀕した。それから30年余りで、目を見張るほどの再生を見せたのはなぜか。日本の環境を見続けてきた著者による唯一無二の書。

織田家臣団の系図
菊地浩之

父・信秀時代、家督相続から本能寺の変まで、激動の戦国を駆け抜けた織田家臣団を出身地域別に徹底分析。羽柴秀吉・柴田勝家・明智光秀・荒木村重……天下統一を目指した組織の実態に迫る！　家系図多数掲載。

「豊臣政権の貴公子」宇喜多秀家
大西泰正

〝表裏第一ノ邪将〟と呼ばれた父・直家の後を継ぎ、秀家は若くして豊臣政権の「大老」にまで上りつめる。しかしその運命は関ヶ原敗北を境にして一変。ついには八丈島に流罪となる。その数奇な生涯と激動の時代を読み解く決定的評伝！

KADOKAWAの新書 好評既刊

伝説となった日本兵捕虜
ソ連四大劇場を建てた男たち
嵐 信彦

敗戦後、ウズベキスタンに抑留された工兵たちがいた。彼らに課されたのは「ソ連を代表する劇場を建てること」。その仕事はソ連四大劇場の一つと称賛されたオペラハウス、ナボイ劇場に結実した。シルクロードに刻まれた日本人伝説！

親子ゼニ問答
森永卓郎
森永康平

「老後2000万円不足」が話題となる中、金融教育の必要性を訴える声が高まっている。が、日本人はいまだにお金との正しい付き合い方を知らない。W経済アナリストの森永親子が生きるためのお金の知恵を伝授する。

済ませておきたい死後の手続き
認知症時代の安心相続術
岡 信太郎

40年ぶりに改正された相続法。その解説に加え、「相続の基本知識・手続き」「認知症対策」についてもプロの視点からアドバイス。終活ブームの最前線で活躍する司法書士が、面倒な「死後の手続き」をスッキリ解説します。

売り渡される食の安全
山田正彦

私たちの生活や健康の礎である食の安心・安全が脅かされている。日本の農業政策を見続けてきた著者が、種子法廃止の裏側にある政府、巨大企業の思惑を暴く。さらに、政権のやり方に黙っていられない、と立ち上がった地方のうねりも紹介する。

ビッグデータベースボール
トラヴィス・ソーチック
桑田 健 訳

弱小球団を変革したのは「数学」だった——データから選手の隠れた価値を導き出し、またデータを視覚的に提示し現場で活用することで、21年ぶりのプレーオフ進出を成し遂げたピッツバーグ・パイレーツ奇跡の実話。

KADOKAWAの新書 好評既刊

万葉集の詩性《ポエジー》
令和時代の心を読む

中西 進 編著
池内 紀　池澤夏樹
亀山郁夫　川合康三
高橋睦郎　松岡正剛
リービ英雄

国文学はもとより、ロシア文学や中国古典文学、小説、詩歌、編集工学まで。各斯界の第一人者たちが、初心をもって万葉集へ向き合い、その魅力や謎、新時代への展望を提示する。全編書き下ろしによる「令和」緊急企画！

ミュシャから少女まんがへ
幻の画家・一条成美と明治のアール・ヌーヴォー

大塚英志

与謝野晶子・鉄幹の『明星』の表紙を飾ったのはアール・ヌーヴォーの画家、ミュシャを借用した絵だった。以来、現代の少女まんがに至るまで多大な影響を与えたミュシャのアートは、いかにして日本に受容されたのか？

サブスクリプション
製品から顧客中心のビジネスモデルへ

雨宮寛二

「所有」から「利用」へ。商品の販売ではなく、サービスを提供して顧客との関係性を強めていく。この急速に進展するビジネスモデルの成長性・戦略性・成功条件を数多くの事例を取りあげながら解説する。

政界版　悪魔の辞典

池上 彰

辞典の体裁をとり、政治や選挙ででてくる用語を池上流の皮肉やブラックユーモアで解説した一冊。アンブローズ・ビアスの『悪魔の辞典』をモチーフにした風刺ジャーナリズムの原点というべき現代版悪魔の辞典の登場。

知らないと恥をかく世界の大問題10
転機を迎える世界と日本

池上 彰

大国のエゴのぶつかり合いをはじめ、テロや紛争、他民族排斥の動き、環境問題、貧困問題と課題は山積み。未来を拓くために、いまこそ歴史に学び、世界が抱える大問題を知る必要がある。人気新書・最新第10弾。

KADOKAWAの新書 好評既刊

恥ずかしい英語

長尾和夫
アンディ・バーガー

I don't understand. とI'm not following.、同じ「わかりません」でも好感が持てるのは後者。使ってしまいがちな誤解を招きやすい表現と、ビジネスパーソンにふさわしい知的で好感度が高いフレーズ192を比較しながら会話例とともに紹介！

なぜイヤな記憶は消えないのか

榎本博明

なぜ同じような境遇でも前向きな人もいれば、辛く苦しい日々を過ごす人がいるのか。出来事ではなく認知がストレス反応を生んでいる。そう、私たちが生きているのは「事実の世界」ではなく「意味の世界」なのだ。

同調圧力

望月衣塑子
前川喜平
マーティン・ファクラー

自由なはずの現代社会で、発言がはばかられるのはなぜなのか。重苦しい空気から軽やかに飛び出した著者たち。社会や組織、友人関係など、さまざまなところを覆う同調圧力から自由になれるヒントが見つかる。

なぜ日本の当たり前に世界は熱狂するのか

茂木健一郎

こんまり現象、アニメから高校野球まで、止まるところを知らない日本ブーム。「村化する世界」で時代後れだと思われていた日本人の感性が求められている、と著者はいう。「礼賛」でも「自虐」でもない、等身大の新たな日本論。

生物学ものしり帖

池田清彦

生命、生物、進化、遺伝、病気、昆虫——構造主義生物学の視点で研究の最前線を見渡してきた著者が、暮らしの身近な話題から人類全体の壮大なテーマまでを闊達に語る。肩ひじ張らない読めばちょっと「ものしり」になれるオモシロ講義。

KADOKAWAの新書 好評既刊

反-憲法改正論
佐高 信

宮澤喜一、後藤田正晴、野中広務。異色官僚佐橋滋。澤地久枝、井上ひさし、城山三郎、宮崎駿、三國連太郎、美輪明宏、吉永小百合、中村哲。彼らがどう生き、憲法を護りたいのか。著者だからこそ知り得たエピソードとともにその思いに迫る。

未来を生きるスキル
鈴木謙介

「社会の変化は感じるが、じゃあどう対応したらいいのか?」どうしようもない不安や不遇感に苛まれている人たちへ。本書は今、伝える「希望論」であり、どのように未来に向かえばいいのかを示す1冊である。

ゲームの企画書① どんな子供でも遊べなければならない
電ファミニコゲーマー編集部

歴史にその名を残す名作ゲームのクリエイター達に聞く開発秘話。ヒット企画の発想と創意工夫、そして時代を超える普遍性。彼らの目線や考え方を通しながら「ヒットする企画」を考える。大人気シリーズ第1弾。

ゲームの企画書② 小説にも映画にも不可能な体験
電ファミニコゲーマー編集部

歴史にその名を残す名作ゲームのクリエイター達に聞く開発秘話第2弾。ヒット企画の発想と創意工夫、そして時代を超える普遍性。最新技術を取り入れながら、いかに最高の体験を企画するかを考える。

ゲームの企画書③ 「ゲームする」という行為の本質
電ファミニコゲーマー編集部

歴史にその名を残す名作ゲームのクリエイター達に聞く開発秘話第3弾。ヒット企画の発想と創意工夫、時代を超える普遍性。栄枯盛衰の激しいゲーム業界で活躍し続けるトップランナー達と、エンタメの本質に迫る。

KADOKAWAの新書 好評既刊

競輪選手
博打の駒として生きる

武田豊樹

「1着賞金1億円、2着賞金2,000万円」最高峰のレースはわずか1センチの差に8,000万円もの違いが生まれる。競輪――人生の縮図とも言える「昭和的な世界」。15億円を稼いだトップ選手が今、初めて明かす。

平成批評
日本人はなぜ目覚めなかったのか

福田和也

平成を通じて日本人は「国」から逃げ続けた。近代が終わり、シビアな「修羅の時代」に突入したにもかかわらず、その姿勢に変わりはない。本書では稀代の評論家が政治や世相、大衆文化を通じて平成を批評し、次代への指針を示す。

移民クライシス
偽装留学生、奴隷労働の最前線

出井康博

改正入管法が施行され、「移民元年」を迎えた日本。その陰で食い物にされる外国人たち。コンビニ「24時間営業」や「398円弁当」が象徴する日本人の便利で安価な暮らしを最底辺で支える奴隷労働の実態に迫る。

偉人たちの経済政策

竹中平蔵

日本の歴史を彩る、数々の名君。彼らの名声の背景には、精緻な経済政策があった。現代の問題解決にも通ずる彼らの「リアリズム」を、経済学者・竹中平蔵が一挙に見抜く。

IR《統合型リゾート》で日本が変わる
カジノと観光都市の未来

ジェイソン・ハイランド

法改正によって国内開業が現実化しつつあるIR〈統合型リゾート〉。ラスベガス最大手企業の日本トップがその本質を明かし、IR導入によって日本経済を好転させる秘策を提言する。

KADOKAWAの新書 好評既刊

「砂漠の狐」ロンメル
ヒトラーの将軍の栄光と悲惨

大木　毅

「砂漠の狐」と言われた、ドイツ国防軍で最も有名な将軍にして、最後はヒトラー暗殺の陰謀に加担したとされ、非業の死を遂げた男、ロンメル。ところが、日本では40年近く前の説が生きている程、研究は遅れていた。最新学説を盛り込んだ一級の評伝！

韓《から》めし政治学

黒田勝弘

政治的激動をともなう大陸の歴史ゆえか、韓国では「まず飯を食う」が徹底しており、文化や社会生活のみならず、政治にも大きな影響を与えてきた。在韓40年の日本人記者が、半島政治を食を通して読みとく。

知らないと恥をかく最新科学の話

中村幸司

科学は、私たちが夢見た「未来」にどこまで近づいたか？　さまざまな科学の現在をNHK解説委員である著者がとことん解説。ニュースの科学を知ることでそのニュースの本質を理解し、科学の面白さに気づける一冊。

快眠は作れる

村井美月

きちんと眠ったはずなのに、すっきり起きられない、寝足りない――。その原因は体内時計の狂いにあります。本書では、その体内時計の狂いを正常化し、心身ともに快調になるための睡眠習慣を紹介します。

世界史の大逆転
国際情勢のルールが変わった

佐藤　優
宮家邦彦

北朝鮮の核保有を認めたアメリカ、「感情」で動く国際情勢、「脱石油」とAI社会の衝撃まで、なぜ世の中の「常識」は時代後れになったのか？　地政学や哲学などの学問的知見と圧倒的な情報量を武器に、二人の碩学が新しい世界の見取り図を描く。

KADOKAWAの新書 好評既刊

会社に使われる人 会社を使う人

楠木 新

なぜサラリーマンは〝人生百年時代〟を迎える準備ができないのか？　欧米と異なる日本型組織の本質を知れば、定年後をイキイキと暮らす資源は会社のなかにあることが見えてくる。『定年後』の著者が示した、日本人の新しい人生戦略。

風俗警察

今井 良

児童ポルノ所持、違法わいせつ動画、AV出演強要、パパ活、JKビジネス……風俗をめぐる犯罪を扱う「風俗警察」。飲食店やクラブ、パチンコ等、我々の遊びの傍でも目を光らせる。東京五輪も見据えた取り締まり最前線を追う。

横田空域
日米合同委員会でつくられた空の壁

吉田敏浩

羽田空港を使用する民間機は、常に急上昇や迂回を強いられている。米軍のための巨大な空域を避けるためだ。主権国家の空を外国に制限されるのはなぜなのか。密室の合意が憲法体系を侵食し、法律を超越している実態を明らかにする。

娼婦たちは見た
イラク、ネパール、中国、韓国

八木澤高明

イラク戦争下で生きるガジャル、韓国米軍基地村で暮らす洋公主、ネパールの売春カースト村の少女に、中国の戸籍なき女・黒孩子など。彼女たちの眼からこの世界はどのように見えているのか？　現場ルポの決定版!!

1971年の悪霊

堀井憲一郎

昭和から平成、そして新しい時代を迎える日本、しかし現代の日本は1970年代に生まれた思念に覆われ続けている。日本に満ち満ちているやるせない空気の正体は何なのか。若者文化の在り様を丹念に掘り下げ、その源流を探る。

KADOKAWAの新書 好評既刊

高倉健の身終い
谷 充代

なぜ健さんは黙して逝ったのか。白洲次郎の「葬式無用 戒名不用」、江利チエミとの死別、酒井大阿闍梨の「契り」……。高倉健を最後の撮影現場まで追い続け、ゆかりの人を訪ね歩いた編集者が見た「終」の美学。

巡礼ビジネス
ポップカルチャーが観光資産になる時代

岡本 健

どうしたら「大切な場所」を作ることができるのか？ 市場拡大するアニメ産業から派生した「聖地巡礼」という消費活動。「過度な商業化による弊害」事例も含め、文化と産業とが融合したケースを数多く紹介する。

領土消失
規制なき外国人の土地買収

宮本雅史
平野秀樹

世界の国々は、国境沿いは購入できないなど、外国資本の土地買収に規制を設けている。一方で、日本は世界でも稀有な〝オールフリー〟な国だ。土地買収の現場を取材する記者と、各国の制度を調査する研究者が、現状の危うさをうったえる。

なぜ日本だけが成長できないのか
森永卓郎

日本の経済力は約3分の1にまで縮小。原因は「人口減少」や「高齢化」なのか？ いや違う。グローバル資本とその片棒をかつぐ構造改革派が「対米全面服従」を推し進めた結果、日本は転落。格差社会を生み出したのだ。

サブカル勃興史
すべては1970年代に始まった

中川右介

2010年代に入ってからウルトラ・シリーズ、仮面ライダー、ガンダム、あるいはベルばら、ポーの一族などが40、50周年を迎えている。逆算すれば分かるが、これらの大半は1970年代に始まったのだ――。

KADOKAWAの新書 ❦ 好評既刊

新版 ナチズムとユダヤ人
アイヒマンの人間像

村松 剛

イスラエルに赴いてアイヒマン裁判を直に傍聴してきた著者。彼がハンナ・アーレントの著作発表前、裁判の翌年（1962年）に刊行した本書には、「凡庸な悪・アイヒマン」と、裁判の生々しき様子が描かれている。ベストセラー復刊。

武士の人事

山本博文

長谷川平蔵は「人物は宜しからず」。天明七年、老中首座に任じられた八代将軍吉宗の孫松平定信。賄賂の田沼時代からの脱却を目指す寛政の権力者が集めさせた、江戸役人たちの発言や噂話とは。当時を映す希有な記録『よしの冊子』を読む。

フェイクニュース
新しい戦略的戦争兵器

一田和樹

「ねつ造された報道」などというイメージとは異なり、いまや戦争兵器としての役割をも担うフェイクニュース。国家が本気でその対策を取る時代になっているにもかかわらず、日本では報じられない、その真の姿を描く。

最新版 日本の15大財閥

菊地浩之

日本の財閥の中から15を選択。創業者の生い立ちから、中興の祖の知られざる逸話をはじめ、各財閥の現在までの変遷をコンパクトにまとめる。サラリーマンの営業ツールとして、また就活生にも役立つ1冊。

カサンドラ症候群
身近な人がアスペルガーだったら

岡田尊司

ある種の障害や特性により心が通わない夫（または妻）をもったパートナーに生じる心身の不調――カサンドラ症候群。本書ではその概要、症状を紹介するとともに、専門医が最先端の研究から対処法・解決策を示す。

KADOKAWAの新書 好評既刊

物を売るバカ2
感情を揺さぶる7つの売り方

川上徹也

競合とさほど変わらない物やサービスであっても、売り方次第で一気に人気を博すものになる。今の時代に求められる「感情」に訴える売り方「エモ売り7」を、成功している70以上の実例を紹介しながら伝授する。

「わがまま」健康法
自律神経を整える

小林弘幸

あるがままの自分を指す「我がまま」というニュアンスが込もった「わがまま」。誰もがしたいと願ってはうまくいかない、その生き方を続けるためには「わがまま」のハードルを低く設定することから始めることが大切。

長生きできる町

近藤克則

転ぶ高齢者が4倍多い町、認知症のなりやすさが3倍も高い町――。健康格差の実態が明らかになるにつれ、それは本人の努力だけでなく環境にも左右されていることが判明。健康格差をなくすための策とは?

フランス外人部隊
その実体と兵士たちの横顔

野田 力

今日、自分は死ぬかもしれない――。内戦の続くコートジボワールで著者は死を覚悟したという。その名の通り、主に外国籍の兵士で構成されるフランス外人部隊。6年半、在籍した日本人がその経験を余すところなく書く。

強がらない。

心屋仁之助

「わたしはこれができません」「こんなことをやらかしました」……で、なにか?――まるで丸腰で戦場を歩いているかのような感覚。でも、それは自分のなかにずっとあったもの。カッコ悪くて、ありのまま。強がらない生き方のススメ。

KADOKAWAの新書 ❦ 好評既刊

いい加減くらいが丁度いい

池田清彦

70歳を過ぎ、定年を迎え、今や立派な老人になったからこそ分かる「言ってはいけない本当のこと」を直言。世の欺瞞に流されず、毎日をダマシダマシ生きるための、ものの見方や考え方のヒントを伝える、池田流「人生の処方箋」。

親鸞と聖徳太子

島田裕巳

日本で一番信者数の多い浄土真宗。宗祖・親鸞の浄土教信仰は法然を師とするが、親鸞の非僧非俗の生き方のモデルは聖徳太子にあった。親鸞が残した和讃や妻・恵信尼の手紙などから、浄土真宗の源流には聖徳太子の存在があることを読み解いていく。

日本型組織の病を考える

村木厚子

財務省の公文書改竄から日大アメフト事件まで、なぜ同じような不祥事が繰り返されるのか？　かつて検察による冤罪に巻き込まれ、その後、厚生労働事務次官まで務めたからこそわかった日本型組織の病の本質とは。

使ってはいけない集団的自衛権

菊池英博

朝鮮半島外交、米中関係などを見誤り、時代遅れの外交政策で孤立する日本。しかし、「でっち上げ」の国難で破滅の道へと向かう現政権。その最たるものが集団的自衛権の行使だ。日本再生のために採るべき策とは？

決定版　部下を伸ばす

佐々木常夫

「働き方改革」の一方で、成果を厳しく問われるという、組織の中間管理職の受難の時代。ますます多様化する部下の力を十二分に発揮させ、部下の意欲を引き出すための方法を余すところなく解説する。

KADOKAWAの新書 好評既刊

ネットカルマ
邪悪なバーチャル世界からの脱出
佐々木 閑
現代、インターネットの出現が、ネットカルマとも呼ぶべき新たな苦しみを生み出しつつある。仏教研究者が、ブッダの智恵を手がかりに、ネットの怖さを克服しながら生きるすべを探る。

衣笠祥雄 最後のシーズン
山際淳司
2018年に亡くなったプロ野球界の往年のヒーローである衣笠祥雄と星野仙一。彼らと同時代に生き、信頼も厚かった作家は、昭和のレジェンドたちをどう描いてきたのか。山際淳司が遺したプロ野球短編傑作選。

日本人のための軍事学
橋爪大三郎 折木良一
武力とは？ 軍とは？ 安全保障の基礎を徹底的に考え抜くことで、目前の国際情勢までもが一気に読み解ける。自衛隊元最高幹部の折木氏と橋爪氏の対話のなかで浮かび上がる、日本人がどうしても知らなければいけない新しい「教養」。

間違いだらけのご臨終
志賀 貢
今の日本の臨終を巡る家族関係の在り方にどこか大きな間違いがあるのではないか。老衰死は全体の7・1%という現代で、臨終間近な患者の医療と介護の在り方、臨終に際しての家族の在り方を現役医師が説く。

流れをつかむ日本史
山本博文
時代が動くには理由がある。その転換点を押さえ、大きな流れの中で歴史を捉えることで、歴史の本質をつかむことができる――。原始時代から現代まで、各時代の特徴と、時代が推移した要因を解説。史実の間の因果関係を丁寧に紐解く！